Basquetebol: do treino ao jogo

# Basquetebol: do treino ao jogo

**Organizadores**
Dante De Rose Junior
Valmor Tricoli

2ª edição

Manole

© Editora Manole Ltda., 2017, por meio de contrato com os Organizadores.

Editora-gestora: Sônia Midori Fujiyoshi
Produção editorial: Júlia Nejelschi
Capa: Daniel Justi
Projeto gráfico, ilustrações e editoração eletrônica: Lara Stroesser Figueirôa

Dados Internacionais de Catalogação na Publicação (CIP)
(Câmara Brasileira do Livro, SP, Brasil)

Basquetebol : do treino ao jogo / organizadores Dante De Rose Junior, Valmor Tricoli. –
2. ed. – Barueri, SP : Manole, 2017.

Vários autores.
ISBN: 978-85-204-5106-9

1. Basquetebol – Treinamento    I. De Rose Junior, Dante.    II. Tricoli, Valmor.

17-04926                                                               CDD-796.3232

Índices para catálogo sistemático:

1.   Basquetebol: Técnicas e táticas        796.3232

Título da edição anterior: Basquetebol: uma visão integrada entre ciência e prática

Todos os direitos reservados.
Nenhuma parte deste livro poderá ser reproduzida, por qualquer processo, sem a permissão expressa dos editores.
É proibida a reprodução por xerox.

A Editora Manole é filiada à ABDR – Associação Brasileira de Direitos Reprográficos.

1ª edição – 2005
2ª edição – 2017

Editora Manole Ltda.
Av. Ceci, 672 – Tamboré
06460-120 – Barueri – SP – Brasil
Tel.: (11) 4196-6000
www.manole.com.br | info@manole.com.br

Impresso no Brasil | *Printed in Brazil*

# SOBRE OS ORGANIZADORES

### Dante De Rose Junior
Professor Titular Aposentado pela Universidade de São Paulo (USP). Ex-professor de Basquetebol e Pedagogia do Esporte da Escola de Educação Física e Esporte da USP (EEFE-USP) e da Escola de Artes, Ciências e Humanidades da USP. Sócio Fundador da Rede Internacional de Basquete Educativo. Licenciado em Educação Física pela EEFE-USP. Especializado em Técnicas Esportivas – Basquetebol – pela EEFE-USP. Mestre em Educação Física pela EEFE-USP. Doutor em Psicologia Social pelo Instituto de Psicologia da USP.

### Valmor Tricoli
Professor e Membro do Laboratório de Adaptação ao Treinamento de Força do Departamento de Esporte da Escola de Educação Física e Esporte da USP (EEFE-USP). Graduado em Educação Física pela EEFE-USP. Especialista em Técnicas Desportivas – Basquetebol – pela EEFE-USP. Especialista em Fisiologia do Exercício pela Universidade Federal de São Paulo (Unifesp). Especialista em Treinamento Esportivo pela Pontifícia Universidade Católica de Minas Gerais (PUC-MG). Mestre em Educação Física pela EEFE-USP. Doutor em Ciência do Exercício pela Brigham Young University (EUA). Pós-doutor pela Edith Cowan University (Austrália).

# SOBRE OS AUTORES

### Alberto Carlos Amadio
Professor Titular na Escola de Educação Física e Esporte da Universidade de São Paulo (EEFE-USP). Graduado em Educação Física pela Faculdade de Educação Física de Tatuí. Mestrado em Educação Física pela EEFE-USP. Doutor em Ciências do Esporte – Biomecânica – pelo Institut für Biomechanik, Deutsche Sporthochschule Köln. Pós-doutor pelo Institut für Biomechanik, Deutsche Sporthochshchule Köln.

### Alexandre Barros Gaspar
Bacharel em Esporte pela Escola de Educação Física e Esporte da Universidade de São Paulo (EEFE-USP). Coordenador de estatística de Basquetebol dos Jogos Olímpicos e Paralímpicos Rio 2016. Coordenador de estatística de Basquetebol da ESPN-Brasil. Coordenador de estatística da Federação Paulista de Basketball (1999-2016). Coordenador de estatística da Liga de Basquete Feminino (2013-2015). Coordenador de Estatística de Basquetebol nos 3° Jogos Parapan-Americanos de 2007. Coordenador de Resultados de Basquetebol nos 15° Jogos Pan-Americanos Rio 2007. Coordenador local de estatística da Confederação Brasileira de Basketball (1999-2008).

### Alexandre Moreira
Professor-associado da Escola de Educação Física e Esporte da Universidade de São Paulo (EEFE-USP). Livre-docente em Treinamento Esportivo pela EEFE-USP. Pós-doutor pela University of Technology (Austrália). Responsável pelas disciplinas Basquetebol I e Basquetebol II, Análise de Jogo no Esporte Coletivo

e Planejamento do Treinamento Físico-Esportivo do curso de Bacharelado em Esporte da EEFE-USP.

### Ana Paula Azevedo
Graduada em Educação Física pela Escola de Educação Física e Esporte da Universidade de São Paulo (EEFE-USP). Mestrado em Educação Física. Doutorado em Ciências (2013) pela EEFE-USP. Pós-doutoranda e Pesquisadora do Laboratório de Biomecânica da EEFE-USP.

### Bruno Gilberto Melo
Fisioterapeuta graduado pela Faculdade Integrada do Recife (FIR). Mestre em Psicologia Clínica pela Universidade Católica de Pernambuco (Unicap). Pós-graduado em Fisioterapia Traumato-ortopédica pela FIR. Doutor em Psicologia Clínica pela Unicap. Sócio-especialista em Fisioterapia Esportiva pela Sociedade Nacional de Fisioterapia Esportiva (Sonafe). Docente da Unicap. Fisioterapeuta do Sport Club do Recife.

### Cláudio Machado Pinto e Silva
Preparador Físico do Esporte Clube Pinheiros. Bacharel em Esporte pela Escola de Educação Física e Esporte da Universidade de São Paulo (EEFE-USP). Mestrando em Estudos Biodinâmicos da Educação Física e Esporte pela EEFE-USP.

### Cristiano Grama
Treinador das Categorias de Base do Uberlândia Tênis Clube (1998-2007). Assistente Técnico da Equipe Adulta ULBRA Rio Claro (2007). Treinador Principal da Categoria de Base do Uberlândia Tênis Clube (2008-2011). Treinador da Equipe Sub-22 do Minas Tênis Clube (2011-2015). Treinador da Seleção Brasileira Sub-15/Sub-16 (2014-2015). Treinador da Equipe Adulta do Minas Tênis Clube (2015-2016).

### Diego Jeleilate
Preparador Físico da Seleção Brasileira de Basquetebol Masculino nos Jogos Olímpicos Londres 2012 e Rio 2016, nos Campeonatos Mundiais Turquia 2010 e Madrid 2014. Coordenador de Ciências e Performance da Confederação Brasileira de Basketball. Docente do Complexo Educacional FMU. Coordenador da Preparação Física do Club Athletico Paulistano. Preparador físico dos clubes: S.C. Corinthians Paulista (2000-2003), São Paulo Futebol Clube (2005-

2007), E.C. Banespa (2008-2009), Grêmio Barueri (2009 e 2012) e C.A. Paulistano (desde 2006).

### Eduardo Neves Pedrosa di Cillo

Doutor em Psicologia Experimental pela Universidade de São Paulo. Mestre em Psicologia Experimental pela Pontifícia Universidade Católica (PUC). Graduado em Psicologia pela PUC. Professor do ensino superior dos cursos de Psicologia e Educação Física da PUC de Minas Gerais, da Universidade Anhembi Morumbi e da Universidade Paulista (Unip). Psicólogo do Esporte nos clubes América Futebol Clube (MG), Botafogo (RJ) e Palmeiras (SP). Psicólogo da Seleção Brasileira de Futsal na Copa do Mundo da Tailândia de 2012. Psicólogo das Categorias de Base do Basquetebol do Clube Atlético Monte Líbano.

### Felipe Tadiello

Pós-graduado em Aparelho Locomotor no Esporte pela Universidade Federal de São Paulo (Unifesp). Formação em RPG e no Método Rolf de Integração Estrutural. Fisioterapeuta da Confederação Brasileira de Basketball (2000-2010). Fisioterapeuta do Comitê Olímpico Brasileiro (2011-2015). Sócio Administrador da Safety Sport Fisioterapia Ltda. Presidente da Sociedade Nacional de Fisioterapia Esportiva – Sonafe (2012-2013). Consultor de fisioterapia para os Jogos Olímpicos e Paralímpicos Rio 2016 (desde 2014).

### Gregory Buck

Fisioterapeuta desportivo. Coordenador do Departamento de Fisioterapia do Limeira Basquete (2011-2016). Estágio na Universidade de Pittsburgh (EUA) com time universitário de basquete (2013-2014). Coordenador do Departamento de Fisioterapia do Independente F.C. (2014-2016). Proprietário da Instituto Evolução Fitness & Health.

### Gustavo Drago

Supervisor do Centro Integrado de Apoio ao Atleta do Esporte Clube Pinheiros (CIAA). Preparador Físico da Equipe Masculina Adulta de Basquetebol do Esporte Clube Pinheiros (2009-2010). Mestre em Administração de Negócios pela Fundação Getúlio Vargas (MBA executivo). Pós-graduado em treinamento esportivo pela Universidade Federal de São Paulo (Unifesp). Graduado em Educação Física pela Universidade de Santo Amaro. Preparador Físico de diferentes esportes olímpicos do Esporte Clube Pinheiros.

## Hamilton Roschel

Professor Doutor da Escola de Educação Física e Esporte da Universidade de São Paulo (EEFE-USP). Coordenador do Grupo de Pesquisa em Fisiologia Aplicada à Nutrição, Exercício e Genética da EEFE-USP. Coordenador do Laboratório de Adaptação ao Treinamento de Força da EEFE-USP. Coordenador do Laboratório de Avaliação e Condicionamento em Reumatologia da Faculdade de Medicina USP.

## José Anibal de Azevedo Marques

Mestre em Psicologia Social pela Pontifícia Universidade Católica (PUC). Graduado em Psicologia pela PUC. Professor do Curso de Especialização em Psicologia do Esporte do Instituto Sedes Sapientiae. Atua a partir do conceito da Periodização da Preparação Psicológica, aprendido em Cuba, em 1998. Psicólogo do esporte no Red Bull Brasil (SP), Botafogo de Futebol e Regatas (RJ) e S.E. Palmeiras (SP) (2011-2012).

## Julio Cerca Serrão

Vice-Diretor da Escola de Educação Física e Esporte da USP (EEFE-USP). Graduado em Educação Física pela EEFE-USP e em Ciências da Motricidade pelo Instituto de Biociências da Universidade Estadual Paulista (Unesp). Doutor e Livre-docente pela EEFE-USP.

## Lula Ferreira

Técnico de Basquetebol das equipes A.B.A Hebraica de São Paulo, S.E. Palmeiras, COC de Ribeirão Preto e Universo BRB de Brasília. Técnico de Basquetebol Categoria Adulta do Franca Basquetebol Clube. Assistente Técnico da Seleção Brasileira Adulta (2000-2003). Técnico da Seleção Brasileira Juvenil (1987-1999). Assistente Técnico da Seleção Brasileira Adulta Masculina. Técnico da Seleção Brasileira Adulta Masculina (2003-2007). Gerente Técnico da Liga Nacional de Basquetebol (2010-2012).

## Mariana Dutilh De Capitani

Bacharelado em Nutrição pela Faculdade de Saúde Pública da Universidade de São Paulo. Mestranda em Ciências pela Escola de Educação Física e Esporte da Universidade de São Paulo (EEFE-USP). Membro do Grupo de Pesquisa em Fisiologia Aplicada à Nutrição, Exercício e Genética da EEFE-USP. Pós-graduação latu sensu em Nutrição nas Doenças Crônicas Não Transmissíveis pelo Instituto Israelita de Ensino e Pesquisa Albert Einstein. Curso Avançado de Transtornos Alimentares para Nutricionistas do Instituto de Psiquiatria do Hospital das Clínicas da Faculdade de Medicina da USP (IPq-HCFMUSP).

### Pablo Rebouças Marcelino
Preparador Físico da Equipe Masculina Adulta de Basquetebol do Esporte Clube Pinheiros. Preparador Físico do Centro Integrado de Apoio ao Atleta do Esporte Clube Pinheiros. Mestre em Educação Física pela Escola de Educação Física e Esporte da Universidade de São Paulo (EEFE-USP).

### Paula Korsakas
Bacharelado em Esporte pela Escola de Educação Física e Esporte da USP (EEFE-USP). Mestre em Pedagogia do Movimento Humano pela EEFE-USP. Membro do Conselho de representantes da Rede Esporte pela Mudança Social (REMS). Professora do Curso de especialização em Psicologia do Esporte do Instituto Sedes Sapientiae. Representante da USP na Plataforma Desenhado para o Movimento.

### Paulo Alberto de Paula
Graduado em Educação Física pelo Centro Universitário do Triângulo (Unitri). Pós-graduação em Fisiologia do Exercício e Nutrição Esportiva pelo Instituto Passo 1. Preparador Físico das Equipes de Basquetebol do Praia Clube (2013) e do Minas Tenis Clube (atual).

### Rafael Fachina
Doutorando em Ciência do Esporte pela Universidade Estadual de Campinas (Unicamp). Mestre em Ciência do Esporte pela Unicamp. Fisiologista das Seleções Brasileiras de Basquetebol Adulto desde 2010. Coordenador Geral do Laboratório de Fisiologia do Centro Olímpico de Treinamento e Pesquisa (COTP) de São Paulo (2008-2010). Analista Líder do Setor de Análise de Desempenho do Centro Integrado de Apoio ao Atleta do Esporte Clube Pinheiros (2014-2015).

Durante o processo de edição desta obra, foram tomados todos os cuidados para assegurar a publicação de informações precisas e de práticas geralmente aceitas. Do mesmo modo, foram empregados todos os esforços para garantir a autorização das imagens aqui reproduzidas. Caso algum autor sinta-se prejudicado, favor entrar em contato com a editora.
Os autores e os editores eximem-se da responsabilidade por quaisquer erros ou omissões ou por quaisquer consequências decorrentes da aplicação das informações presentes nesta obra. É responsabilidade do profissional, com base em sua experiência e conhecimento, determinar a aplicabilidade das informações em cada situação.

# SUMÁRIO

Apresentação ............................................................ XV

1   Evolução do basquetebol e suas implicações sobre os
métodos de treinamento ............................................... 1
*Dante De Rose Junior, Valmor Tricoli*

2   Características fisiológicas do basquetebol ......................... 15
*Cláudio Machado Pinto e Silva, Valmor Tricoli*

3   Treinamento integrado e especificidade do treinamento
no basquetebol ........................................................ 27
*Rafael Fachina, Diego Jeleilate*

4   Treinamento de força aplicado ao basquetebol ..................... 41
*Cláudio Machado Pinto e Silva, Valmor Tricoli*

5   Controle de carga aplicado ao treinamento de
basquetebol ........................................................... 57
*Alexandre Moreira, Gustavo Drago, Pablo Rebouças Marcelino*

6   Formação e planejamento técnico/tático de uma equipe
profissional de basquetebol .......................................... 91
*Cristiano Grama, Paulo Alberto de Paula*

7 Contribuições da biomecânica para o entendimento
e o aperfeiçoamento no basquetebol ............................................... 117
*Julio Cerca Serrão, Ana Paula Azevedo, Alberto Carlos Amadio*

8 Fisioterapia esportiva aplicada ao basquetebol .................... 135
*Bruno Gilberto Melo, Felipe Tadiello, Gregory Buck*

9 Suplementação nutricional no basquetebol ......................... 147
*Mariana Dutilh De Capitani, Hamilton Roschel*

10 Aspectos psicológicos aplicados à prática do basquetebol
de alto rendimento .......................................................................... 169
*Paula Korsakas, José Anibal Azevedo Marques, Eduardo Neves
Pedrosa di Cillo*

11 Planejamento e organização para o dia do jogo .................. 193
*Lula Ferreira, Dante De Rose Junior*

12 Análise de jogo aplicada ao basquetebol ............................... 218
*Lula Ferreira, Alexandre Barros Gaspar, Dante De Rose Junior*

Índice remissivo ................................................................................ 247

# APRESENTAÇÃO

O livro *Basquetebol: do treino ao jogo*, 2ª edição, versão modificada e revisada do livro *Basquetebol: uma visão integrada entre ciência e prática*, foi idealizado para ter uma estrutura diferente dos livros tradicionais de basquetebol que encontramos. Muitos autores já escreveram, com muita propriedade, obras contendo descrição de fundamentos, classificações de sistemas, exercícios e situações táticas.

O objetivo deste livro é mostrar o caminho que uma equipe percorre para chegar ao jogo com a melhor preparação. Aborda os diferentes aspectos que contribuem para esta preparação, bem como as providências que a comissão técnica e os atletas precisam tomar para chegar ao momento crucial do processo (a competição; o jogo) nas melhores condições.

Para isso, reuniu-se nesta obra um conjunto de autores, todos ligados ao basquetebol, com experiência prática e também acadêmico-científica, coordenados pelos professores Dr. Dante De Rose Junior e Dr. Valmor Tricoli, que utilizam seus conhecimentos práticos e acadêmicos para aglutinar os conhecimentos necessários para que se entenda o processo de preparação de uma equipe, integrando todos os aspectos que dela fazem parte.

O livro parte de uma conceituação do basquetebol e sua evolução ao longo do tempo, levando em consideração as fases do jogo, sua integração com diferentes condições necessárias para que os atletas possam desempenhar em seu nível ótimo e obter bons resultados utilizando-se ao máximo suas potencialidades.

Os Capítulos 2 a 5 abordam os diferentes aspectos relacionados ao treinamento necessários para que os atletas tenham base suficiente para desempenhar em alto nível, como a importância da fisiologia aplicada ao treinamento, a importância do treinamento integrado e da especificidade desse treinamento com uma abordagem específica na preparação física que é complementada quando se fala em treinamento de força e no controle da carga desse treinamento.

Já o Capítulo 6 apresenta a formação e o planejamento técnicos e táticos de uma equipe de basquetebol, que se integram com os aspectos anteriores

Uma análise biomecânica dos gestos técnicos do basquetebol (fundamentos) é tema do Capítulo 7. Na sequência, o Capítulo 8 aborda a prevenção e o tratamento das lesões mais comuns no basquetebol.

Os Capítulo 9 e 10 referem-se a questões adjacentes, mas não menos importantes, ao treinamento: a nutrição e os aspectos psicológicos relacionados a todo esse processo competitivo.

Os Capítulos 11 e 12 finalizam o livro apresentando conceitos importantes sobre o planejamento da temporada, a preparação para o dia do jogo e a análise de aspectos que são fundamentais para que uma equipe entre em quadra preparada para enfrentar seus desafios. Esses aspectos são a análise do jogo que incluem o *scouting*, a estatística e as imagens da própria equipe e do adversário.

Com esta organização estamos certos de que o leitor terá uma ampla gama de informações que poderá trazer subsídios importantes para o entendimento mais aprofundado do basquetebol em seus diferentes aspectos e de como uma equipe poderá ser preparada para encarar com sucesso um único jogo ou uma temporada completa.

*Os Organizadores*

# EVOLUÇÃO DO BASQUETEBOL E SUAS IMPLICAÇÕES SOBRE OS MÉTODOS DE TREINAMENTO

Dante De Rose Junior
Valmor Tricoli

Este capítulo aborda a evolução do basquetebol, sua influência sobre a execução dos fundamentos e a aplicação dos sistemas de jogo, além da consequente necessidade de atualização dos métodos de treinamento.

## CARACTERÍSTICAS DO BASQUETEBOL

O basquetebol é uma modalidade coletiva de invasão e, como tal, tem uma dinâmica bastante peculiar a ponto de, mesmo no espectro das modalidades esportivas coletivas, apresentar dinâmica especial.

A relação ataque/defesa é constante e inevitável. Essa relação é caracterizada pelo confronto direto entre oponentes, o que cria condições específicas para que cada uma das partes tenha o sucesso desejado – no caso do ataque, a cesta; em relação à defesa, a proteção da meta.

No âmbito individual, apesar de haver funções (ou posições) específicas – armadores, laterais (ou alas) e pivôs –, elas não limitam a ação dos atletas, nem como atacantes, nem como defensores. Não há, portanto, divisão entre setores, como ocorre no futebol – defesa, meio-de-campo e ataque.

Tal dinâmica de jogo leva à necessidade de se identificar e entender três fatores fundamentais para o desenvolvimento do esporte:

- Cooperação e oposição.
- Criação e diminuição de espaços.
- Imprevisibilidade.

## Cooperação e oposição

A cooperação é nítida e necessária para que se possa enfrentar de forma organizada a oposição imposta pelo adversário, seja ela na defesa ou no ataque. Ela ocorre a partir da elaboração dos sistemas de ataque e defesa ou mesmo por meio de situações fracionadas do jogo, como na sincronização de movimentos entre dois, três ou quatro jogadores, até que se chegue à situação real ("cinco contra cinco", ou 5×5).

A oposição, por sua vez, é inerente à dinâmica do jogo, pois a relação ataque/defesa no basquetebol, como já foi destacado, é constante e inevitável.

## Criação e diminuição de espaços

A criação e a diminuição de espaços são decorrentes da organização tática das equipes ou mesmo de ações individuais que levam em consideração a habilidade de cada atleta para atacar ou defender.

No ataque, as equipes devem ter como objetivo as melhores opções de finalização com base na busca de posições em que essa finalização possa oferecer maiores probabilidades de acerto ou a exploração da qualidade e da habilidade de determinado jogador. Para isso, são organizados movimentos (as chamadas jogadas) que visam desestabilizar a defesa.

Na defesa, ocorre o processo inverso. Os sistemas defensivos são criados para diminuir ou eliminar os espaços criados pelo ataque, fazendo com que os arremessos sejam executados em regiões de pouco percentual de acertos ou por jogadores com pouca habilidade para finalizar. Em algumas situações especiais, a defesa pode ser organizada de modo a tentar neutralizar atacantes com grande poder de decisão. São as chamadas defesas mistas.

## Imprevisibilidade

A imprevisibilidade é um fator inerente a qualquer modalidade esportiva coletiva. No basquetebol, especialmente, pode aparecer em função de algumas características do jogo, como espaço reduzido para se realizar as ações; regras relacionadas a tempo de posse de bola, tempo para passagem da defesa para o ataque e tempo de retenção de bola por um atacante quando marcado de perto; e ações de um companheiro de equipe ou de um adversário.

Por mais que se organizem jogadas de ataque ou sistemas defensivos, a imprevisibilidade está presente nas ações individuais tanto no ataque quanto na defesa. Isso remete a dois aspectos fundamentais para que a imprevisibilidade se torne uma arma poderosa: leitura de jogo e tomada de decisões. A leitura de jogo é a interpretação de sinais relevantes oferecidos pelo adversário e que levam à tomada de decisões adequadas e no momento correto. Algumas situações podem exemplificar esses aspectos:

- Um atacante percebe a dificuldade de um defensor para marcar determinado lado (sinal relevante) e, com base nessa percepção, toma a decisão de seguir para a cesta exatamente pelo lado fraco do defensor.
- Um defensor percebe que o atacante tem uma séria deficiência ao conduzir a bola com a mão esquerda (sinal relevante) e toma a decisão de forçar o atacante a driblar com a mão de menor habilidade.

## EVOLUÇÃO DO JOGO

Desde que foi criado por James Naismith, em 1891, o basquetebol tem evoluído consideravelmente tanto no que se refere à modificação e à atualização das regras quanto à execução dos fundamentos e à aplicação dos sistemas de jogo.

Esses dois fatores acabam por se confundir e funcionam como um sistema contínuo de evolução, fazendo com que um atue sobre o outro indistintamente. Como exemplo, pode-se citar a modificação da configuração da área restritiva (ou garrafão) que alterou a dinâmica tática das equipes. Essa nova dinâmica, por sua vez, provocou uma mudança da regra de permanência no garrafão, criando-se a regra dos 3 segundos.

Ao pensar na dinâmica do futuro jogo, Naismith imaginou algo que limitasse o contato e não permitisse ao praticante o controle absoluto sobre a bola, levando o jogo a um conceito coletivo diferente do que vinha sendo praticado pelo futebol americano e pelo futebol (*soccer*), nos quais o atleta em posse da bola podia se deslocar sem qualquer restrição. Para isso, ele definiu cinco normas básicas:

- Seria jogado com as mãos e com uma bola "redonda".
- Não seria permitido caminhar com a bola sem quicá-la (drible).
- Os jogadores poderiam se posicionar como e quando quisessem no terreno de jogo.
- Não seria permitido o contato pessoal.
- O arremesso seria executado para cima.

Considerando que essas cinco normas eram insuficientes para controlar o jogo, Naismith elaborou as primeiras regras do basquetebol que, ao longo do tempo, foram modificadas e aperfeiçoadas. Elas foram publicadas no início de 1892. O objetivo do jogo recém-criado era colocar a bola dentro do *goal* adversário fazendo-se arremessos de qualquer parte do campo e obedecendo-se às treze regras criadas por Naismith:

1.  A bola poderia ser lançada em qualquer direção, com uma ou com as duas mãos.
2.  A bola poderia ser golpeada com uma ou duas mãos em qualquer direção, mas nunca com os punhos.
3.  Os jogadores não poderiam correr com a bola nas mãos. Deveriam lançá-la a partir da mesma posição de onde a receberam. Poderia ser concedida certa tolerância a um jogador que recebe a bola em movimento.
4.  A bola poderia ser segurada por uma ou por duas mãos, mas os braços e nenhuma outra parte do corpo poderiam ser utilizados para retê-la.
5.  Seria proibido golpear o adversário com os ombros, puxar, empurrar ou impedir sua movimentação. Toda infração a essa regra seria considerada falta. Em caso de repetição, o jogador reincidente seria eli-

minado até que fosse marcada uma nova cesta. Se houvesse a intenção de lesionar o adversário, o jogador seria eliminado por todo o jogo, sem que se permitisse sua substituição.

6.   Golpear a bola com os punhos seria considerado falta, como as violações descritas nas regras 3 e 4, e se aplicaria a penalidade descrita na regra 5.

7.   Se uma equipe cometesse três faltas consecutivas (sem que a outra equipe tivesse cometido falta no mesmo intervalo de tempo), 1 ponto seria anotado em favor da equipe adversária.

8.   Seria considerado ponto quando a bola fosse lançada ao cesto e nele entrasse, caindo no solo. Se a bola tocasse o aro e os defensores movimentassem esse aro, seria marcado 1 ponto para a equipe atacante.

9.   Quando a bola saísse do campo, ela deveria ser reposta no meio do campo pelo mesmo jogador que a tocasse para fora. Se houvesse dúvida, o árbitro deveria lançá-la ao alto no interior do campo de jogo. O jogador teria 5 segundos para repor a bola em jogo. Se retivesse a bola por mais tempo, a reposição seria dada à equipe adversária. Se uma equipe retardasse intencionalmente o reinício do jogo, seria penalizada com uma falta.

10.  O árbitro principal julgaria as ações dos jogadores e marcaria as faltas. Quando um jogador cometesse a terceira falta, poderia ser desclassificado, aplicando-se as penalidades da regra 5.

11.  O segundo árbitro tomaria as decisões relacionadas à bola e indicaria quando ela estava em jogo, quando saía e a quem devia ser entregue. Ele seria o cronometrista e decidiria se houvesse ponto. Seria também o responsável pela contagem dos pontos.

12.  A partida seria disputada em dois tempos de 15 minutos, com intervalo de 5 minutos.

13.  A equipe que marcasse o maior número de pontos seria declarada vencedora. Em caso de empate, a partida, em comum acordo entre os capitães, poderia ser prorrogada até que novo ponto fosse marcado.

O passar dos anos e a crescente evolução do esporte trouxeram uma profunda alteração das regras, que têm como objetivo principal dinamizar o jogo, torná-lo mais atraente e veloz e aproveitar a condição física e técnica dos atletas.

A título de curiosidade, serão citadas algumas modificações das regras que foram significativas para a alteração da dinâmica do jogo, bem como ações individuais e coletivas que geraram modificações nas regras:

- No início, o basquetebol era disputado por equipes com três a quarenta jogadores sem nenhuma organização tática. Somente a partir de 1897 passou a ser jogado com cinco atletas com funções bem definidas: armador fixo, que era basicamente um jogador de defesa, quase como um goleiro; armador móvel, que ajudava na defesa e ia para o ataque auxiliar os alas; ala fixo, que tinha a função de arremessar. Todos os demais jogadores deveriam passar a bola para o ala fixo realizar o arremesso. O ala móvel se deslocava pela quadra toda e era o principal passador ao ala fixo e ao pivô, que tinha função limitada e atuava principalmente no "bola ao alto", além de ser uma "válvula de escape" quando os demais atletas tinham dificuldades de se movimentar e movimentar a bola.
- Não havia limite para o tempo de posse de bola, o que tornava o jogo lento. As equipes que estavam à frente no placar se aproveitavam dessa particularidade para "congelar" o jogo e reter a bola com a realização de passes, evitando a ida à cesta sem que houvesse total segurança para uma boa finalização. Para corrigir essa distorção, com o passar do tempo, a posse de bola foi definida em 30 segundos e, atualmente, cada equipe tem 24 segundos para finalizar o ataque, além de ter que passar a bola da defesa para o ataque em 8 segundos. Essas mudanças aceleraram o jogo e também dão à defesa a oportunidade de pressionar o time oponente, tornando-se mais agressiva. Esse tempo de posse de bola sofre alterações principalmente no basquetebol universitário norte-americano, em que cada "conferência" (ou liga) adota critérios diferentes para esse aspecto do jogo.
- Até 1936, a cada cesta a bola era reposta em "bola ao alto" no centro da quadra, o que também tornava o jogo lento e com placares muito baixos. Na final olímpica desse ano, por exemplo, os Estados Unidos venceram o Canadá por 19 × 8. O "fundo-bola" foi instituído em 1937. Essa modificação teve grande influência na dinâmica do jogo, proporcionando às equipes saídas rápidas em contra-ataque na tentativa de surpreender a equipe que demorava para voltar ao seu campo defensivo.

Evolução do basquetebol e suas implicações sobre os métodos de treinamento

> O tempo de jogo também sofreu alterações significativas. A Federação Internacional de Basquetebol (Fiba) alterou o tempo de jogo, que passou de dois períodos de 20 minutos para quatro períodos de 10 minutos, proporcionando às equipes intervalo para descanso e também para que o técnico possa dar instruções a seus atletas, corrigindo possíveis erros ou consolidando ações positivas. Ressalte-se que há diferenças de tempo de jogo entre a Fiba e a National Basketball Association (NBA), que adota quatro períodos de 12 minutos, elevando em 8 minutos o tempo total do jogo.

> Até meados da década de 1950, as equipes defendiam, basicamente, por zona e de forma estática. Os ataques se aproveitavam desse tipo de defesa para arremessar de longas distâncias e de forma muito precisa, utilizando-se principalmente dos arremessos parados com as duas mãos e até da conhecida "lavadeira" (arremesso com as duas mãos, parado, com a bola saindo abaixo da linha da cintura). Também surgiu a bandeja, que tinha como objetivo romper essas defesas estáticas, provocando nelas um grande desequilíbrio. Diante desse quadro, as defesas tiveram que fazer uma mudança para impedir tais ações ofensivas e começaram a ser mais dinâmicas, com movimentações de todos os jogadores e cobertura dos espaços. Para enfrentar essa nova situação, John Cooper criou o *jump* (arremesso no ponto mais alto do salto). Foi uma das principais inovações da época e até hoje é o arremesso mais utilizado no basquetebol. Outro exemplo de adaptação do arremesso em função das defesas é o *sky-hook*, imortalizado por Kareen Abdul--Jabar e que no Brasil teve Edson Bispo dos Santos como principal executor. Fica evidente, assim, a relação entre defesa e tipo de arremesso, provocando constantes adaptações às necessidades do jogo.

> A adaptação da defesa ao tipo de arremesso também ficou evidente quando, em 1984, criou-se a regra dos 3 pontos, que tinha como principal objetivo proporcionar aos jogadores do perímetro (principalmente os armadores) melhores condições para arremessar. Até então, era uma jogada de exceção, mas atualmente tornou-se a principal arma de muitas equipes e é executada não somente pelos armadores, mas, principalmente, pelos alas e até mesmo por alguns pivôs.

> Os equipamentos e os materiais de jogo também evoluíram de forma considerável. Os ginásios esportivos modernos possuem toda a infraestrutura necessária para que as equipes possam se preparar e de-

sempenhar seu jogo adequadamente. Passou-se das tabelas de madeira para acrílico, vidro e, atualmente, um material que permite impactos enormes, além dos aros retráteis que suportam as enterradas e jogadores pendurados neles para amortecer seu peso e velocidade. As bolas de couro com gomos cederam lugar a bolas especialmente fabricadas para permitir melhor aderência e absorção do suor das mãos dos atletas; calçados e uniformes são cada vez mais adaptados às necessidades dos jogadores; e há equipamentos eletrônicos que permitem um controle de tempo cada vez mais preciso e até mesmo a visualização de jogadas consideradas duvidosas. Todas essas alterações vieram para atender às maiores demandas no desempenho físico-esportivo dos jogadores e das equipes.

▶ A arbitragem também passou por modificações importantes. Atualmente, são três árbitros, o que confere maior precisão nas marcações de infrações e no controle do jogo.

Além dos exemplos anteriormente apresentados, pode-se considerar que a constante evolução na dinâmica do jogo e as modificações das regras fizeram com que muitos movimentos fossem incorporados ao repertório motor e técnico dos atletas, o que, de certa forma, torna desatualizados alguns conceitos expressos em obras clássicas do basquetebol.

Os passes tornaram-se mais rápidos e variados. Processo semelhante ocorreu em relação aos arremessos. O drible alcançou uma dimensão extraordinária em função da habilidade dos atletas para executá-lo indistintamente com mão direita e mão esquerda, além de suas variações envolvendo mudanças de ritmo, mudanças de direção e fintas. Toda esta dinâmica resultou em um jogo muito veloz no qual a força e a potência são preponderantes. Os atletas estão, cada vez mais, adaptados a esta nova realidade.

Até algum tempo atrás (décadas de 1960 e 1970), havia uma clara definição de funções em razão da biotipologia dos atletas. Era comum definir-se o armador como o jogador mais baixo e o pivô como o jogador mais alto, lento e pesado da equipe. Não era comum haver, principalmente no basquetebol brasileiro, atletas com estatura que excedesse os 2,00 m. Alguns pivôs da época chegavam a ter 1,90 m ou, no máximo,

1,98 m, como eram os casos de Amaury Pasos (atleta que passou por todas as posições) e Ubiratan. Havia raras exceções, como Succar, que ultrapassava os 2,00 m, e Emil Rached, com seus "inacreditáveis" 2,23 m.

Atualmente, o basquetebol busca atletas com múltiplas possibilidades de ação durante uma partida. O que se vê em jogos dos diferentes campeonatos são atletas que, independentemente de sua biotipologia, são capazes de exercer funções que, teoricamente, não fazem parte de suas atribuições na organização tática da equipe.

É comum ver armadores "enterrando" com a mesma facilidade que os jogadores mais altos (pivôs e laterais) e estes se deslocando pela quadra e executando determinadas habilidades com a mesma desenvoltura que os jogadores mais baixos (armadores e escoltas). Na realidade, mesmo os conceitos de "baixo" e "alto" também foram alterados no basquetebol. Atualmente, um jogador de 1,90 m pode ser considerado baixo dentro de determinada equipe.

Essa multifuncionalidade dos jogadores aliada às características do jogo levaram à necessidade de um ajuste e uma nova adequação da carga de treinamento com suas especificidades, elaborada a partir de um planejamento que leve em consideração também o calendário de competições, a infraestrutura disponível e os recursos humanos que compõem a equipe multidisciplinar, que deve estar preparada para sua execução.

## IMPLICAÇÕES PARA TREINAMENTO E PREPARAÇÃO DAS EQUIPES

Como exemplifica o que foi exposto, é nítida a complexidade do basquetebol. Sua prática demanda múltiplas habilidades para que os atletas possam desempenhar seu máximo rendimento. Busca-se as melhores condições física, técnica, tática, cognitiva e psicológica, pois o basquetebol é um jogo muito exigente: o atleta deve perceber as situações de jogo, tomar as decisões corretas e colocar em prática a decisão tomada com base na melhor execução dos fundamentos e dos movimentos necessários para que se obtenha o sucesso desejado.

No basquetebol, são utilizadas as formas básicas de movimento do ser humano:

- Corridas.
- Saltos.
- Lançamentos.

Elas estão presentes na execução dos diferentes fundamentos do jogo ou em combinações, como deslocamentos em várias direções, salto para um rebote ou execução de um arremesso, passe de bola ou arremesso à cesta.

Outras características importantes do basquetebol são a variabilidade de ritmo e a intensidade na execução das ações. Pelas características de sua ambientação e dinâmica, pode-se imaginar que o jogo se estrutura em unidades (fundamentos) que, progressivamente, vão se compondo (situações de 1×1, 2×2 etc.) para atingir o nível de coletividade (5×5) desejado para que uma equipe atinja seus objetivos defensivos ou ofensivos.

Os fundamentos são os gestos ou as habilidades técnicas presentes no basquetebol e comuns a qualquer atleta, principalmente no basquetebol atual, em que a necessidade do domínio dessas unidades independe de função ou biótipo. Geralmente, são classificados como:

- Fundamentos de ataque e defesa.
- Fundamentos sem e com bola.

Eles são representados por:

- Controle de corpo: corridas, saltos, fintas, mudanças de direção, saídas rápidas, paradas bruscas etc.
- Controle de bola: adaptação à bola.
- Dribles: movimentação da bola por um determinado jogador.
- Passes: movimentação da bola de forma coletiva.
- Arremessos: finalização a partir da situação do jogo ou do local da quadra.
- Rebotes: recuperação da posse de bola após arremesso não convertido, sendo de ataque ou de defesa.
- Posição defensiva: parada e em deslocamento.

As táticas individual e grupal são representadas pelas situações de 1×1, 2×2 ou 3×3 envolvendo um conjunto ou combinação de fundamentos. No caso do 1×1, prevalece a habilidade individual, tanto no ataque quanto na defesa, ressaltando-se a melhor execução dos fundamentos de um ou de outro jogador. No caso das situações em duplas e trios, o número de opções aumenta por conta da possibilidade de inclusão do passe, no ataque, que proporciona a execução de jogadas de passar e se movimentar para receber (servir e ir), de corta-luz direto (*pick and roll*) ou indireto e de movimentações como a ajuda, a troca de marcação, a antecipação e a flutuação na defesa.

A tática coletiva (situações de 5×5) é representada pelos sistemas de ataque (posicionado ou jogo livre) e pelos sistemas de defesa (individual, zona, pressão, misto e combinado). Qualquer um desses sistemas exige um grande sincronismo dos movimentos, obtido a partir de treinamento e comunicação entre os atletas.

Não se pode deixar de mencionar, ainda, o contra-ataque. Trata-se de uma situação especial que envolve todos os fundamentos do jogo e pode ser realizada individual ou coletivamente, sempre buscando a superioridade numérica do ataque em relação à defesa. O contra-ataque se caracteriza por dois aspectos: velocidade e organização. Quanto maior o número de participantes dessa ação, uma maior organização será exigida.

Para que os fundamentos, as ações grupais e as ações coletivas aconteçam de maneira equilibrada, é importante que os atletas tenham desenvolvido adequadamente suas capacidades motoras, coordenativas, cognitivas e psicológicas.

No basquetebol, de forma geral, as principais capacidades motoras condicionantes a serem desenvolvidas são: força, potência, velocidade, agilidade, flexibilidade, capacidade aeróbia e anaeróbia.

As capacidades coordenativas ou psicomotoras são um componente importante para o desempenho do atleta e suas tomadas de decisão. A principal delas é a coordenação motora geral. As demais são:

- Percepção espaçotemporal (1).
- Seleção imagem-campo (2).
- Coordenação multimembros (3).
- Coordenação oculomanual (4).
- Destreza manual (5).
- Estabilidade braço-mão (6).
- Precisão (7).

Para exemplificar a utilização e a combinação dessas diversas capacidades, será utilizada a situação de lance-livre: o executante deve perceber o espaço existente entre o local do arremesso e a cesta (1); selecionar a imagem do aro em um campo visual amplo (2); coordenar as ações dos membros inferiores e superiores (3) e finalizar o arremesso (4, 5, 6 e 7).

Além de todos esses aspectos citados, o *timing* antecipatório é considerado fundamental para a prática do basquetebol. Esse aspecto estaria relacionado à combinação das ações entre dois ou mais companheiros da equipe, tão necessária nas movimentações grupais (2×2 e 3×3) quanto nas coletivas (5×5).

As capacidades cognitivas dizem respeito à forma como o atleta compreende o jogo e interpreta as situações que se apresentam (leitura ou inteligência de jogo). Essa leitura leva a uma análise da situação, ou seja, quais as probabilidades de se executar um movimento e de este ser adequado àquele momento do jogo ou àquela situação. A partir da leitura de jogo e da análise da situação, o atleta toma a decisão. Esta dependerá não somente de suas próprias habilidades, mas também das habilidades dos adversários, do contexto do jogo (por exemplo, o placar momentâneo ou o tempo de posse de bola para que se faça uma finalização importante), de sua criatividade e mesmo de sua condição psicológica.

É evidente que a pressão exercida sobre os atletas de alto rendimento, pelo alto grau de competitividade interna (com os companheiros da própria equipe) e externa (contra os adversários), pelas pressões impostas pelo sistema esportivo que exige cada vez mais do atleta, por suas próprias pressões pessoais no sentido de sempre atuar no nível mais alto, leva-os a um desgaste psicológico muito grande. Manter-se sempre motivado frente a uma rotina interminável de treinos e jogos, viagens constantes e longas, ausência da família e dos amigos, e manter o foco nas tarefas, apesar das inúmeras possibilidades de distração em uma partida, também são componentes importantes dessa condição psicológica e são tarefas árduas, que devem contar com a atuação de profissionais habilitados e competentes. Assim, por ser a competição e todos os aspectos que a permeiam um potencial gerador de estresse, o atleta deve ser orientado a como enfrentá-lo e transformar todas essas situações negativas em um estímulo para seu desempenho.

Todos os aspectos citados formam um conjunto de fatores que tornam o basquetebol um esporte complexo e que exige altos níveis de preparação e condicionamento físico para a sua prática, além de definirem as características técnicas e táticas de um jogador e/ou de uma equipe.

No alto rendimento, o que se busca é a excelência. A excelência é a execução em nível mais elevado do que se considera o "melhor". É uma qualidade em seu mais alto grau e que sobressai sobre a média. As exigências para que se atinja esse nível excelente de desempenho no basquetebol não permitem que, atualmente, sejam utilizados métodos de treinamento que isolem qualquer um desses aspectos, exceto em situações que uma intervenção mais específica se faça necessária.

Dessa forma, nos próximos capítulos o leitor terá a oportunidade de acompanhar o desenvolvimento de temas que fazem parte do planejamento e do dia a dia do treinamento e das situações competitivas dos atletas e comissões técnicas para que todos possam alcançar a tão desejada excelência no desempenho de suas funções.

## BIBLIOGRAFIA CONSULTADA

1. Cooper J, Siedentop D. The theory and science of basketball. Philadelphia: Lea & Febiger, 1975.
2. Cruz A, Algarra ML. Los records del baloncesto: 1997. Madrid: Biblioteca Fundación Pedro Ferrandiz, 1997.
3. Daiuto MB. Basquetebol: origem e evolução. São Paulo: Iglu, 1991.
4. De Rose Jr. D. O basquetebol. In: Modalidades esportivas coletivas. São Paulo: Guanabara Koogan, 2006.
5. De Rose Jr. D. Primórdios do basquetebol: a dinâmica do jogo. Disponível em: https://vivaobasquetebol.wordpress.com/2011/11/16/primordios-do-basquetebol-a-dinamica-do-jogo. Acesso em: 28/03/2016.
6. De Rose Jr. D. A evolução do arremesso no basquetebol. Disponível em: https://vivaobasquetebol.wordpress.com/2011/11/18/a-evolucao-do-arremesso-no-basquetebol/. Acesso em: 28/03/2016.
7. De Rose Jr. D. As 13 regras originais. Disponível em: https://vivaobasquetebol.wordpress.com/2011/11/21/as-13-regras-originais/. Acesso em: 28/03/2016.
8. De Rose Jr. D. A regra dos três pontos. Disponível em: https://vivaobasquetebol.wordpress.com/2011/11/26/a-regra-dos-tres-pontos/. Acesso em: 28/03/2016.

9. De Rose Jr. D, Pinto Filho T, Correa Neto W. Minibasquetebol na escola. São Paulo: Ícone, 2015.
10. De Rose Jr. D, Tricoli V. Basquetebol: uma visão integrada entre ciência e prática. Barueri: Manole, 2005.
11. Ferreira AEX, De Rose Jr. D. Basquetebol, técnicas e táticas: uma abordagem didático-pedagógica. 3.ed. São Paulo: EPU, 2010.
12. Medina AA. Em busca de la excelencia encontrada. In: Medina AA, Ybañez Godoy SJ. El camino hacia la excelencia em baloncesto. Sevilha: Wanceulen, 2012.
13. Tricoli V, Ugrinowitsch C, Franchini E. Avaliação das capacidades motoras nas modalidades esportivas coletivas. In: De Rose Jr. D. Modalidades esportivas coletivas. São Paulo: Guanabara Koogan, 2006.

# CARACTERÍSTICAS FISIOLÓGICAS DO BASQUETEBOL

**2**

Cláudio Machado Pinto e Silva
Valmor Tricoli

Neste capítulo, serão apresentados e discutidos dados relativos às demandas fisiológicas e às ações motoras relacionadas à prática do basquetebol. Para facilitar o entendimento do conteúdo, quando necessário, alguns conceitos básicos de fisiologia do exercício serão abordados.

## INTRODUÇÃO

No esporte moderno, o nível de exigência de rendimento e, consequentemente, da organização dos programas de treinamento tem aumentado de maneira intensa e progressiva. Essa tendência gerou a necessidade de um maior entendimento de todas as variáveis que interferem no desempenho esportivo. Entre as diversas variáveis analisadas (técnicas, táticas, motoras, psicológicas etc.), a descrição das características fisiológicas e das ações motoras de uma determinada modalidade esportiva continua a ocupar posição de destaque, pois facilita a compreensão das demandas físicas e metabólicas que influenciam diretamente a organização e a prescrição do processo de treinamento.

A avaliação das características fisiológicas e das ações do jogo, no entanto, ainda não é feita de forma completa. Sabe-se que há uma dificuldade inerente à análise da movimentação dos jogadores durante uma partida e que a constante evolução tecnológica dos materiais esportivos e a modificação periódica das regras alteram a dinâmica, a intensidade, a duração e a frequência das ações executadas; além disso, até o momento poucos estudos foram feitos com o intuito de caracterizar o basquetebol ou seus jogadores e a maioria deles foi realizada por autores estrangeiros. Apesar de úteis, esses estudos estão relacionados ao tipo de basquetebol praticado em seus países de origem, o que faz com que não atendam sempre à realidade e ao padrão de jogo do basquetebol brasileiro. Apesar disso, seus resultados servem de orientação e serão utilizados no decorrer deste capítulo.

## CARACTERÍSTICAS GERAIS DO BASQUETEBOL

As habilidades técnicas decisivas do basquetebol, tanto em situações ofensivas quanto defensivas, caracterizam-se por serem acíclicas, intermitentes e potentes, e são influenciadas não somente pela fonte energética predominante, mas também, principalmente, pelos fatores neuromusculares envolvidos em sua execução. Alguns pesquisadores têm analisado a caracterização fisiológica do basquetebol, porém ainda existem dúvidas com relação às exigências impostas aos jogadores. Comumente, os estudos apresentam uma alternância entre os períodos de esforço e de recuperação em combinação com as ações motoras básicas (corridas, *sprints*, trotes, mudanças de direção) executadas em diferentes intensidades. Sabe-se, porém, que a determinação do perfil metabólico de uma atividade física intermitente é mais complexa, uma vez que depende da análise detalhada das ações durante o esforço e durante a recuperação e de suas recorrências, o que resulta numa alteração da magnitude da somatória de cargas. O ideal seria a criação de um modelo geral que contemplasse diferentes situações de jogo (por exemplo, transições, tempos prolongados em defesa, defesa "pressão") descrevendo suas solicitações energéticas.

O conhecimento das relações entre conteúdo do esforço e da pausa, da exigência fisiológica gerada e da resposta metabólica poderia garantir a especificidade energética da avaliação e facilitar a organização do treinamento de jogadores de basquetebol. Tem sido demonstrado que a contribuição aeróbia e anaeróbia para a ressíntese do trifosfato de adenosina (ATP), fonte de energia, em contrações musculares intensas é determinada pela duração do exercício e pelas características da modalidade esportiva praticada. Portanto, sabe-se também que a especificidade do esforço de uma dada atividade influencia diretamente a participação das vias metabólicas em sua realização.

Nos estudos com o basquetebol, a variável do metabolismo aeróbio normalmente associada à resistência de jogo é o consumo máximo de oxigênio ($VO_2$ máximo), no entanto, a intermitência e a alternância das ações de jogo resultam em diversas situações de alta intensidade com recuperação incompleta durante os encadeamentos entre ataque e defesa. Assim, em decorrência dessa constante somatória das cargas, as vias metabólicas alática e lática são também determinantes na manutenção do desempenho.

## Metabolismo aeróbio

Nas modalidades esportivas de caráter intermitente, o metabolismo aeróbio – ou condicionamento aeróbio – parece ser importante na recuperação das fontes imediatas de energia (ATP e fosfocreatina – CP) e na recuperação geral. No basquetebol, há uma grande importância do metabolismo anaeróbio lático, mas o desenvolvimento da potência aeróbia deve ser considerado na contribuição para a manutenção da qualidade das ações motoras durante jogos e treinamentos.

É evidente que boa parte da energia produzida durante o jogo é derivada de fontes não oxidativas; contudo, a recuperação entre os esforços anaeróbios é um processo oxidativo que se torna mais importante com o aumento e o acúmulo do número ou da duração dos intervalos do ciclo esforço-pausa. Em função dessas características, sabe-se que a potência aeróbia (entendida como a quantidade máxima de energia que pode ser produzida pelo metabolismo aeróbio num determinado tempo), muito mais que a capacidade aeróbia, contribui para o rendimento no jogo de basquetebol.

No jogo de basquetebol, parece haver duas formas distintas de contribuição da potência aeróbia:

1. Quando há tempo para uma recuperação completa: o metabolismo oxidativo contribui para acelerar a ressíntese de ATP-CP.
2. Quando a recuperação é incompleta: o somatório de cargas imediatas gera uma participação glicolítica mais acentuada.

Sabe-se que o $VO_2$ máximo apresenta boa relação com o tempo despendido em corridas e saltos verticais. Assim, um jogador bem condicionado para o metabolismo aeróbio mantém de forma mais eficiente sua recuperação antes do esforço seguinte, ou seja, a recuperação dos estoques energéticos para a realização de *sprints* e acelerações de alta intensidade com períodos curtos de intervalo ocorre de maneira mais rápida.

Em termos práticos, um valor referencial para potência aeróbia de jogadores de basquetebol de alto nível oscila em torno de 50 a 60 mL/kg/min. A título de comparação, corredores e ciclistas de longa distância de elite apresentam valores em torno de 75 a 80 mL/kg/min.

## Metabolismo anaeróbio alático e lático

As ações motoras decisivas num jogo de basquetebol envolvem uma grande exigência anaeróbia. Em adição, a evolução tática e/ou a modificação das regras têm contribuindo para que a intensidade do jogo e a dependência das vias energéticas anaeróbias aumentem progressivamente com o passar dos anos. Assim, um dos fatores fundamentais para que a qualidade das ações se mantenha é que a acidose metabólica seja controlada, o que significa, na prática, que um jogador com potência anaeróbia lática elevada deve suportar melhor uma sequência de esforços máximos com recuperações incompletas. Em sequências de ações acíclicas ou mesmo em encadeamentos dessas ações com corridas máximas e muitas mudanças de direção, a participação glicolítica parece ser crescente. A Tabela 1 apresenta de forma simplificada algumas situações de jogo e/ou treino e as vias metabólicas energéticas predominantes.

Ao se relacionar os testes anaeróbios Wingate e "suicídio" com os testes de salto vertical com contramovimento aplicados a um grupo de jogadores juvenis de basquetebol, sabe-se que os indivíduos com os melhores tempos no teste "suicídio" são também aqueles que produzem a maior potência média e saltam mais alto. Esse resultado demonstra a importância das vias metabólicas lática e alática.

## AÇÕES MOTORAS E ESFORÇO NO BASQUETEBOL

A caracterização das ações motoras envolvidas na atividade competitiva do basquetebol é necessária para a elaboração dos conteú-

**TABELA 1** Situações de jogo e/ou treinamento e as vias metabólicas predominantes

| | Aeróbio (médio a prolongado) | Anaeróbio lático (intenso e pouco prolongado) | Anaeróbio alático (máximo e curto) |
|---|---|---|---|
| Aeróbio | Partida Recuperação de treinos Repetição de exercícios prolongados | Sucessão de ações bastante exigentes que se sustente por mais de 1 min Exercícios intensos com recuperação incompleta | |
| Anaeróbio lático | | Defesa prolongada e situações de segunda bola (rebote e realização de outro ataque) Concatenação de ação defensiva, rebote e contra-ataque | Defesa prolongada, contra-ataque e finalização na transição Concatenação de rebote de defesa após lance livre, contra--ataque, transição e finalização |
| Anaeróbio alático | Saltos ou corridas máximas intercalados com interrupções do jogo | | Saltos sucessivos no rebote, bloqueios, fintas, infiltrações, contra-ataques |

Tabela adaptada de Betran JO, Ticó I, Camì J. Le capacitá motórie nella pallacanestro. Scuola dello Sport-Rivista di Cultura Sportiva 1992;11(24):17-22.

dos e para a definição da estrutura do programa de treinamento da modalidade.

Uma variável sempre presente nas análises de jogo e utilizada como referencial é a distância percorrida. A medida, no entanto, tem valor limitado na avaliação das demandas fisiológicas reais impostas a um jogador durante a partida, pois nessa distância percorrida estão embutidas diversas ações como saltar, correr, mudar de direção e acelerar, que possuem exigências energéticas diferentes. Assim, alguns pesquisadores preferem se basear em variáveis consideradas mais discriminatórias dos esforços, como padrões de movimento, variação da frequência cardíaca e concentração de lactato no jogo. A partir das referências de alguns estudos, é possível analisar as ações motoras e dos esforços no basquetebol com parâmetros diversos.

Ao investigar o comportamento da frequência cardíaca (FC), da concentração de lactato e das variações dos padrões de movimento em jogadores de basquetebol, sabe-se que podem ser encontrados os seguintes valores médios de FC:

- No tempo total de jogo: 165 ± 9 bpm (87% da FC máxima).
- No tempo jogado: 168 ± 9 bpm (89% da FC máxima).
- Valor superior a 85% da FC máxima ocorre em 65% do tempo total e em 75% do tempo jogado.

Destaca-se que os valores relacionados ao tempo total não são muito inferiores aos do tempo jogado tanto para FC média quanto para tempo com FC acima de 85% da máxima. Também é possível medir que em apenas 15% do tempo jogado ocorrem ações intensas, havendo, portanto, um grande tempo de recuperação. Apesar disso, a FC não diminui nesses momentos de forma considerável.

Outra análise possível é feita com a definição de zonas de intensidade relacionadas à FC e a identificação do percentual do tempo de jogo despendido em cada uma delas:

- Baixa (< 75% da FC máxima): 7,4 ± 6,1%.
- Moderada (75 a 84% da FC máxima): 17,3 ± 5,5%.
- Alta (85 a 95% da FC máxima): 56,0 ± 6,3%.
- Máxima (> 95% da FC máxima): 19,3 ± 3,5%.

O comportamento da FC, no entanto, pode não ser um bom indicador para as variações de intensidade do jogo, já que por sua latência pode não haver correspondência direta entre a atividade realizada e seu valor.

Outra análise possível de indicadores de intensidade (concentração de lactato, FC e distância percorrida em ações intensas) já realizada demonstrou uma queda significativa da intensidade do jogo do primeiro para o segundo tempo, obtendo-se os seguintes valores:

▸ Distância percorrida em alta velocidade: 266 ± 21 m no primeiro tempo e 212 ± 14 m no segundo tempo.
▸ Número de saltos: 23 ± 8 no primeiro tempo e 20 ± 10 no segundo tempo.
▸ Mudanças de direção: 32 ± 16 no primeiro tempo e 25 ± 12 no segundo tempo.
▸ FC média: 168 ± 5 bpm no primeiro tempo e 165 ± 4 bpm no segundo tempo.
▸ Concentração de lactato: 3,4 mmol/L no primeiro tempo e 2,7 mmol/L no segundo tempo.

Mais recentemente, a investigação do perfil físico e fisiológico dos atletas demonstrou mais alguns parâmetros importantes relacionados ao jogo. Uma distância média percorrida de 7.558 ± 575 m foi dividida da seguinte maneira:

▸ Andando (≤ 6 km/h): 1.720 ± 143 m (31% do tempo total de jogo).
▸ Trotando (6,1-12 km/h): 1.870 ± 322 m (5,6% do tempo total de jogo).
▸ Correndo (12,1-18 km/h): 928 ± 162 m (4,5% do tempo total de jogo).
▸ Corrida rápida (18,1-24 km/h): 406 ± 109 m (31% do tempo total de jogo).
▸ *Sprint* (≥ 24 km/h): 763 ± 169 m (2,8% do tempo total de jogo).
▸ Corridas laterais: 218 ± 117 m.
▸ Corrida *shuffling*: 1.466 m.

De maneira semelhante, é possível contabilizar valores para a ocorrência de cada tipo de ação durante o jogo, chegando-se aos números listados a seguir para jogadores de basquetebol com idade inferior a 19 anos:

- Número de saltos verticais: 44 ± 7.
- Número de *sprints*: 55 ± 11.
- Movimentos específicos de alta intensidade: 94 ± 16.

A partir desses dados, pode-se encontrar uma relação entre esforço e pausa da ordem de 1:3,6, ou seja, 6 s de ações de alta a moderada intensidade são seguidos de aproximadamente 22 s de recuperação ou ações de baixa intensidade.

Com relação à distribuição das durações das ações de alta intensidade, os resultados desse grupo são:

- 1,5 a 2 s: 51% das ações.
- 2 a 3 s: 27% das ações.
- 3 a 4 s: 12% das ações.
- 4 s: 5% das ações.
- Duração máxima registrada para uma ação: 5,5 s.
- Duração máxima de um encadeamento de ações de elevada intensidade: 13,5 s.
- Tempo médio para mudança de padrão de movimento: 2 s.
- Realização de ações de alta intensidade: 10% do tempo total (15% do tempo jogado).
- Número de ações para cada jogador: 997 ± 183 padrões de ação (105 ± 52 foram esforços de alta intensidade).

Especificamente no basquetebol feminino de alto nível, há números interessantes para a discriminação das ações motoras e suas intensidades. Durante um jogo, cada jogadora executa 576 (± 110) mudanças no tipo de atividade e, em geral, as mudanças ocorrem a cada 2,6 s. Considerando as atividades de alta intensidade, um *sprint* ocorre a cada 33,3 s. Destaque-se que o *sprint* (83%) e a atividade específica de alta intensidade (86%) sem bola foram mais prevalentes que com a bola (*sprint* – 17%; e atividade específica de alta intensidade – 14%). Já os saltos verticais são realizados em 56% dos casos sem a bola e em 44%, com a bola. A maioria dos *sprints* (87%) é executada em distâncias de até 10 m com predominância dos tiros entre 1 e 5 m. Além disso, *sprints* sem a bola (em linha reta – 95%; com mudança de direção – 79%) são mais frequentes que com a bola (em linha reta – 5%; com mudança de direção – 21%). Em cada jogo, cada jogadora realiza 4,3 *sprints* repetidos intercalados com saltos e outras atividades de alta intensidade. A proporção esforço:pausa média é de 1,3 e 35,2% das ações são feitas em meia quadra.

## RELEVÂNCIA NO TREINAMENTO E CONSIDERAÇÕES FINAIS

Como pode ser observado, o basquetebol é uma modalidade esportiva intermitente caracterizada por ações de alta intensidade e curta duração (por exemplo, *sprints*, saltos, mudanças de direção, arremessos, bloqueios) intercaladas por padrões de movimento de intensidade baixa para moderada (por exemplo, caminhar, trotar). Essas características comprovam que o bom desempenho na prática do jogo de basquetebol é dependente do metabolismo anaeróbio do jogador e da sua capacidade de executar *sprints* repetidos que podem ocorrer em diferentes situações como transições ataque-defesa, perda da posse de bola e retorno para defesa, saídas rápidas de bloqueios e contra-ataques.

Portanto, durante a preparação dos jogadores, é fundamental o treinamento de *sprints* repetidos com grande variação de ritmo e mudanças de direção (para a frente, para trás, para os lados). De maneira mais específica, os treinamentos deveriam aplicar uma sequência de pelo menos quatro *sprints* com um intervalo de recuperação de aproximadamente 15 s de recuperação ativa e passiva entre séries. No caso da recuperação ativa, ela poderia envolver ações motoras específicas do basquetebol.

É evidente que a potência muscular, e não somente o metabolismo anaeróbio, também é importante para o sucesso na realização de *sprints* repetidos. Além disso, outros fatores como técnica de movimento, agilidade e velocidade de reação também estão relacionados ao bom desempenho durante o jogo.

Por conta da duração total de uma partida (40 a 48 min), um bom nível de condicionamento aeróbio ainda é necessário. O metabolismo aeróbio contribui para a ressíntese de ATP-CP e a remoção de lactato sanguíneo. Assim, fica bem claro que a boa preparação física de um jogador de basquetebol e o desempenho durante os jogos são fortemente influenciados pelos condicionamentos anaeróbio e aeróbio. Atenção especial deve ser dada à interação entre esses dois níveis metabólicos, pois o excesso de atividades de caráter aeróbio pode afetar negativamente o desempenho nos *sprints*, nas mudanças de direção e na produção de potência, todos muito relevantes para as ações específicas da modalidade.

Está claro que treinar a resistência de jogo dá condições para que o jogador realize as ações determinantes para o jogo com a menor perda de desempenho possível. Assim, o treinamento da resistência de saltos, de *sprints* e também de deslocamentos defensivos, mudanças de direção e demais ações deve ser parte integrante do processo de preparação. Deve-se lembrar, ainda, que para a melhora do desempenho de uma dessas ações isoladamente ou da resistência delas, a dimensão neuromuscular é importante, porém o suporte energético é inevitável e por isso também pode atuar como fator limitante.

Assim, no basquetebol, manter um alto desempenho por tempo prolongado e diminuir a fadiga implica desenvolver as vias metabólicas e também o sistema neuromuscular. A realização de ações potentes envolvendo força e o prolongamento da qualidade no desempenho em situações em que se requeira o desempenho máximo das ações de jogo (acíclicas e potentes) depende da participação integrada dos sistemas neuromuscular e energético. É provável que ambos possam atuar, alternadamente, como o fator limitante do desempenho no processo de fadiga. Por isso, devem ser consideradas suas inter-relações para que o estímulo seja direcionado para o fator que limita a atuação do jogador.

Finalizando, o somatório das cargas de trabalho também deve ser levado em consideração. Uma ação continuada, sem interrupção regulamentar, leva a uma crescente queda na intensidade do esforço. Isso ocorre também quando os intervalos de recuperação são muito curtos. Estar apto a reagir a tais situações sem queda no desempenho leva a maiores opções técnicas e táticas. Possibilita defender com maior agressividade, realizar transições mais rápidas e atacar com maior velocidade de movimentação. A associação desses fatores permite jogar com maior intensidade e melhor qualidade.

## BIBLIOGRAFIA CONSULTADA

1. Abdelkrim BN, El Fazaa S, El Ati J. Time-motion analysis and physiological data of elite under-19-year-old basketball players during competition. Brit J Sports Med 2007;41(2):69-75.
2. Abdelkrim BN, Castagna C, Jabri I, Bsttikh T, El Fazaa S, El Ati J. Activity profile and physiological requirements of junior elite basketball players in relation to aerobic-anaerobic fitness. J Strength Condition Res 2010;24(9): 2330-42.
3. Al-Hazzaa HM, Almuzaini KS, Al-Refaee SA, Sulaiman MA, Dafter-dar MY, Al-Ghamedi A, Al-Khuraiji KN. Aerobic and anaerobic power characteristics of saudi elite soccer players. J Sports Med Physical Fitness 2001;41(1):54-61.
4. Araujo GG, Manchado-Gobatto FB, Papoti M, Camargo BH, Gobatto CA. Anaerobic and aerobic performances in elite basketball players. J Human Kinetics 2014;10(42):137-47.
5. Aziz AR, Chia M, The KC. The relationship between maximal oxygen up-take and repeated sprint performance indices in field hockey and soccer players. J Sports Med Physical Fitness 2000;40(2):195-200.
6. Bangsbo J. Energy demands in competitive soccer. J Sports Sci 1994;12(4): 5-12.
7. Barbanti VJ. Teoria e prática do treinamento esportivo. São Paulo: Edgard Blücher, 1997.
8. Betran JO, Ticó I, Camì J. Le capacitá motórie nella pallacanestro. Scuola dello Sport-Rivista di Cultura Sportiva 1992;11(24):17-22.
9. Conte D, Favero TG, Lupo C, Francioni FM, Capranica L, Tessitore A. Ti-me-motion analysis of Italian elite women's basketball games: individual and team analyses. J Strength Condition Res 2015;29(1):144-50.
10. Greenhaff LP, Timmons JA. Interaction between aerobic and anaerobic metabolism during intense muscle contraction. Exerc Sports Sci Rev 1998;26:1-31.
11. Hoffman JR, Epstein S, Einbinder M, Weinstein Y. The influence of aero-bic capacity on anaerobic performance and recovery indices in Basketball players. J Strength Condition Res 1999;13(4);407-11.
12. Hoffman JR, Epstein S, Einbinder M, Weinstein Y. A comparison between the Wingate anaerobic power test to both vertical jump and line drill tests in Basketball players. J Strength Condition Res 2000;14(3):261-4.

13. Janeira MA, Maia J. Game intensity in Basketball: an interactionist view linking time-motion analysis, lactate concentration and heart rate. Coaching Sport Sci J 1998;3(2):26-30.
14. Kokubun E, Daniel JF. Relações entre a intensidade e duração das atividades em partida de basquetebol com as capacidades aeróbia e anaeróbia: estudo pelo lactato sanguíneo. Rev Paulista Educ Física 1992;6(2):29-36.
15. McInnes SE, Carlson JS, Jones CJ, McKena MJ. The physiological load imposed on Basketball players during competition. J Sports Sci 1995;13(5): 387-97.
16. Narazaki K, Berg K, Stergiou N, Chen B. Physiological demands of competitive basketball. Scand J Med Sci Sports 2009;19(3):425-32.
17. Padulo J, Bragazzi NL, Nikolaidis PT, Dello Iacono A, Attene N, Pizzolato F, Dal Pupo J, Zagatto AM, Oggianu M, Migliaccio GM. Repeated sprint ability in young basketball players: multi-direction vs. one-change of direction (part 1). Frontiers Physiology 2016;22(7):133.
18. Zaragoza J. Analisis de la actividad competitiva y clínica. Rev Técnica Baloncesto 1996;9(33):14-21.
19. Ziv G, Lidor R. Physical attributes, physiological characteristics, on-court performances and nutritional strategies of female and male basketball players. Sports Med 2009;39(7):547-68.

# TREINAMENTO INTEGRADO E ESPECIFICIDADE DO TREINAMENTO NO BASQUETEBOL

**3**

Rafael Fachina
Diego Jeleilate

Este capítulo abordará duas linhas tradicionais de pensamento, mas que têm se popularizado apenas recentemente no meio esportivo brasileiro: a interdisciplinaridade e a especificidade. Apesar de ambas serem citadas como "novas linhas de pensamento sobre o esporte", isso está bem longe de ser verdade, já que sua origem conceitual remete a mais de 40 anos atrás.

## DA MULTIDISCIPLINARIDADE À TRANSDISCIPLINARIDADE NA BUSCA DA ESPECIFICIDADE

Atualmente, todos os conceitos relacionados às ciências do esporte e à busca incessante pelo resultado levam à escolha de caminhos cada vez mais específicos que possam minimizar as chamadas "margens de erros" e, consequentemente, aprimorar mais detalhes que possam potencializar o desempenho.

Esse processo de potencialização do desempenho não deve ser necessariamente direcionado a equipes ou projetos que não estão tendo resultados positivos – muito pelo contrário! Sua aplicação pode se focar principalmente em buscar no sucesso uma maneira de agir corretivamente em algum aspecto que não foi bem executado e continuar a busca incessante da melhoria contínua.

Todas as equipes de alto rendimento que são sucesso e referência no esporte vêm, cada vez mais, investindo e fomentando as multidisciplinas por meio do trabalho em centros de treinamento modernos, equipamentos de última geração, suplementos alimentares, tecnologias etc. Seus atletas estão cada vez mais mapeados para que as equipes possam pensar nas melhores estratégias de treinamento possíveis e, consequentemente, minimizar lesões e atingir o desejado estado ótimo de desempenho. Esse estado precisa integrar todos os aspectos relacionados ao treinamento (físico, técnico, médico, nutricional, fisiológico, fisioterapêutico, tático, psicológico etc.) em um planejamento único.

Quando se estuda a literatura ou projetos já estabelecidos no esporte que utilizam estratégias multidisciplinares, percebe-se uma pequena confusão entre termos como interdisciplinaridade e transdisciplinaridade. É importante atentar para os detalhes que diferenciam esses termos. A abordagem multidisciplinar obviamente não surgiu no esporte; entretanto, já nos anos 1980, Japiassu escrevia sobre sua aplicação no esporte. Esse autor considerava a multidisciplinaridade como a justaposição de duas ou mais disciplinas com objetivos múltiplos, sem relação entre elas, com certa cooperação, mas sem coordenação situada em um nível superior. Como cada vez mais essas multidisciplinas vêm se especializando no esporte, o grande desafio passou a ser unir esses saberes em prol de um mesmo objetivo. Assim, ganhou forma o conceito de interdisciplinaridade, compreendido como mais de uma área da ciência do esporte trabalhando conjuntamente e de uma maneira integrada e coordenada.

A busca por objetivos associados ao alto rendimento tem se tornado cada vez mais complexa com o passar dos anos. Em função disso, a equalização das multidisciplinas vem tomando um novo contexto que responde pela transdisciplinaridade. Transcender significa ir além e aí está a chave para o entendimento do termo. Ao se iniciar um projeto com grandes metas desportivas a serem alcançadas, deve-se transcender as expectativas do que se esperaria de uma equipe multidisciplinar. É necessária uma forma de pensar organizadora que possa atravessar as disciplinas e que dê a elas uma espécie de unidade, ou seja, maior profundidade integradora. Esse pensamento organizador é chamado de pensamento complexo.

O pensamento complexo é uma maneira de sair do padrão de pensamento cartesiano, que conduz à fragmentação do conhecimento, negligenciando as relações que existem entre esses conhecimentos e que são essenciais à visão significativa do todo. Ao inserir a ideia de um pensamento complexo no processo de treinamento, aposta-se em uma mudança de paradigmas, passando de um paradigma de dominação e poder, de fragmentação, classificação e hierarquização, para um paradigma de cooperação, que valoriza e restabelece as relações e as atitudes significativas.

Cabe ressaltar que o estímulo ao pensamento complexo não é um desestímulo à especialização das partes. Estas devem seguir cada vez mais especializadas, como manda a ordem da evolução do conhecimento:

▶ A fisiologia precisa continuar se aprofundando sobre os complexos mecanismos da fadiga.

▶ A preparação física deve intensificar esforços quanto à ampliação do entendimento da alternância ou comunhão dos métodos de treinamento.

▶ A fisioterapia segue sua jornada para aliar estudos e tecnologia com foco na recuperação de lesões com um menor tempo e maior eficiência.

O que se espera, no entanto, é que os achados das partes não sinalizem por si o destino de uma pauta, mas que interajam entre si sem a obrigação de dar a todos o mesmo peso a todo momento, gerando, então, uma solução integrada entre as partes baseada em um entendimento maior, valorizando o todo.

Portanto, a complexidade não deve ser considerada uma receita ou uma resposta, mas, sim, uma motivação para pensar. É impossível conhecer o todo sem conhecer as partes, mas também não se pode conhecer a real função das partes sem conhecer o todo. Acredita-se que a complexidade deve ser um substituto eficaz da simplificação, mas que, como a simplificação, vai permitir esclarecer e programar o treinamento desportivo dando profundidade integradora aos apontamentos de suas diversas áreas.

# CONSTRUINDO O CAMINHO PARA A ESPECIFICIDADE

Treinamento esportivo é uma atividade sistemática que visa a proporcionar alterações morfológicas, metabólicas e funcionais que possibilitem o consequente incremento do rendimento. Deve ser entendido como um processo de longo prazo orientado para o desenvolvimento mais elevado possível de características fisiológicas e psicológicas.

A principal direção do aperfeiçoamento do sistema de preparação é a elevação do seu caráter integral. Juntamente com a diferenciação dos elementos no processo de desenvolvimento normal do sistema, surgem e desenvolvem-se tendências interativas que coordenam e reúnem as funções das partes especializadas da preparação, dando-lhes uma direção especial única. Portanto, a preparação do atleta representa o sistema de utilização orientada de todo o complexo de fatores que condicionam a obtenção dos objetivos da atividade desportiva, estando todos eles intimamente interligados e completando-se mutuamente.

## Desenvolvimento multilateral

O desenvolvimento multilateral (ou geral) é aceito na maioria das áreas da educação e dos esforços humanos nas quais as diretrizes de desenvolvimento são baseadas em estudos, organização de conteúdo e análise de dados. Independentemente do quão especializada uma formação possa vir a ser, ela deverá ser exposta, em sua origem, a um desenvolvimento multilateral para a adequada aquisição de fundamentos.

Uma base ampla e multilateral é condição básica para atingir um nível posterior altamente especializado tanto da preparação física quanto da maestria técnica. Para que isso ocorra dentro de mecanismos de controle e que possam ser observados não em apenas alguns, mas na maioria dos atletas submetidos à formação desportiva, é imperativo que o treinador resista à tentação de desenvolver um programa de especialização precocemente.

Ao compreender a interconexão entre o treinamento multilateral e o especializado, o treinador passa a compreender que o primeiro é pré-requisito para o segundo. Numa estrutura desportiva em que são contempladas todas (ou quase todas) as categorias de um mesmo desporto, o entendimento sobre a necessidade de uma abordagem sequencial dos conteúdos de treinamento pode conduzir essa estrutura a um novo patamar de qualidade na formação de seus atletas.

A Figura 1 representa esse raciocínio em um modelo de pirâmide. O desenvolvimento multilateral se encontra na base dessa pirâmide, onde se espera que o atleta receba boa parte dos conteúdos que fundamentam o programa de treinamento. Quando o desenvolvimento multilateral alcança níveis definidos como aceitáveis (principalmente com relação ao desenvolvimento físico), o atleta passa a ser exposto cada vez mais a conteúdos especializados até o momento em que alcança o ponto máximo da programação de sua carreira atlética, que seria o alto rendimento esportivo.

**FIGURA 1** Subdivisão básica de um período de treinamento de muitos anos.

É compreensível que essa visão seja rapidamente rejeitada utilizando-se a justificativa de que alguns países adotam um modelo que segue exatamente o caminho contrário, com a especialização do treinamento sendo preconizada desde a infância até a chegada ao alto rendimento internacional, fazendo com que os atletas recebam conteúdos de treinamento ligados às habilidades e ao desenvolvimento físico específico de uma mesma modalidade desportiva. Apesar de esse modelo ter se mostrado vitorioso sob certos aspectos, não se deve esquecer de ampliar a análise sobre ele. Trata-se de um modelo que funciona em países nos quais a prática desportiva é difundida em todo o território nacional, fundamentado na cultura das instituições de ensino e, por fim, mantendo milhões de praticantes de diferentes idades e níveis de desempenho ativos por todo o ano. Dessa forma, a qualidade aparece a partir dessa grande quantidade, ou seja, o talento "surge". A questão seguinte é se o mérito é do modelo em si ou seria da gigantesca massificação e dos efeitos clássicos da seleção natural.

Algo que precisa ficar claro quando se preconiza a abordagem de longo prazo é que ela não exclui a presença da especificidade de treinamento nos estágios iniciais. De maneira contrária, a especificidade do treinamento se faz presente em todos os estágios de desenvolvimento do atleta, mas é distribuída em proporções diferentes. Observa-se, na Figura 2, que a proporção do desenvolvimento multilateral vai diminuindo com o avanço da idade, ao passo que o treinamento especializado vai se amplificando no mesmo sentido.

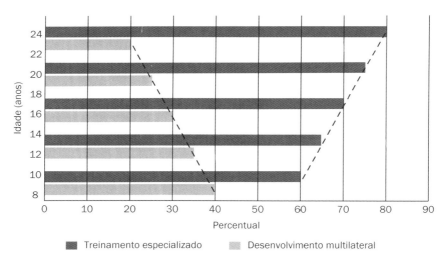

**FIGURA 2** Esquema de distribuição do conteúdo de treinamento multilateral e especializado com o avanço da idade.

Para que essa fundamentação não fique apenas no campo teórico, cabe citar aqui um estudo realizado na então Alemanha Oriental, que durou cerca de 14 anos e envolveu um grande número de garotos entre 9 e 12 anos de idade. Esses jovens foram divididos em dois grupos:

# Treinamento integrado e especificidade do treinamento no basquetebol

▶ O primeiro grupo foi submetido a uma abordagem condizente com a especialização precoce em uma dada modalidade desportiva, com meios e métodos de treinamento voltados para tal objetivo.

▶ O segundo grupo seguiu a abordagem multilateral. Eles praticavam uma variedade de estímulos e habilidades associadas a outras modalidades desportivas, com o treinamento físico contemplando também aspectos gerais em seu conteúdo, além da adição de habilidades específicas pertinentes à modalidade desportiva do primeiro grupo.

Os resultados apresentados na Tabela 1 demonstram os benefícios da abordagem multilateral quando se pensa no desenvolvimento do atleta para as competições profissionais.

**TABELA 1** Observações quanto aos efeitos da especialização precoce e do desenvolvimento multilateral

| Especialização precoce | Programa multilateral |
| --- | --- |
| Desenvolvimento rápido do desempenho | Desenvolvimento lento do desempenho |
| Melhor desempenho atingido com cerca de 15-16 anos de idade em decorrência da rápida adaptação | Melhor desempenho aos 18 anos de idade ou mais, acompanhados de maturação fisiológica e psicológica |
| Desempenho inconsistente em competições | Desempenho consistente em competições |
| Saturação dos atletas por volta dos 18 anos de idade | Vida útil como atleta mais longa |
| A adaptação forçada os deixou mais suscetíveis a lesões | Poucas lesões |

## A especificidade consolida a especialização

A especialização é um processo complexo e não unilateral, ou seja, deve ser baseada num desenvolvimento multilateral anterior. Do primeiro treinamento de um jovem iniciante até a maestria de um atleta experiente, o volume total de treinamento e a quantidade de exercícios especiais devem ser elevados de forma progressiva e constante.

O termo "processo" pode ser entendido como uma série de ações que buscam maximizar um resultado. O planejamento é definido como um processo para determinar para onde o treinamento deve seguir e estabelecer os requisitos para chegar a esse ponto da forma mais eficiente possível. Esse processo, conforme a teoria do treinamento desportivo, responde pelo conceito de "planificação", que é a organização de tudo o que acontece nas etapas de preparação dos atletas, inter-relacionando os momentos de preparação e competição.

A especialização é o principal elemento exigido para se obter sucesso em uma modalidade desportiva. Pode-se considerar como especialização as aquisições estáveis de adaptação do organismo acondicionadas pela especificidade motora e das condições da atividade desportiva. As características qualitativas e os valores quantitativos dessas aquisições manifestam a expressão evidente do processo de adaptação, sendo este a base física para o aperfeiçoamento humano. Ao mesmo tempo, tais adaptações caracterizam a especificidade condicionada pelo tipo de atividade desportiva, bem como pelas particularidades de seu desenvolvimento no tempo.

A especificidade pode ser definida como um princípio básico do treinamento que afirma que, para melhorar um determinado componente da aptidão física, o indivíduo deve enfatizar sua prática. O programa de treinamento deve estressar o sistema fisiológico utilizado para desempenhar uma atividade particular com o objetivo de ativar adaptações específicas de treinamento, ou seja, o organismo sofre adaptações específicas às demandas impostas.

Para estressar adequadamente o sistema fisiológico associado com o desempenho, existem três componentes da especificidade:

- Especificidade da habilidade.
- Especificidade do grupo muscular.
- Especificidade do sistema energético.

A utilização de meios específicos para o desenvolvimento físico de uma modalidade esportiva conduz a adaptações anatômicas e fisiológicas associadas às necessidades da modalidade, porém as adaptações oriundas da especialização também se aplicam aos componentes técnico, tático e psicológico do treinamento. A junção da especificidade do gesto desportivo com as necessidades bioenergéticas da modalidade desportiva permitirá estabelecer diretrizes de treinamento confiáveis.

Não é incomum encontrar atletas e treinadores tendo uma interpretação confusa da especificidade e a imaginando como a exigência de replicar, em todas as sessões de treinamento, o desempenho atlético exatamente da maneira como é executado na competição. Para um entendimento rápido, vale utilizar um exemplo das provas de corrida de longas distâncias. Existem vários exemplos em que treinadores e atletas pensam que o único caminho para treinar é no ritmo da prova, sendo este ritmo o que eles devem aprender especificamente para lidar com isso durante a prova. Na verdade, no entanto, há uma série de fatores fisiológicos sustentadores que devem ser abordados se o objetivo for otimizar o desempenho. Não existe, portanto, uma única intensidade, duração ou frequência para preparar o indivíduo para todas as exigências fisiológicas de um dado evento ou desporto. Por isso, o treinamento sempre exigirá uma gama de intensidades e durações que precisam ser equacionadas em sua planificação.

Algumas vezes, como consequência da interpretação inadequada das respostas adaptativas oriundas da especificidade do treinamento, pode ocorrer o desejo de atingir altos níveis de desempenho prematuramente, situação em que os atletas seriam obrigados a realizar tarefas de treinamento com alto grau de dificuldade e, para piorar, com um nível de intensidade que excederia o potencial de adaptação suportado por eles. Sob tais circunstâncias, os atletas experimentariam um processo de recuperação fisiológica sistematicamente inadequado, o que provavelmente os levaria à exaustão. Esse tipo de abordagem também pode vir a alterar o ritmo natural de crescimento do indivíduo jovem, assim como afetar negativamente sua saúde pessoal (independentemente da idade). Portanto, equacionar adequadamente os conteúdos do treinamento pode aumentar a resposta adaptativa e evitar o potencial de lesões por sobrecarga e a possível ocorrência do *overtraining*.

Dentro desse contexto, o basquetebol apresenta uma estrutura que consiste em movimentos com e sem a bola, com muitos deles apresentando um caráter muito explosivo (como *sprints* curtos, paradas abruptas, rápidas mudanças de direção, acelerações e saltos verticais). Essa característica também se aplica aos movimentos realizados apenas com os membros superiores, podendo ser exemplificados por condução de bola, tentativas de retomada da bola do adversário, diferentes formas de passe e arremesso, além do contato entre os jogadores. A execução eficiente de todos esses movimentos e, consequentemente, o desempenho de jogo dependem principalmente das seguintes habilidades funcionais:

- Força e potência de membros superiores e inferiores.
- Agilidade.
- Coordenação.
- Precisão.
- Velocidade de movimentos cíclicos e acíclicos.
- Resistência (aeróbia, anaeróbia lática e anaeróbia alática).

Dados oriundos de evidências fisiológicas e também a partir do método de análise do movimento por vídeo sugerem que o basquetebol tem natureza altamente intermitente, oscilando entre momentos de intensidade baixa e elevada, contando com contribuição energética significativa tanto do sistema anaeróbio quanto do aeróbio. Embora o desempenho determinante no basquetebol possa ser baseado nas possibilidades anaeróbias dos atletas, uma aptidão aeróbia bem desenvolvida também se mostra importante para um sucesso mais amplo desse desempenho.

O consumo máximo de oxigênio (VO$_2$ máximo) é considerado peça fundamental para otimizar a recuperação de esforços anaeróbios durante o jogo. Além disso, a literatura sugere que o bom condicionamento aeróbio seria importante para preparar os atletas para suportarem o volume da carga de treinamento da modalidade. Como referência, os valores de VO$_2$ máximo para atletas de elite mulheres e homens se encontram entre 44 e 54 mL de oxigênio/kg/min e 50 a 60 mL de oxigênio/kg/min, respectivamente.

Outro aspecto interessante das observações fisiológicas associadas ao jogo de basquetebol é o fato de que a frequência cardíaca (FC) média alcança valores de 84,4% da FC máxima durante o tempo de bola em jogo e de 68,6% da FC máxima durante o tempo total de jogo.

Como o desenvolvimento da especificidade só é possível se for baseado na realidade do jogo, serão utilizados os dados publicados em 2012 por pesquisadores australianos sobre atletas de elite homens para exemplificar e possibilitar a familiarização com o que esses autores chamaram de "categorias de movimento" (Tabela 2).

**TABELA 2** Nomenclatura e definição das categorias de movimento com suas respectivas velocidades de referência

| Categoria de movimento | Definição |
| --- | --- |
| Em pé ou caminhando | Movimento multidirecional realizado a uma velocidade de 0 a 1 m/s (0 a 3,6 km/h) |
| Trotando | Movimento multidirecional realizado a uma velocidade de 1,1 a 3 m/s (3,96 a 10,8 km/h) quando não em posição defensiva |
| Correndo | Movimento multidirecional realizado a uma velocidade de 3,1 a 7 m/s (11,2 a 25,2 km/h) quando não em posição defensiva |
| Sprintando (tiro) | Movimento multidirecional realizado a uma velocidade maior que 7 m/s (25,2 km/h) quando não em posição defensiva |
| Defensivo lento | Movimento multidirecional realizado estritamente em posição com postura defensiva a uma velocidade menor do que 2 m/s (7,2 km/h) |
| Defensivo rápido | Movimento multidirecional realizado estritamente em posição com postura defensiva a uma velocidade maior do que 2 m/s (7,2 km/h) |
| Driblando | Qualquer movimento em que um jogador está ativamente com a posse e driblando com a bola em qualquer direção |

Tabela adaptada de Scanlan A, Dascombe B, Reaburn P. A comparison of the activity demands of elite and subelite Australian men's basketball competition. J Sports Sci 2011;29(11):1153-60.

Ao se familiarizar com essa nomenclatura, é possível analisar a Tabela 3, que traz o tempo médio e total gasto em cada uma das categorias de movimento durante o tempo de bola em jogo.

Observa-se que ficar em pé, caminhando ou trotando respondem juntos pelo maior tempo gasto pelos atletas numa partida; entretanto, o tempo registrado correndo e sprintando não deve ser desprezado, já que é nessas condições que ocorre a maioria das ações definidoras do jogo e, certamente, o maior desgaste metabólico.

Cabe ressaltar, ainda, que todos esses movimentos ocorrem com os atletas de elite percorrendo uma distância média de 5.200 a 5.500 m durante uma partida.

## CONSIDERAÇÕES FINAIS

Pode-se observar neste capítulo que o número de áreas do conhecimento atuando no esporte vem crescendo a cada década e isso trouxe a necessidade de buscar integrar tais saberes. Apesar de a implementação prática da interdisciplinaridade nas equipes desportivas brasileiras ainda estar engatinhando, o conceito já avançou para um pensar organizador (pensamento complexo) que possa atravessar as disciplinas e que dá a elas uma espécie de unidade, ou seja, uma maior profundidade integradora.

Procurou-se mostrar, ainda, que a especificidade no treinamento vem ganhando uma popularidade tardia no meio desportivo brasileiro. Demonstrou-se que ela vai muito além do que a simples repetição de exercícios "parecidos" com o gesto motor da modalidade e demanda uma abordagem multilateral anterior a partir de três elementos norteadores – especificidades da habilidade, do grupo muscular e do sistema energético. Dessa forma, conquista-se uma maior eficiência na especialização do atleta sob determinadas demandas.

**TABELA 3** Duração média e duração total distribuídas entre as categorias de movimento e as respectivas posições de jogo

| | Em pé ou caminhando | Trotando | Correndo | Sprintando (tiro) | Defensivo lento | Defensivo rápido | Driblando |
|---|---|---|---|---|---|---|---|
| **Duração média (s)** | | | | | | | |
| ▸ Armadores | 0,91 ± 0,09 | 1,27 ± 0,07 | 1,34 ± 0,10 | 0,51 ± 0,01 | 1,42 ± 0,07 | 0,77 ± 0,08 | 3,95 ± 0,36 |
| ▸ Alas/pivôs | 1,02 ± 0,10 | 1,25 ± 0,05 | 1,43 ± 0,09 | 0,51 ± 0,03 | 1,34 ± 0,02 | 0,62 ± 0,06 | 1,62 ± 0,11 |
| **Duração total (s)** | | | | | | | |
| ▸ Armadores | 691 ± 35 | 1.153 ± 6 | 673 ± 9 | 9 ± 1 | 105 ± 17 | 53 ± 12 | 266 ± 8 |
| ▸ Alas/pivôs | 829 ± 8 | 1.192 ± 24 | 730 ± 3 | 12 ± 3 | 79 ± 1 | 36 ± 1 | 37 ± 2 |

Tabela adaptada de Scanlan A, Dascombe B, Reaburn P. A comparison of the activity demands of elite and subelite Australian men's basketball competition. J Sports Sci 2011:29(11):1153-60.

## BIBLIOGRAFIA CONSULTADA

1. Abdelkrim NB, El Fazaa S, El Ati J. Time motion analysis and physiological data of elite under 19 year old basketball players during competition. Br J Sports Med 2007;41(2):69-75.
2. Barbanti VJ. Formação de esportistas. Barueri: Manole, 2005.
3. Billat V. Fisiolgía y metodología del entrenamiento: de la teoria a la prática. Barcelona: Editorial Paidotribo, 2002.
4. Bompa TO. Periodização: teoria e metodologia do treinamento. São Paulo: Phorte, 2002.
5. Capinussú JM. Manifestações interdisciplinares no esporte. Rev Ed Física 2006;135:52-7.
6. Forteza A. Direções de treinamento: novas concepções metodológicas. São Paulo: Phorte, 2006
7. Rojas J, Souza RSE. Educação física e interdisciplinaridade na educação de infância. Motrivivência 2008;31:207-23.
8. Scanlan A, Dascombe B, Reaburn P. A comparison of the activity demands of elite and subelite Australian men's basketball competition. J Sports Sci 2011;29(11):1153-60.
9. Scanlan AT, Dascombe BJ, Reaburn P, Dalbo VJ. The physiological and activity demands experienced by Australian female basketball players during competition. J Sci Med Sport 2012;15(4):341-7.
10. Verkhoshanski YV. Treinamento desportivo: teoria e metodologia. Porto Alegre: Artmed, 2001.
11. Videira AAP. Transdisciplinaridade, interdisciplinaridade e disciplinaridade na história da ciência. Scientiae Studia 2004;2(2):279-93.
12. Weineck J. Entrenamiento total. Barcelona: Editorial Paidotribo, 2005.
13. White G. Physiology of training. Philadelphia: Elsevier, 2006.
14. Zakharov A, Gomes AC. Ciência do treinamento desportivo. 2.ed. Rio de Janeiro: Grupo Palestra, 2003.
15. Zwierko T, Lesiakowski P. Selected parameters of speed performance of basketball players with different sport experience levels. S Phys Culture Tourism 2007;14:307-12.

# TREINAMENTO DE FORÇA APLICADO AO BASQUETEBOL

Cláudio Machado Pinto e Silva
Valmor Tricoli

Este capítulo aborda conceitos dos treinamentos de força e de potência aplicados ao basquetebol e apresenta comentários sobre atividades específicas para a aquisição e o aperfeiçoamento dessas capacidades motoras, que são fundamentais para a prática da modalidade esportiva. Alguns testes tradicionais para a mensuração da força e da potência muscular também são apresentados.

## INTRODUÇÃO

O aumento crescente na intensidade e na quantidade das ações motoras do jogo é uma característica marcante do basquetebol moderno. Essa evolução pode ser comprovada pelos resultados dos estudos descritivos realizados entre os anos 1970 e 2000. Diferentes estudos mostraram a necessidade de analisar os atletas e suas equipes em situação real de jogo, avaliando quais manifestações das diferentes capacidades motoras são mais relevantes para a realização dos gestos técnicos do basquetebol.

Com esse enfoque, em 1996, uma equipe de basquetebol universitário americano foi avaliada com o objetivo de identificar as variáveis motoras mais afetadas após os jogadores passarem mais tempo em quadra. O estudo mostrou que a altura atingida no salto vertical e o peso levantado no teste de força dinâmica máxima (1RM) no exercício de agachamento foram as duas variáveis de condição atlética dos jogadores com maior relação com o tempo de quadra. Além delas, os desempenhos nos testes de velocidade e de agilidade também se destacaram como bons indicadores.

É evidente que todas essas variáveis estão ligadas às capacidades motoras de força e potência. Além disso, os mesmos pesquisadores observaram em outro estudo que o desempenho no teste de 1RM no exercício de agachamento pode ser considerado um preditor do tempo de quadra do jogador durante toda a temporada competitiva. Outros pesquisadores também têm sugerido que altos índices de força, potência, velocidade e agilidade são características marcantes de jogadores de basquetebol de alto nível.

## JOGO DE BASQUETEBOL E MANIFESTAÇÕES DA FORÇA MOTORA

As ações técnicas realizadas em uma partida de basquetebol envolvem passes, arremessos, bloqueios, rebotes, dribles e deslocamentos com padrões variados de mudanças de direção, velocidade e aceleração, realizadas tanto em situações ofensivas quanto defensivas. Todas essas ações são relacionadas a alguma manifestação da força. A cada movimento específico, a manifestação da força pode se dar de forma distinta. A diferença está na intensidade, na velocidade e na duração da tensão muscular gerada.

As principais manifestações da força podem ser divididas em:

▶ Força máxima: quantidade máxima de força que um músculo ou grupo muscular pode produzir em um movimento voluntário independentemente da unidade de tempo. Pode ser tanto de caráter dinâmico quanto estático. Sua melhoria é fundamental, pois a força máxima afeta positiva e diretamente todas as outras manifestações da força.

▶ Força rápida ou potência: é a capacidade de acelerar os segmentos corporais o mais rápido possível contra uma determinada resistência externa. Essa manifestação da força geralmente é encontrada na literatura do treinamento esportivo como força explosiva ou potência e pode ser entendida como o produto da força pela velocidade. A força rápida também ocorre na realização do ciclo alongamento-encurtamento (CAE), caracterizado pela execução de uma contração excêntrica (alongamento ativo) seguida imediatamente por uma contração concêntrica (encurtamento). Sua presença é observada em todas as atividades do basquetebol que envolvem saltos, tarefas com contramovimento e no chamado treinamento pliométrico.

> Resistência de força: é a capacidade de resistir à fadiga durante a aplicação prolongada da força. Sua importância está na manutenção da qualidade dos gestos técnicos, que, por sua vez, está intimamente relacionada à resistência de jogo. Por vezes, nas modalidades esportivas coletivas, a nomenclatura resistência de potência é utilizada para deixar mais evidente a especificidade dessa manifestação da força.

Sabe-se que a força rápida e a força máxima são capacidades intimamente relacionadas, pois a força máxima é a capacidade básica que influencia o desempenho da força rápida e sua parcela de participação depende da magnitude de resistência a ser vencida.

Em alguns casos, como em um salto para o rebote, na fase de aceleração de um movimento de corrida ou em uma disputa pelo posicionamento no garrafão, é necessário superar uma resistência maior exercida pelo próprio peso corporal ou pelo corpo do adversário. Em outros casos, a resistência é muito pequena por tratar-se da bola, como em um passe ou um arremesso. No desempenho das atividades que envolvem o CAE, a participação direta da força máxima parece ser menor, porém, quanto maior o nível de força, melhor será a condição para o desenvolvimento de potência. Ainda não está muito claro, no entanto, qual é o nível considerado ideal para cada manifestação, nem mesmo a repercussão de um estímulo de treinamento dado para uma manifestação nas demais situações em que se apresenta.

Outras duas habilidades motoras também devem ser destacadas quando se aborda a importância das manifestações da força: a mudança de direção e a agilidade (mudança de direção com velocidade). Elas são habilidades motoras multidimensionais, ou seja, dependem da capacidade do jogador de controlar sua posição corporal, tomar uma decisão e produzir grandes quantidades de força em um tempo muito curto, permitindo constante adaptação dentro de um ambiente com alto grau de imprevisibilidade e necessidade de uma rápida reação. No jogo de basquetebol, essas habilidades são muito importantes, pois mudanças mais agressivas de direção ocorrem várias vezes ao longo do jogo quando os jogadores competem por uma ocupação mais vantajosa dos espaços. Existem fortes evidências de que jogadores de alto nível são mais ágeis e mudam de direção de maneira mais eficiente que jogadores de nível intermediário.

Em uma mudança de direção eficaz, os jogadores devem coordenar rapidamente a aplicação da força na sucessão das fases de frenagem e aceleração. Essa capacidade parece estar associada com o desempenho da força muscular nos membros inferiores. Além disso, a contribuição da força/potência muscular nas mudanças de direção parece aumentar à medida que o número e a amplitude das mudanças de direção aumentam.

A diferenciação das manifestações da força e suas influências nas diferentes habilidades técnicas de uma modalidade esportiva constituem a base para a organização e a prescrição do treinamento esportivo e, em particular, para o treino da força específica no esporte – força específica pode ser entendida como a manifestação da força em uma determinada modalidade esportiva. O entendimento desses aspectos fornece os elementos para a seleção dos métodos e meios a serem utilizados no processo de treinamento.

## TREINAMENTO DE FORÇA NO BASQUETEBOL

### Especificidade do treinamento

As adaptações específicas ao treinamento de força dependem do tipo de contração muscular empregado, da velocidade de contração, do ângulo articular, da condição de armazenamento e restituição de energia elástica e da relação entre força e velocidade. Assim, na organização específica do treinamento de força no basquetebol, devem ser considerados os seguintes critérios com o objetivo de proporcionar maior caráter coordenativo ao método de treinamento utilizado:

- Magnitude do peso utilizado.
- Velocidade de movimento.
- Uni ou bilateralidade semelhante às exigências do jogo.
- Ângulos articulares envolvidos.
- Padrão de movimento.

Um programa organizado de treinamento deve conter estímulos que englobem intensidades capazes de atingir as diferentes zonas da curva força-velocidade, o que implica que a quantidade de peso utilizada e a velocidade de execução sejam observadas com rigor. Diversos estudos já demonstraram a possibilidade de aumentar a velocidade de um movimento a partir do treinamento com cargas elevadas, particularmente em indivíduos com baixo estado de treinamento de força. A razão para o aumento da velocidade do movimento, no entanto, ainda não é muito evidente.

Em geral, o treinamento com cargas pesadas e baixa velocidade afeta principalmente a quantidade de força gerada ou a chamada zona de força da curva força-velocidade. O treino com cargas leves e velocidade elevada, por sua vez, maximiza o tempo para a aplicação da força, afetando a velocidade da aplicação da força ou a zona de velocidade da curva (Figura 1). O mecanismo exato desses resultados é incerto, porém há duas possibilidades:

▸ Alteração das características de força-velocidade do músculo esquelético.
▸ Alterações no padrão de recrutamento das unidades motoras pelo sistema nervoso central.

**FIGURA 1** Curva força-velocidade.

Outra possibilidade importante para a especificidade das adaptações com relação à curva força-velocidade, mas ainda com escassa evidência científica, é utilizar a intenção de contrair rapidamente a musculatura mesmo sem uma manifestação compatível da velocidade externa. Os adeptos dessa sugestão advogam que são possíveis ganhos de força substanciais que ocorreriam como adaptações à intenção de contração rápida e não à existência de movimento veloz propriamente dito. Utilizando essa estratégia, seria esperada uma adaptação constante em direção ao desenvolvimento e ao aperfeiçoamento da força rápida. Dessa forma, tanto na quadra quanto no treinamento de força, os jogadores deveriam ser instruídos a produzir o movimento de maneira mais rápida e forte possível, independentemente da resistência externa apresentada.

Tradicionalmente, os exercícios empregados no treinamento de força e de potência no basquetebol pouco remetem às exigências de especificidade do padrão do movimento, das amplitudes articulares e mesmo da unilateralidade ou da bilateralidade das ações do jogo. Faz-se necessária, portanto, a elaboração de métodos e meios mais específicos para o treinamento dessas capacidades motoras.

Tendo isso em conta, um programa de treinamento de força deve ser elaborado considerando-se, além dos critérios mencionados anteriormente, os grupos musculares que devem ser exercitados, a intensidade e a duração dos gestos esportivos e, principalmente, as manifestações de força envolvidas. Um aspecto importante é a forma como a força é mobilizada, pois dois indivíduos podem apresentar a mesma quantidade de força máxima, sendo que apenas um deles é capaz de mobilizar determinada quantidade dessa força de forma mais imediata (Figura 2).

Movimentos rápidos contra resistências inferiores a 25% da força máxima do indivíduo têm sua qualidade determinada pela taxa de desenvolvimento de força (TDF) (Figura 3), que pode ser definida como a variação da força conforme a variação do tempo. Uma alta TDF é um bom indicador da capacidade de produzir força rápida.

A TDF é fundamental para todos os gestos esportivos que exigem grande velocidade no início de sua execução. Ela depende do recrutamento e da frequência de disparo das unidades motoras e das características contráteis das fibras musculares. No salto vertical, por exemplo, o peso corporal do jogador pode representar menos de 25% da força

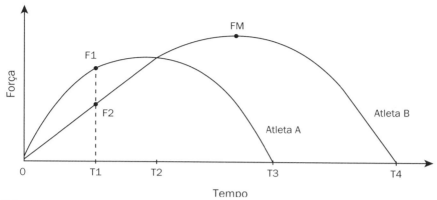

**FIGURA 2** Curvas força-tempo para dois jogadores. O jogador B possui maior quantidade de força máxima (FM), mas o jogador A é capaz de mobilizar uma maior quantidade de força (F1) dentro da mesma unidade de tempo (T1).

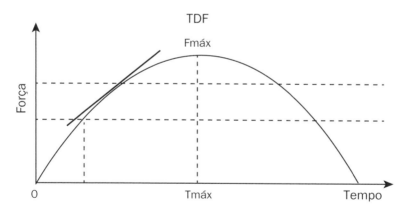

**FIGURA 3** Curva força-tempo ilustrando a taxa de desenvolvimento de força (TDF).

máxima dos membros inferiores, o que torna a força inicial determinante para o rendimento. Se a resistência a ser vencida é baixa, a TDF predomina, mas se a carga aumenta, a força será desenvolvida por um período de tempo mais prolongado, o que permitirá alcançar uma magnitude maior, passando a ser esta a variável determinante do desempenho.

No basquetebol, em nenhum gesto técnico há sobrecarga superior ao peso corporal ou a 25% da força máxima do segmento corporal. Essa observação coloca a TDF como variável fundamental para o rendimento no jogo. Junto às manifestações da força, também deve ser enfatizada a participação do CAE, como nos saltos em geral.

Os meios de treinamento de força podem ser divididos em gerais ou específicos em função das características biomecânicas e do tipo de estímulo dado ao sistema neuromuscular. Os meios específicos são utilizados para gerar um estímulo com velocidade semelhante e o mesmo padrão de movimento daqueles utilizados no jogo, ou seja, procura aproximar-se ao máximo da realidade do jogo. Muitos treinadores e preparadores físicos costumam utilizar em seus métodos de treinamento equipamentos com pesos variáveis como uma estratégia para o aperfeiçoamento da força específica.

Dessa forma, deve-se ter cuidado para que a carga extra empregada não prejudique o padrão dos gestos técnicos e ao mesmo tempo permita uma transferência para o rendimento específico. Apesar de controverso, um estudo realizado no ano 2000 apresentou as seguintes diretrizes para o emprego de carga extra nos implementos de treinamento:

▸ A variação do peso no treinamento deve ser entre 5 e 20% do peso normal do implemento específico de jogo.

▸ A potência é maximizada quando o volume de treinamento está na razão de 2:1 de lançamentos com peso extra para lançamentos com peso normal.

Se possível, fatores como a dimensão e a textura do implemento esportivo também devem ser observados para se assegurar a especificidade da adaptação do treinamento de força/potência.

## Metodologia do treinamento

Os métodos e meios de treinamento de força tradicionalmente utilizados na preparação esportiva podem ser divididos em duas grandes categorias: geral ou estrutural e específico.

▶ O treinamento estrutural é mais focado nos ganhos gerais de força e nas modificações morfológicas, como a hipertrofia muscular.

▶ O treinamento específico de força/potência se caracteriza pela utilização ou pela criação de movimentos que mais se assemelhem aos padrões de movimento e à situação real de jogo. Comparado à metodologia do treinamento estrutural, o treinamento específico é mais apropriado para o esporte em geral, com suas nuances para cada modalidade.

Essa divisão é feita com fins didáticos úteis para a seleção dos métodos e meios de treinamento a serem aplicados, contudo qualquer alteração nos aspectos morfológicos é sempre acompanhada por modificações funcionais e vice-versa.

A organização da maioria dos métodos de treinamento de força se baseia na carga utilizada. Até hoje, os métodos empregados são fundamentados na falsa expectativa de que o "método de força máxima" desenvolve somente a força máxima e o "método da força rápida" desenvolve somente a potência. Na prática, no entanto, há grandes dificuldades decorrentes de interpretações erradas dos conteúdos e dos objetivos de um método de treinamento. Com um programa de treinamento de força de intensidade elevada, estimula-se a ativação de uma maior porção muscular. Além da adaptação dos motoneurônios e fibras musculares para suportar o maior recrutamento, há também outras adaptações importantes. O aumento na sincronização de disparo dos motoneurônios associado a um maior recrutamento dentro de um mesmo período de tempo resulta no aumento da TDF. Quanto à metodologia de treinamento para desenvolvimento da TDF, a principal característica desse método é a utilização de ações extremamente rápidas com intensidades elevadas.

Assim, de maneira geral, o treinamento de força máxima é utilizado como preparação para a temporada competitiva e o treinamento de potência com pesos leves a moderados é executado para aperfeiçoar o desempenho durante a temporada. Se, por um lado, o treinamento com pesos elevados aumenta a força máxima, capacidade motora que se supõe ser a que mais afeta o desempenho de potência, por outro lado, o treinamento de potência não somente aumenta a produção de potência e a velocidade máxima de movimento, mas também facilita as adaptações neuromusculares de caráter mais específico. Esse aspecto merece consideração, uma vez que as habilidades esportivas de técnica e coordenação são fundamentais no momento de aplicação da força e da potência.

Deve-se destacar também que uma longa temporada competitiva, que é característica do basquete moderno, afeta negativamente a manutenção do desempenho de força e principalmente de potência, em particular nos jogadores com menor participação ativa nos jogos. Assim, eles merecem atenção especial no processo de treinamento físico.

## Sugestões para o treinamento específico de força no basquetebol

As recomendações e sugestões apresentadas a seguir são aplicações práticas do conteúdo teórico discutido neste capítulo. Nas atividades sugeridas, procurou-se integrar o desenvolvimento da força rápida e do metabolismo energético ao conteúdo técnico específico do basquetebol.

## Recomendações

▸ Apesar do papel fundamental da força máxima e da necessidade de sua manutenção durante a temporada competitiva, seu treinamento excessivo pode afetar negativamente a velocidade de contração da musculatura esquelética e diminuir consequentemente a produção de potência. Nesse ponto, a intenção de produzir sempre contrações velozes pode ser importante durante o processo de treinamento.

▸ Nos treinamentos envolvendo o CAE, o tempo entre as fases excêntrica e concêntrica, bem como a magnitude e a velocidade da fase excêntrica merecem atenção, pois elas definem a eficiência no uso do CAE.

▸ Antes da aplicação de exercícios pliométricos, é fundamental a construção de uma boa base de força máxima nos diferentes segmentos corporais. Da mesma maneira, a aprendizagem correta dos movimentos de saltos e lançamentos é importante antes da aplicação de exercícios com volume e intensidade elevados.

▸ Com exceção do treinamento de resistência específica de jogo, a fadiga deve ser evitada, em especial nos exercícios para o desenvolvimento da potência.

## Sugestões

- Para o treinamento da resistência de força rápida e potência anaeróbia lática, circuitos combinando com saltos verticais ou horizontais unilaterais, acelerações, mudanças de direção com bola, lançamentos com *medicine ball*, saltos sobre barreiras e situações de 1×1 podem ser utilizados.
- Para o treinamento da agilidade, mudanças de direção associadas a diferentes ritmos de aceleração, paradas e arrancadas bruscas e também a saltos verticais podem ser utilizadas.
- Para o treinamento da força rápida com participação do CAE de maneira específica, bandejas, arremessos e saltos para o rebote podem ser executados com o primeiro passo sobre um caixote ou em combinação com saltos em profundidade.
- Para o treinamento da força rápida, podem ser utilizados exercícios pliométricos com sequências de saltos sobre barreira seguidas de saltos horizontais em aros para completar uma bandeja ou acelerações com mudança de direção.
- Outros métodos, como o treinamento complexo (treinamento pliométrico ou do gesto esportivo específico precedido de um esforço de força máxima) e o levantamento olímpico, também podem ser aplicados, mas demandam um investimento maior na aprendizagem técnica dos movimentos envolvidos.

## MENSURAÇÃO DAS MANIFESTAÇÕES DA FORÇA

A aplicação de testes específicos tem grande importância para auxiliar na avaliação e na programação de treinamentos, bem como no monitoramento dos progressos obtidos. Apesar disso, poucas são as formas de avaliação da força e da potência específicas às situações do esporte, pois nem sempre é possível encontrar ou elaborar um teste que replique movimentos de uma determinada modalidade esportiva. Testes não específicos podem trazer informações errôneas ao técnico e ao preparador físico, contribuindo de forma negativa para o monitoramento do desempenho. Podem ser realizados alguns testes de baixo custo e alta praticidade, como:

- Teste de força dinâmica máxima ou de carga máxima.
- Testes de salto vertical.
- Índice de Bosco para equilíbrio entre força e velocidade.
- Teste de saltos horizontais.
- Arremesso de *medicine ball*.

## Força máxima

- Teste 1RM ou de carga máxima: consiste na obtenção da máxima quantidade de peso (geralmente em kg) que pode ser levantada na execução completa de um ciclo de movimento ou exercício. Esse teste pode auxiliar o estabelecimento das porcentagens de intensidade de treinamento e a identificação do nível de força básica do jogador. Como destacado anteriormente, um nível elevado de força máxima é fundamental para o bom desempenho das outras manifestações da força. É possível substituir esse teste por outros envolvendo repetições submáximas até a fadiga que são capazes de fornecer uma estimativa de 1RM. Para tanto, são utilizadas fórmulas ou tabelas de conversão que se baseiam no número de repetições executadas com uma determinada carga submáxima. Os exercícios mais utilizados no âmbito esportivo são o agachamento ou o *leg-press* para os membros inferiores e o supino para os membros superiores.

## Força rápida ou potência

Na área de educação física e esporte, geralmente se utiliza uma medida indireta da força rápida que é expressa em unidade de tempo (segundos) ou distância (centímetros ou metros).

- Testes de salto vertical em diferentes condições (p. ex., salto com contramovimento, salto em profundidade ou salto em posição de semiagachamento): trazem informações a respeito da capacidade de produção da força rápida de forma coordenada e/ou associada à execução do CAE nos membros inferiores. Geralmente, essa capacidade é expressa em centímetros. O teste sem contramovimento também pode ser realizado com adição de sobrecarga extra ao corpo em uma tentativa de se identificar a intensidade ideal para o treinamento de potência.

- Índice de Bosco para equilíbrio entre força e velocidade: consiste na divisão do resultado de agachamento com salto com carga igual ao peso corporal pelo mesmo exercício realizado sem carga, multiplicando-se o resultado por 100. Estabelece-se uma relação com base no resultado e no efeito das cargas de treino sobre a força e a velocidade de deslocamento.
- Teste de saltos horizontais: também avalia a produção de força rápida nos membros inferiores, porém associada ao deslocamento horizontal. Geralmente, seu resultado é expresso em metros. Acredita-se que existe uma relação positiva entre o desempenho nesse teste e a capacidade de correr velozmente. Quando aplicado de forma unilateral, ele permite mensurar possíveis assimetrias entre os segmentos corporais direito e esquerdo.
- Arremesso de *medicine ball*: tem por objetivo mensurar a potência muscular produzida pelos membros superiores. O jogador é posicionado sentado em uma cadeira com estabilização do tronco e dos ombros e com um *medicine ball* de 3 kg que deve ser lançada o mais distante possível com movimento de extensão dos cotovelos semelhante a um passe de peito. Geralmente, o resultado desse teste é expresso em metros.

A necessidade de um padrão de execução do movimento para a produção de movimentos potentes tornam muito importantes as instruções a serem dadas nesses testes. O indivíduo deve ser capaz de executar o movimento não somente de forma correta, mas também aplicando força rapidamente no momento correto. Além disso, quando testes de saltos verticais forem empregados para a mensuração de potência dos membros inferiores, muita atenção deve ser voltada às posições inicial e final do corpo, à altura do salto em profundidade e ao tipo de amortecimento.

Existem outros testes que apresentam grande precisão e proporcionam informações interessantes sobre o desempenho de força e potência dos jogadores, mas podem ser aplicados somente em condições especiais ou laboratoriais, como os testes isométricos e isocinéticos. Os testes isométricos, apesar de não serem específicos para a maioria das modalidades esportivas, permitem a medida da taxa de desenvolvimento de força e/ou do tempo necessário para atingir o pico de força, que são variáveis interessantes para analisar os efeitos do treinamento e permitir inferências para a capacidade de produção de força rápida. Já os testes isocinéticos são realizados com a utilização de um dinamômetro específico para esse fim que mede potência, torque e trabalho em condições de velocidade controlada.

## CONSIDERAÇÕES FINAIS

Conforme apresentado neste capítulo, o conhecimento dos fatores que influenciam o desempenho bem como a identificação da manifestação de força mais relevante para determinada modalidade esportiva são fundamentais para a elaboração de programas de treinamento esportivo. De todos os fatores que devem ser respeitados, a especificidade do movimento parece ser a mais complexa e difícil de controlar. A utilização de cargas adequadas associadas aos ângulos articulares, aos tipos de contração e, principalmente, aos padrões de movimento são fundamentais para a adaptação específica tanto em nível neuromuscular como metabólico energético.

## BIBLIOGRAFIA CONSULTADA

1. Badillo JJG, Ayesteràn EG. Fundamentos do treinamento de força. 2.ed. São Paulo: Artmed; 2001.
2. Baker D. Improving vertical jump performance trough general, special and specific strength training: a brief review. J Strength Conditioning Res. 1996;10(2):131-6.
3. Behm DG, Sale DG. Velocity specificity of resistance training. Sports Med. 1996;15(6):374-88.
4. Brzycki M. Strength testing: predicting a one-rep max from reps-to-fatigue. Joperd. 1993;6(1):88-90.
5. Chaouachi A, Brughelli M, Chamari K, Levin GT, Abdelkrim BN, Laurencelle L, et al. Lower limb maximal dynamic strength and agility determinants in elite basketball players. J Strength Conditioning Res. 2009;23(5):1570-7.
6. Delextrat A, Cohen D. Strength, power, speed, and agility of women basketball players according to playing position. J Strength Conditioning Res. 2009;23(7):1974-81.

7. Derenne C, Ho KW, Murphy JC. Effects of general, special and specific resistance training on throwing velocity in baseball: a brief review. J Strength Conditioning Res. 2001;15(1):148-56.
8. Enoka RM. Neural adaptations with chronic physical activity. J Biomechanics. 1993;30(5):447-55.
9. Escamilla RF, Speer KP, Fleisig GS, Barrentine SW, Andrews JR. Effects of throwing overweight and underweight baseballs on throwing velocity and accuracy. Sports Med. 2000;29(4):259-72.
10. Freitas TT, Calleja-Gonzalez J, Alarcon F, Alcaraz PE. Acute effects of two different resistance circuit training protocols on performance and perceived exertion in semiprofessional basketball players. J Strength Conditioning Res. 2016;30(2):407-14.
11. Hoffman JR, Epstein S, Einbinder M, Weinstein Y. A comparison between the Wingate anaerobic power test to both vertical jump and line drill tests in basketball players. J Strength Conditioning Res. 2000;14(3):261-4.
12. Hoffman JR, Epstein S, Einbinder M, Weinstein Y. The influence of aerobic capacity on anaerobic performance and recovery indices in basketball players. J Strength Conditioning Res. 1999;13(4):407-11.
13. Hoffman JR, Tenenbaum G, Maresh C, Kraemer WJ. Relationship between athletic performance tests and playing time in elite college basketball players. J Strength Conditioning Res. 1996;10(2):67-71.
14. Janeira MA, Maia J. Game intensity in basketball: an interactionist view linking time-motion analysis, lactate concentration and heart rate. Coaching Sport Sci J. 1998;3(2):26-30.
15. Lauber D, Mayhew JL, Kemmler W, Weineck J. Repetitions-to-fatigue to predict one repetition maximum bench press, squat, and deadlift in elite European powerlifters. J Strengthand Conditioning Res. 2000;14(3):366.
16. Morrissey MC, Harman EA, Johnson JM. Resistance training modes: specificity and effectiveness. Med Sci Sports Exercise. 1995;27(5):648-60.
17. Sale DG. Neural adaptation in strength and power training. In: Jones NL, McCartney N, McComas AJ (eds.). Champaign: Human Kinetics; 1986.
18. Schmidtbleicher D. Training for power events. In: Komi PV (ed.). Strength and power in sports. Oxford: Blackwell Science; 1992. p. 381-95.
19. Siff MC. Functional training revisited. National Strength Conditioning Assoc J. 2002;24(5):42-6.
20. Spiteri T, Newton RU, Binetti M, Hart NH, Sheppard JM, Nimphius S. Mechanical determinants of faster change of direction and agility performance in female basketball athletes. J Strength Conditioning Res. 2015;29(8):2205-14.

21. Verkhoshansky YV. Força: treinamento da potência muscular. Londrina: Centro de Informações Desportivas; 1996.
22. Young WB, Bilby GE. The effect of voluntary effort to influence speed of contraction on strength, muscular power and hypertrophy development. J Strength Conditioning Res. 1993;7(2):172-8.
23. Zatisiorsky VM. Ciência e prática do treinamento de força. São Paulo: Phorte; 2000.

# CONTROLE DE CARGA APLICADO AO TREINAMENTO DE BASQUETEBOL

**5**

Alexandre Moreira
Gustavo Drago
Pablo Rebouças Marcelino

Este capítulo aborda a utilização de um sistema integrado de monitoramento da carga externa e da carga interna de treinamento no basquetebol. Também será discutido como a carga de treinamento pode ser analisada em conjunto com marcadores de tolerância ao estresse, bem-estar e testes de desempenho físico e técnico, no sentido de oferecer aos treinadores e comissões técnicas melhores possibilidades de otimização do desempenho, enquanto reduzem os riscos para o acúmulo indesejado da carga de treinamento e respostas adaptativas negativas diversas.

## INTRODUÇÃO

A periodização do treinamento é reconhecida como um fator fundamental para o alcance do desempenho ideal no esporte. A manipulação apropriada do estresse de treinamento e de competição tornou-se uma questão essencial para o sucesso do processo de preparação e, por conseguinte, para o sucesso esportivo do atleta e da equipe. Atualmente, é um desafio para as comissões técnicas prescrever cargas de treinamento que possam maximizar o desempenho dos atletas e, ao mesmo tempo, reduzir as chances de um estado de *overreaching* não funcional (declínio temporário do desempenho, com duração de várias semanas e até meses, acompanhado de alterações comportamentais e biológicas) e do surgimento da síndrome de *overtraining*, de lesões e de infecções ao longo da preparação e durante a temporada competitiva.

O basquetebol demanda uma grande amplitude de requerimentos e atributos físicos, como a capacidade de realizar *sprints* repetidos, mudanças rápidas de direção, saltos diversos e corridas com variações de intensidade e ritmo, por exemplo. Para manter o desempenho nesses requisitos em conjunto com alto desempenho técnico e tático, são essenciais o monitoramento e o controle da carga de treinamento e a periodização apropriada do processo de preparação.

Assim como outros esportes coletivos, o monitoramento da carga de treinamento deve ser feito considerando-se cada jogador, individualmente, por conta das diferentes respostas esperadas entre os atletas de uma mesma equipe se submetidos a cargas de treinamento semelhantes. O monitoramento deve contemplar a quantificação e a análise de parâmetros de carga externa e carga interna.

Em linhas gerais, a carga externa pode ser entendida como a atividade realizada e/ou prescrita durante sessões de treinamento e competição, enquanto a carga interna implica real estresse psicofisiológico imposto ao atleta durante o treinamento ou os jogos de basquetebol.

Já que as principais ações pertinentes ao basquetebol envolvem o deslocamento em diferentes direções com alternâncias de velocidade e ritmo na execução dessas ações, o monitoramento da carga externa deve incluir, entre outros aspectos, as medidas de aceleração e desaceleração durante treinamento e jogos. É imperativo também reconhecer que a carga externa de treinamento descreve somente a atividade realizada pelo jogador e pode, portanto, não caracterizar e descrever adequadamente o estresse psicofisiológico imposto sobre o indivíduo. Assim, a carga interna de treinamento tem sido utilizada para monitorar as respostas dos jogadores a uma determinada "dose" de treinamento.

Diversos parâmetros podem ser utilizados para avaliar a carga interna, como o comportamento da frequência cardíaca e suas respectivas zonas de intensidade e a percepção subjetiva do esforço (PSE) da sessão. Historicamente, as variáveis volume e intensidade nortearam a estruturação do treinamento e as divisões dos ciclos de preparação durante uma temporada nos esportes coletivos. Enquanto o volume de treinamento é relativamente fácil de quantificar, a intensidade ainda é objeto de discussão. A PSE da sessão emerge como um instrumento bastante útil para esse monitoramento. Os benefícios de sua utilização relacionam-se à possibilidade de os treinadores avaliarem e compararem o estresse de treinamento durante cada componente da preparação. O monitoramento das adaptações decorrentes do processo de treinamento de forma individualizada, assim como da efetividade das estratégias de periodização, também pode ser realizado.

A validade e a utilidade da PSE da sessão para o monitoramento das cargas de treinamento e competição no basquetebol têm sido demonstradas em estudos com amostras de jogadores universitários, jovens jogadores de elite e também jogadores profissionais. Um estudo com oito jogadores profissionais de basquetebol, por exemplo, verificou correlações ($r$) significativas entre a carga de treinamento derivada da PSE da sessão e a resposta individual da frequência cardíaca ($r = 0,69$ a $0,85$). Outros autores demonstraram correlação significativa ($r = 0,64$) entre a carga interna estimada a partir do método da PSE da sessão e a carga interna aferida a partir do método de Edwards, baseado na resposta da frequência cardíaca e em suas respectivas zonas de intensidade e duração da atividade em cada uma dessas zonas. Nesse estudo, também observou-se correlação entre a carga interna estimada pela PSE da sessão e ações técnicas realizadas ($r = 0,53$ a $0,70$). Outros estudos se focaram em investigar a sensibilidade da PSE da sessão e corroboraram seu constructo como um marcador psicofisiológico de carga interna. Nesses estudos, foram analisadas e comparadas as respostas da PSE da sessão em jogos oficiais e simulados.

O monitoramento de respostas adaptativas associadas às cargas de treinamento também é fundamental no processo de preparação no basquetebol. Em conjunto com medidas de carga externa e carga interna, indicadores de respostas adaptativas, físicas, fisiológicas e comportamentais devem ser incluídos em um sistema integrado de monitoramento do treinamento. A Tabela 1 apresenta algumas opções para a quantificação, o controle e o monitoramento, na prática, do processo de treinamento no basquetebol, em uma perspectiva de monitoramento integrado.

**TABELA 1** Opções para o monitoramento integrado do treinamento no basquetebol

| |
|---|
| Registro e quantificação da prescrição e da execução do treinamento físico e técnico discriminando categorias de exercícios, meios e métodos de treinamento |
| Registro diário da percepção subjetiva do esforço da sessão em treinos físicos, técnicos, táticos e jogos |
| Avaliação da recuperação e do bem-estar dos jogadores (p. ex., utilizando-se o questionário *total quality recovery* e o questionário de bem-estar) |
| Avaliação da tolerância ao estresse ou questionário de estresse-recuperação (p. ex., utilizando-se o questionário DALDA) |
| Registro de sinais e sintomas de infecção/inflamação do trato respiratório superior (p. ex., utilizando-se o questionário WURSS-21) |
| Qualificação dos tipos de treinamento e suas respectivas respostas de carga interna |
| Quando possível, quantificação de acelerações, desacelerações, impactos etc. com uso de acelerômetros triaxiais |
| Avaliação sistemática do desempenho técnico e tático |
| Avaliação sistemática do desempenho físico a partir de testes de campo com baixa demanda de tempo e boa perspectiva de análise (p. ex., saltos verticais, teste 5×5 aeróbio submáximo avaliando frequência cardíaca do exercício e recuperação da frequência cardíaca, *sprints* repetidos, entre outros) |

Estudos conduzidos com jogadores de basquetebol de diferentes categorias vêm demonstrando não somente a possibilidade de utilização de um sistema integrado de monitoramento do treinamento, mas também sua validade e eficácia. Em geral, esses estudos revelam que a utilização de marcadores de carga interna, carga externa e respostas físicas, fisiológicas e comportamentais, em conjunto, deveria fazer parte do processo de preparação das equipes esportivas. Por exemplo, estudo realizado durante 6 semanas, em sessenta sessões de treinamento, com jovens jogadores de basquetebol e voleibol, submeteu os jogadores, em cada unidade de treinamento (dia), a uma média de duas sessões.

Durante o experimento, os atletas participaram de seis jogos oficiais, pelo campeonato estadual, em cada uma das modalidades. Em cada sessão, era utilizada a PSE da sessão e, ao final da semana, os atletas preenchiam o *daily analysis of life demands in athletes* (DALDA) para o monitoramento do estresse percebido (tolerância ao estresse). Em outro estudo, foram examinadas as alterações das fontes e sintomas de estresse (questionário DALDA) e a PSE da sessão em jovens jogadores de basquetebol (20 do sexo masculino e 15 do sexo feminino) submetidos a um treinamento intensificado de 12 dias, em preparação para campeonatos internacionais. Os atletas preenchiam diariamente o questionário DALDA e a PSE da sessão era respondida após cada sessão de treinamento. Investigando jogadores profissionais de basquetebol, alguns autores examinaram o efeito da manipulação das cargas externas sobre a dinâmica da carga interna de treinamento (CIT), a tolerância ao estresse e a gravidade de episódios de infecção do trato respiratório superior durante um macrociclo de 19 semanas, dividido em uma etapa preparatória e duas etapas de competição. Os instrumentos *Wisconsin upper respiratory symptom survey* (WURSS-21), para o monitoramento das infecções do trato respiratório superior, e DALDA, para monitorar a tolerância ao estresse, foram preenchidos semanalmente. A CIT foi aferida a partir da PSE da sessão.

Em outro estudo que analisou o efeito de 4 semanas de treinamento, incluindo 2 semanas de intensificação e 2 semanas de *tapering*, também demonstrou-se a sensibilidade e a utilidade do monitoramento da CIT utilizando-se o método da PSE da sessão em conjunto com os questionários DALDA e WURSS-21. Os autores demonstraram diferenças significativas entre as semanas de intensificação e *tapering* no que diz respeito à carga interna de treinamento, notadamente entre a segunda semana, que apresentou a maior carga interna do mesociclo, e a quarta semana de investigação. Adicionalmente, a tolerância ao estresse se mostrou significativamente reduzida durante a semana de maior carga interna e apresentou um aumento substancial na quarta semana, ou seja, na semana de maior redução de carga. Essa mesma dinâmica se revelou para as infecções do trato respiratório superior, com um aumento dos sintomas de ocorrência durante a semana de maior carga (semana 2) e redução acentuada durante a semana de menor carga interna de treinamento (semana 4).

Analisando-se os resultados dos estudos citados, é possível assumir a existência de congruência entre manipulação da carga externa e respostas de carga interna, monitoradas a partir do método da PSE da sessão, e, portanto, admite-se a sensibilidade dessa medida para o monitoramento do treinamento no basquetebol. Além disso, os resultados também demonstram a utilidade, a importância e a necessidade de se adotar um sistema integrado de monitoramento do processo de treinamento que inclua, em conjunto, a utilização de medidas de carga interna e respostas associadas, notadamente no que se refere à tolerância ao estresse e a episódios de infecção do trato respiratório superior.

Em um processo de preparação, a utilização desses instrumentos e medidas, juntamente com testes de desempenho físico e análise técnico-tática, podem prover importantes informações para treinadores e comissões técnicas, possibilitando uma análise holística e robusta das respostas dos jogadores ao treinamento e à competição, considerando-se um conjunto de atributos e suas relações.

Os resultados apresentados reforçam os postulados de vários autores que consideram de fundamental importância o monitoramento do estresse percebido no esporte. Lehman et al., por exemplo, sugerem que as diferenças individuais na capacidade de recuperação e na tolerância ao estresse podem explicar, pelo menos em parte, os diferentes tipos de resposta apresentados por atletas submetidos a cargas externas semelhantes. Em uma perspectiva prática, esse aspecto precisa ser considerado, pois sugere que dentro de um grupo de atletas uma mesma carga externa pode ser percebida (carga interna) e assimilada (respostas adaptativas associadas) com diferentes magnitudes.

Esses achados e considerações sinalizam para a eficácia e a efetividade da utilização do método da PSE da sessão para o monitoramento das demandas das sessões, microciclos, mesociclos e macrociclos de treinamento. A carga interna revelada pelo produto do tempo de duração das sessões de treinamento e/ou da participação do jogador nos jogos de basquetebol pelo valor da PSE da sessão registrada na escala apropriada pode oferecer suporte fundamental no sentido da organização e da reorganização da carga de treinamento por parte dos treinadores.

Além disso, o monitoramento das respostas associadas, como o risco e os episódios de infecção do trato respiratório superior, a capacidade do atleta de lidar com os estresses do treinamento e "fora" do ambiente esportivo (tolerância ao estresse) e, ainda, o desempenho em testes físicos e o desempenho esportivo propriamente dito, podem auxiliar treinadores e comissões técnicas no acompanhamento do processo de preparação, por meio de instrumentos de fácil acesso, úteis e práticos, independentemente da estratégia ou do modelo de periodização utilizado.

Essas informações podem ser utilizadas para o delineamento de estratégias efetivas de organização da carga de treinamento e de procedimentos de recuperação. A utilização do método integrado de monitoramento no basquetebol será apresentada a partir de exemplos de aplicações realizadas por comissões técnicas e alguns resultados de pesquisas realizadas sobre esse tema, que oferecem suporte científico para uma prática baseada em evidência e ainda conferem confiabilidade para a utilização do monitoramento integrado no basquetebol.

## DETERMINAÇÃO DA CARGA DE TREINAMENTO A PARTIR DO MÉTODO DA PERCEPÇÃO SUBJETIVA DO ESFORÇO DA SESSÃO

O método da PSE da sessão foi proposto por Foster et al. em 1996 com o intuito de quantificar a carga de treinamento. Ele se baseia em um questionamento feito ao atleta aproximadamente 30 minutos após o término da sessão de treinamento. A pergunta que deve ser feita ao atleta é "como foi a sua sessão de treino?", e a resposta deve ser fornecida habitualmente com base na escala apresentada na Tabela 2 ou, conforme alguns estudos, utilizando-se a escala 6-20 de Borg.

É importante destacar que a utilização da escala deve ser realizada de acordo com alguns procedimentos de ancoragem: o avaliador deve instruir o avaliado a escolher um descritor e um número referente a esse descritor – na escala CR-10, as opções vão de 0 a 10. É possível também indicar o esforço utilizando-se decimais (por exemplo, 8,5). O valor máximo (10) deve ser comparado ao maior esforço físico experimentado pelo atleta e o valor mínimo é a condição de repouso absoluto (0).

Adicionalmente, os profissionais que utilizam esse método devem se certificar de que o jogador entenda que essa medida (indicada na escala) deve refletir uma avaliação global de toda a sessão de treinamen-

64 Basquetebol: do treino ao jogo

**TABELA 2** Escala para resposta ao método da percepção subjetiva do esforço da sessão

| Classificação | Descrição |
|---|---|
| 0 | Repouso |
| 1 | Muito, muito fácil |
| 2 | Fácil |
| 3 | Moderado |
| 4 | Um pouco difícil |
| 5 | Difícil |
| 6 | |
| 7 | |
| 8 | Muito difícil |
| 9 | |
| 10 | Máximo |

Baseia-se na escala CR-10 de Borg, publicada em 1987 e modificada por Foster et al. em 2001. Fontes: Borg G, Hassmen P, Lagerstrom M. Perceived exertion related to heart rate and blood lactate during arm and leg exercise. Eur J Appl Physiol Occup Physiol. 1987; 56(6): 679-85; Foster C, Florhaug JA, Franklin J, Gottschall L, Hrovatin LA, Parker S, et al. A new approach to monitoring exercise training. J Strength Cond Res. 2001; 15(1): 109-15; e Nakamura FY, Moreira A, Aoki MS. Monitoramento da carga de treinamento: a percepção subjetiva do esforço da sessão é um método confiável? Rev Educ Física/UEM. 2010; 21(1): 1-11.

to, e não um momento específico, como o final da sessão ou um determinado momento de maior ou menor intensidade, invariavelmente observados em sessões de treinamento no basquetebol. Recomenda-se, portanto, que o intervalo entre a sessão de treinamento e o questionamento não seja muito superior a 30 minutos, pois pode haver esquecimento e atenuação da avaliação subjetiva da intensidade da sessão de treinamento.

Uma vez utilizado o método da PSE da sessão para o controle da carga de treinamento, é importante destacar que, ao indicar o esforço físico realizado, é possível inferir sobre a intensidade da sessão do treinamento ou do jogo. No entanto, com o objetivo de determinar a magnitude da carga de treinamento ou, como habitualmente tem sido relatado, a carga interna de treinamento, é necessário considerar o tempo de duração (volume) da sessão realizada ou o tempo da participação do jogador na partida.

O cálculo da magnitude da carga de treinamento (carga interna de treinamento) com base no método da PSE da sessão consiste na multiplicação do escore da PSE da sessão, registrado entre 20 e 30 minutos após seu término, pela duração total da sessão expressa em minutos. O produto da PSE (intensidade) pela duração da sessão (volume) deve ser expresso em unidades arbitrárias.

Por exemplo, para calcular a magnitude da carga de treinamento (neste caso, CIT) para uma sessão com duração de 80 minutos e a PSE da sessão sendo indicada pelo jogador como 5, o seguinte cálculo deve ser realizado:

$$CIT = 5 \times 80 = 400 \text{ unidades arbitrárias (UA)}$$

Em seguida, é possível calcular a "monotonia" do treinamento e o *strain* a partir das variáveis utilizadas no método da PSE da sessão. A monotonia do treinamento é a medida da variabilidade do treinamento, considerando-se as sessões realizadas em um determinado período de tempo (p. ex., "variabilidade dia-dia" do treinamento semanal). Um estudo de 1998 relatou o aumento do risco para a síndrome de *overtraining* (ou *overreaching* não funcional) quando da combinação de uma alta monotonia com cargas de treinamento elevadas. Essa possível associação entre monotonia, cargas elevadas de treinamento e adaptações indesejadas, como o aumento das ocorrências de infecção do trato respiratório superior, estado de *overreaching* não funcional, fadiga acumulada e talvez a ocorrência da síndrome de *overtraining*, tem importantes implicações para o treinamento no basquetebol e sugere que menor monotonia e, portanto, maior variação da magnitude das cargas de treinamento e de competição, poderia auxiliar na redução do risco para lesões, inflamações e infecções (especialmente as do trato respiratório superior) e, ao mesmo tempo, aumentar as chances do incremento do desempenho esportivo.

A monotonia do treinamento é calculada a partir da média diária da CIT dividida pelo desvio-padrão da CIT diária, calculados considerando-se a semana de treinamento. Na Tabela 3, é apresentado um exemplo de como se determinar a monotonia. Os dados foram extraídos da segunda semana de treinamento de uma equipe adulta masculina de basquetebol, participante do Campeonato Paulista e do Novo Basquete Brasil (NBB) – principal competição do basquetebol adulto masculino brasileiro.

**TABELA 3** Cálculo da monotonia do treinamento

| | Cálculo | Exemplo |
|---|---|---|
| 1 | Calcular a CIT média da semana, somando todos os valores das CIT diárias e dividindo pelos dias de treinamento da semana | (422 + 607 + 468 + 438 + 260 + 272)/6 = 411 UA |
| 2 | Calcular o desvio-padrão da CIT média diária durante a semana | 131 |
| 3 | Monotonia | 411/131 = 3,14 UA |

CIT: carga interna de treinamento; UA: unidades arbitrárias.

Uma medida global de *strain* pode ser calculada a partir da CIT e da monotonia. O *strain* de treinamento tem sido proposto como uma medida útil para o monitoramento do treinamento, particularmente quando os jogadores estão sendo submetidos a cargas elevadas de treino, por exemplo, nos períodos de intensificação ou em uma semana de treinamentos fortes. Quando as sessões de treinamento estão intercaladas com períodos suficientes de recuperação, espera-se que o valor de *strain* seja baixo; ao contrário, em períodos de elevada carga de treinamento e com tempo relativamente curto para recuperação, pode-se esperar um valor elevado de *strain*. Assim, a informação poderia ser útil para possíveis ajustes no treinamento e na organização de cargas recuperativas, diminuindo possíveis riscos para aumento de incidência de infecções/inflamações e queda de desempenho.

*Strain* = CIT acumulada da semana × monotonia

A Tabela 4 exemplifica o cálculo do *strain* de treinamento utilizando as informações apresentadas na Tabela 3 acerca da CIT e da monotonia.

**TABELA 4** Cálculo do *strain* de treinamento

| |
|---|
| Soma (422 + 607 + 468 + 438 + 260 + 272) = 2.467 UA |
| Monotonia = 3,14 UA |
| *Strain* = 2.467 × 3,14 = 7.746 UA |

A utilização das medidas derivadas do monitoramento do treinamento realizado a partir do método da PSE da sessão pode auxiliar as comissões técnicas a tomarem decisões relacionadas ao incremento, à diminuição ou à manutenção das cargas de treinamento, considerando-se os objetivos concretos, as fases da periodização e aspectos individuais. Portanto, em conjunto, a CIT, a monotonia e o *strain* podem auxiliar esse processo. Além disso, a observação da carga externa realizada, do tipo de treinamento e seu conteúdo e do efeito desses nas medidas de CIT, monotonia e *strain* proporcionará importantes informações para a realização dos ajustes necessários de carga de treinamento.

Nesse sentido, na Tabela 5 é apresentado um exemplo de monitoramento de uma semana típica relativa ao treinamento físico de uma equipe adulta masculina de basquetebol, participante do Campeonato Paulista e do NBB, durante a pré-temporada para as competições de 2015.

Os valores de carga interna, monotonia e *strain* sugerem que a semana em questão foi uma semana típica de períodos de intensificação do treinamento, gerando valores elevados de carga de treinamento, alta monotonia e *strain* elevado de treinamento. Essa estratégia vem sendo adotada, especialmente durante períodos de pré-temporada, e deve ser apropriadamente monitorada em função da característica da relação entre carga e recuperação, que, por um lado, pode trazer adaptações importantes para períodos posteriores, mas, por outro, pode também aumentar as chances de ocorrências de infecção e lesão e, portanto, precisam ser muito bem controladas.

**TABELA 5** Exemplo de monitoramento de uma semana de pré-temporada de uma equipe masculina adulta de basquetebol participante do Campeonato Paulista e do Novo Basquete Brasil

| | Atividade | PSE da sessão (UA) | Duração (minutos) | Carga interna (diária) |
|---|---|---|---|---|
| Segunda-feira | Treinamento de força: 4-5 séries de 8-12 repetições máximas (total = 7 exercícios, incluindo membros superiores e inferiores) + exercícios de saltos (4 séries de 4 repetições; total = 4 exercícios) + exercícios de velocidade = 8 repetições de corridas máximas de 15 m | 6,9 | 90 | 621 |
| Terça-feira | Treinamento de força: 6 exercícios de 8-12 RM | 5,5 | 110 | 605 |
| Quarta-feira | Idem à segunda-feira + 8-10 repetições de 2 minutos de corrida com variação de atividades na quadra com 30 segundos de pausa | 6,7 | 90 | 603 |
| Quinta-feira | Idem à terça-feira | 6,3 | 90 | 567 |
| Sexta-feira | Idem à segunda-feira | 7,0 | 90 | 630 |
| Sábado | Idem a terça e quinta-feira + 8-10 repetições de 2 minutos de corrida com variação de atividades na quadra com 30 segundos de pausa | 7,7 | 80 | 616 |
| Domingo | Sem treinamento | 0 | 0 | 0 |
| Carga acumulada | | | | 3.642 |
| Monotonia | CIT semanal média (520 UA)/desvio-padrão (230 UA) | | | 2,26 |
| Strain | Carga acumulada × monotonia | | | 8.227 |

Esses períodos de intensificação têm sido alvo de investigação em diferentes estudos com o basquetebol. Em estudo publicado em 2008, por exemplo, Moreira examinou as alterações no desempenho de jogadores de basquetebol adultos do sexo masculino decorrentes da intensificação do treinamento. Um grupo de treinamento normal (TN) e um grupo de treinamento intensificado (TI) realizaram os testes de salto vertical, salto horizontal triplo consecutivo, teste T (40 m com mudança de direção) e o *Yo-Yo intermittent endurance test, nível 2* (YO-YO), antes do início da intensificação (T0), após 6 semanas de intensificação (T1) e após 2 semanas de redução (T2). Os resultados do estudo mostraram que o grupo TI revelou queda significativa para o teste YO-YO e incremento do desempenho no teste T de T0 para T1. O grupo TN revelou incremento significativo no YO-YO de T0 para T2. Os resultados mostraram a efetividade e a utilidade do modelo de intensificação para o basquetebol e, ainda, que o YO-YO pode ser um teste sensível para detectar um possível estado de *overreaching* em jogadores profissionais de basquetebol.

## MODELO DE INTENSIFICAÇÃO E *TAPERING* E MONITORAMENTO INTEGRADO DO TREINAMENTO NO BASQUETEBOL

### Jovens jogadores

O modelo de intensificação também foi testado para uma amostra de jogadores jovens de elite de basquetebol. Os jogadores avaliados participavam de duas equipes finalistas do Campeonato Paulista de suas respectivas categorias. Assim como o modelo testado com jogadores profissionais de basquetebol, foi descrito como o modelo de intensificação baseado na concentração das cargas de força foi realizado para essa amostra.

Adicionalmente, é possível identificar nesses trabalhos experimentais a adoção do modelo integrado de monitoramento do treinamento, considerando, em conjunto, marcadores de carga interna e externa de treinamento, tolerância ao estresse (utilizando o questionário DALDA), sinais e sintomas de infecções do trato respiratório superior (utilizando o questionário WURSS-21), testes de desempenho físico, análise de desempenho técnico a partir da realização de jogos reduzidos, estados de humor (questionário POMS) e medidas salivares de testosterona. A idade média dos indivíduos avaliados era de 15,3 ± 0,7, estatura de 186,1 ± 8,9 cm e massa corporal de 82, 4 ± 14, 6 kg. Após retornarem de um período de férias com duração aproximada de 30 dias, os jovens jogadores foram submetidos a um programa de treinamento caracterizado pela intensificação das cargas de treinamento de força. A intervenção de treinamento foi constituída por duas etapas: intensificação, com duração de 5 semanas; e *tapering*, com duração de 3 semanas (Figura 1). Os testes de desempenho físico (mudança de direção – teste T) e o teste de YO-YO (intermitente nível 1) foram realizados antes do início da intensificação, ao final da intensificação e ao final do período de *tapering*. Nesses momentos, amostras de saliva foram coletadas para a determinação da concentração de testosterona salivar e jogos reduzidos, com quatro períodos de 4 minutos e pausas de 3 minutos entre os períodos, foram realizados com o objetivo de se avaliar possíveis alterações de desempenho técnico ao longo do experimento.

Na Figura 1, é apresentado o delineamento da intervenção: 1 semana de familiarização foi seguida de 4 semanas de intensificação e 3 semanas de *tapering*. Na intensificação, eram realizadas 6 sessões/semana de treinamento de força; enquanto na fase de *tapering* os jo-

**FIGURA 1** Representação esquemática do delineamento experimental. F: familiarização; Sem: semana; SF: número de sessões de treinamento de força; STT: número de sessões de treinamento técnico-táticas. (Figura adaptada de Miloski B. O efeito da estratégia de periodização baseada na intensificação e *tapering* nas respostas hormonais, comportamentais, perceptuais e de desempenho em jovens jogadores de basquetebol. Tese [Doutorado]. São Paulo: EEFE-USP; 2016.)

gadores executavam 2 sessões/semana de treinamento de força. Durante a etapa de intensificação, eram realizadas 5 sessões/semana de treinamento técnico-tático, cada uma com duração aproximada de 90 minutos e durante o *tapering*, realizou-se o mesmo número de sessões de treinamento técnico-tático. No que diz respeito às sessões de treinamento voltadas para os aspectos técnicos e táticos, os treinadores foram orientados a elaborar atividades de complexidade baixa a moderada, com movimentos realizados em baixa intensidade e com o intuito de desenvolver fundamentos técnicos e o aprendizado do sistema de jogo a ser utilizado pela equipe (p. ex., padrões de movimentação, jogadas ensaiadas etc.), de acordo com os procedimentos adotados e sugeridos em estudo anterior.

Os jogadores preencheram a PSE da sessão durante todas as sessões, tanto de treinamento físico, quanto de treinamento técnico-tático. A PSE da sessão foi obtida a partir da escala de 10 pontos (CR-10). A CIT era, portanto, quantificada a partir do método da PSE da sessão, sendo calculada como o produto entre o escore apontado na escala e o tempo de treinamento da sessão em minutos. O resultado foi registrado para as sessões de treinamento de força (CIT-F), treinamento técnico-tático (CIT-TT) e acumulada (CIT-AC, somatória de CIT-F e CIT-TT).

Além disso, ao final de cada semana, o questionário *Profile of mood states* (Poms) era preenchido com o objetivo de se identificar possíveis alterações nos estados de humor em função da organização das cargas de treinamento (intensificação *versus tapering*). Para o monitoramento da tolerância ao estresse, foi utilizada a versão traduzida para a língua portuguesa do questionário DALDA. Esse questionário é dividido em duas partes, nomeadas A (nove questões) e B (25 questões), que representam, respectivamente, as fontes e os sintomas de estresse. Os atletas respondiam às perguntas para cada parte do questionário (A e B) com uma escala de Likert com os descritores "pior que o normal" (PQN), "normal" (N) ou "melhor que o normal" (MQN), de acordo com sua percepção de cada fonte ou sintoma de estresse. Foram atribuídos os escores 1, 2 e 3, respectivamente, para cada resposta PQN, N e MQN. A soma dos escores obtidos em cada pergunta representou a tolerância individual ao estresse, considerando-se cada parte do questionário separadamente, de acordo com o proposto por Freitas et al. (2014).

Esse estudo, além de apresentar uma alternativa interessante para a organização das cargas de treinamento, particularmente mostrando a utilidade de se intensificar o treinamento a partir da concentração das cargas de força, exemplifica a adoção do monitoramento integrado também para jogadores jovens. Medidas de desempenho físico, de desempenho técnico nos jogos reduzidos e o monitoramento da carga de treinamento, da tolerância ao estresse e dos estados de humor, em conjunto, podem auxiliar as comissões técnicas no sentido de uma organização racional e sistemática do processo de preparação.

A intensificação baseada nas cargas de força é sugerida considerando-se a demanda e o padrão de atividade motora no basquetebol, como as constantes acelerações, desacelerações e mudanças de direção, bem como ações relacionadas à necessidade de se aplicar força em tempos relativamente curtos (potência), como nos saltos, nos deslocamentos laterais e na posição básica de defesa, entre outros. Esse modelo pode ser adotado, portanto, tanto em categorias de formação como na categoria adulta. Ressalta-se, entretanto, a importância de se adotar o monitoramento integrado para otimizar o processo e minimizar as chances de adaptações indesejadas.

A Tabela 6 apresenta de forma resumida os exercícios de força que foram realizados durante as semanas de intensificação e também ao longo das 3 semanas de *tapering*.

Na Figura 2, são apresentados de forma ilustrativa os testes de mudança de direção (teste T) e o teste de YO-YO (intermitente nível 1), que foram realizados antes do início da intensificação, ao final da intensificação e ao final do período de *tapering*.

Uma possibilidade de observação e análise dos resultados do monitoramento integrado que poderia ser adotada por comissões técnicas no basquetebol se baseia nos resultados desse mesmo estudo. Os dados devem ser apresentados e trabalhados de forma individualizada e, portanto, possibilitando os ajustes necessários para cada jogador e considerando as expectativas da comissão técnica e objetivos concretos da preparação.

Na Figura 3, a CIT é mostrada para os períodos de intensificação e de *tapering*, tanto para as sessões de treinamento físico (CIT-F), quanto para as sessões de treinamento técnico-tático (CIT-TT). Os resultados demonstram a sensibilidade da medida para o monitora-

**TABELA 6** Treinamento de força aplicado durante as etapas de treinamento

| Intensificação | Semana | | | | |
|---|---|---|---|---|---|
| | 1 | 2 | 3 | 4 | 5 |
| | Segunda/quarta/sexta | | | | |
| Puxada aberta frontal | 3 séries | 4 séries | 5 séries | 5 séries | 6 séries |
| Remada sentada | 12-15 RM | 12-15 RM | 12-15 RM | 12-15 RM | 12-15 RM |
| Supino reto | | | | | |
| | Terça/quinta/sábado | | | | |
| *Leg press* 45° | 3 séries | 4 séries | 5 séries | 5 séries | 6 séries |
| Cadeira extensora | 12-15 RM | 12-15 RM | 12-15 RM | 12-15 RM | 12-15 RM |
| Agachamento na barra guiada | | | | | |
| *Tapering* | Semanas 6, 7 e 8 | | | | |
| | Duas vezes por semana | | | | |
| Remada sentada | 3 séries | | | | |
| Supino reto | 12-15 RM | | | | |
| *Leg press* 45° | | | | | |
| Agachamento na barra guiada | | | | | |

RM: repetições máximas. Tabela adaptada de Miloski B. O efeito da estratégia de periodização baseada na intensificação e *tapering* nas respostas hormonais, comportamentais, perceptuais e de desempenho em jovens jogadores de basquetebol. Tese (Doutorado). São Paulo: EEFE-USP; 2016.

74  Basquetebol: do treino ao jogo

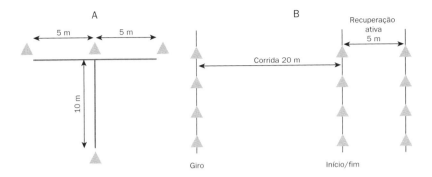

**FIGURA 2**  Representação esquemática do teste T e do *YO-YO intermittent recovery test*. A: teste T; B: *YO-YO intermittent recovery test* nível 1.

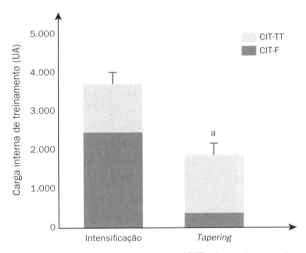

**FIGURA 3**  Carga interna de treinamento (CIT) durante as etapas de intensificação e *tapering*. a: diferença significativa comparada à intensificação para CIT-F e CIT-AC ($p < 0,05$); CIT-F: carga interna de treinamento de força; CIT-TT: carga interna de treinamento técnico-tático; UA: unidades arbitrárias. (Figura adaptada de Miloski B. O efeito da estratégia de periodização baseada na intensificação e *tapering* nas respostas hormonais, comportamentais, perceptuais e de desempenho em jovens jogadores de basquetebol. Tese [Doutorado]. São Paulo: EEFE-USP; 2016.)

mento da carga e a utilidade de se adotar o método da PSE da sessão para controlar a CIT no basquetebol. Nota-se que, durante o período de intensificação, a CIT foi significativamente maior quando comparada ao momento de *tapering*. Na Figura 4, a CIT é apresentada para cada semana de investigação. Nas semanas 1, 2, 3, 4 e 5, houve a intensificação (semana 1 = familiarização), e as semanas 6, 7 e 8 compuseram a etapa de *tapering*.

Na Figura 5, são apresentados os resultados para os estados de humor avaliados utilizando-se o questionário Poms. Nota-se que durante a etapa de intensificação a fadiga é significativamente superior quando comparada ao período de *tapering* e a dinâmica da resposta é semelhante para o "índice de energia". Esses resultados indicam que os jogadores se sentem mais fatigados e com menos "energia" durante a intensificação. Além disso, os resultados do estudo citado também demonstram a sensibilidade dessas medidas para o monitoramento no

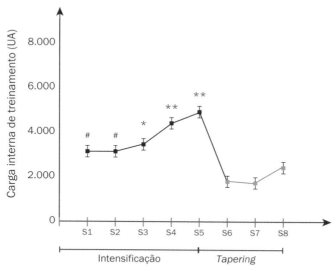

**FIGURA 4** Carga interna de treinamento durante as 8 semanas de investigação. Semanas (S); *: diferença significativa para *tapering* 1, *tapering* 2 e *tapering* 3; #: diferença significativa para *tapering* 1 e *tapering* 2; **: diferença significativa para intensificação 1, intensificação 2, intensificação 3, *tapering* 1, *tapering* 2 e *tapering* 3.

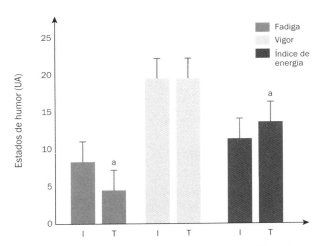

**FIGURA 5** Estados de humor nas etapas de intensificação e *tapering*. a: diferença significativa para etapa de intensificação (p < 0,05); I: intensificação; T: *tapering*; UA: unidades arbitrárias. (Figura adaptada de Miloski B. O efeito da estratégia de periodização baseada na intensificação e *tapering* nas respostas hormonais, comportamentais, perceptuais e de desempenho em jovens jogadores de basquetebol. Tese [Doutorado]. São Paulo: EEFE-USP; 2016.)

basquetebol, sugerindo que elas apresentam boa sensibilidade e podem ser utilizadas no dia a dia no processo de monitoramento do treinamento em conjunto com marcadores de carga interna e externa, e marcadores de outras respostas adaptativas.

Na Figura 6, são apresentados os resultados para os testes de desempenho físico, teste T e YO-YO. Os resultados sugerem que o modelo testado é eficaz e pode ser utilizado também com jovens jogadores de basquetebol. Vale ressaltar que mesmo com valores elevados de carga interna e de fadiga, durante a etapa de intensificação, houve melhora do desempenho. O grupo reduziu significativamente o tempo para percorrer a distância do teste T e aumentou a distância percorrida no YO-YO. Portanto, o desempenho melhorou tanto no que diz respeito à capacidade de resistência à fadiga (YO-YO) quanto no tocante à capacidade de realizar acelerações e desacelerações em espaços curtos com mudanças de direção (teste T).

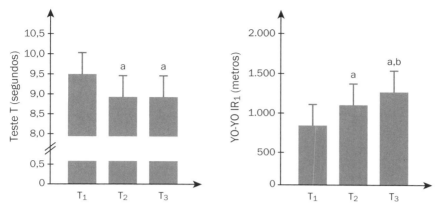

**FIGURA 6** Desempenho no teste T e no YO-YO IR$_1$. a: diferença significativa para T$_1$; b: diferença significativa para T$_2$ ($p < 0,05$). (Figura adaptada de Miloski B. O efeito da estratégia de periodização baseada na intensificação e *tapering* nas respostas hormonais, comportamentais, perceptuais e de desempenho em jovens jogadores de basquetebol. Tese [Doutorado]. São Paulo: EEFE-USP; 2016.)

## Adulto

O modelo de intensificação e *tapering*, baseado na concentração das cargas de força e o monitoramento integrado, também podem ser aplicados a equipes adultas. Nesta seção, será apresentado o exemplo de uma equipe adulta, masculina, participante do Campeonato Paulista e do NBB. Os dados apresentados são relativos a um período de treinamento composto por 15 semanas.

As 6 primeiras semanas contemplam um período de intensificação, dividido em duas etapas. Na primeira etapa, com duração de 3 semanas, eram realizadas quatro sessões de treinamento técnico-tático com duração de aproximadamente 70 minutos cada. Durante a segunda etapa (semanas 4, 5 e 6), cinco a seis sessões de treinamento técnico-tático eram realizadas, com duração de aproximadamente de 100 minutos cada. Durante o período de intensificação, não foram realizados jogos amistosos ou oficiais.

Período de *tapering*: semanas 7 e 8. Houve uma redução para três sessões semanais de treinamento físico, com duração aproximada de

60 minutos cada, objetivando a manutenção do condicionamento alcançado e a recuperação das sessões de treinamento técnico e tático.

Período competitivo monitorado: semanas 9 a 15. Durante esse período, a duração das sessões de treinamento técnico-tático foi de aproximadamente 70 minutos, com uma média de dois jogos por semana. Nas 3 primeiras semanas, seis sessões de treinamento físico foram realizadas semanalmente, com concentração das cargas de força. Nas semanas 4, 5 e 6, os objetivos principais foram desenvolvimento de potência, incremento gradual dos exercícios de velocidade e mudanças de direção, além de manutenção do nível de força alcançado nas 3 primeiras semanas da preparação; nesse momento, foram realizadas cinco sessões semanais de treinamento físico.

A CIT foi monitorada utilizando-se o método da PSE da sessão em todas as sessões de treinamento e os valores de frequência cardíaca também foram monitorados. Os jogadores utilizaram em todas as sessões de treinamento técnico-tático um acelerômetro triaxial (Bioharness™) com o objetivo de monitorar a carga externa e, em particular, os parâmetros de aceleração e carga mecânica.

Os testes de desempenho físico apresentados são relativos ao início da preparação, após a semana 4, após a semana 9 e após a semana 15. O monitoramento da carga interna é apresentado considerando-se 11 semanas de preparação (da semana 1 até a semana 11). A Figura 7 ilustra a CIT e a PSE da sessão para as 11 semanas de sessões de treinamento físico. Na Figura 8, são apresentados os valores de CIT para os treinamentos técnicos e táticos, considerando-se as mesmas 11 semanas de preparação.

Para o monitoramento do desempenho físico dos jogadores, foram realizados os testes de YO-YO (IR$_1$), *sprints* repetidos, salto vertical com contramovimento e salto vertical sem contramovimento, e o teste aeróbio submáximo (5×5), este último com o objetivo de avaliar a resposta da frequência cardíaca no teste (FC exercício) e após o teste (FC recuperação). O teste de *sprints* repetidos consiste em doze corridas de 20 m em máxima intensidade e intervalo de aproximadamente 27-26 segundos (a cada 30 segundos, o atleta recebe o comando para iniciar uma nova corrida). Os indicadores de desempenho são: melhor tempo de *sprint* (MT) e tempo médio de todos os 12 *sprints* (TM). No teste aeróbio submáximo (5×5), o atleta realiza corridas de ida e volta

(20 m cada trecho) com a velocidade controlada por meio de sinais sonoros. Esse esforço é realizado por 5 minutos.

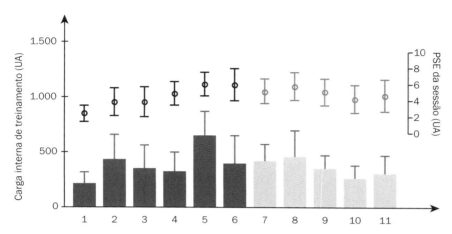

**FIGURA 7** Carga interna de treinamento (CIT) e PSE da sessão para 11 semanas de sessões de treinamento físico. UA: unidades arbitrárias.

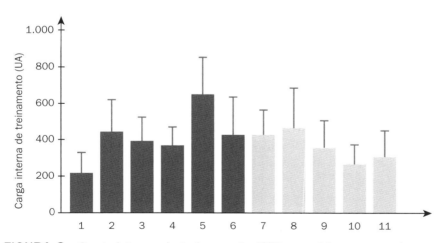

**FIGURA 8** Carga interna de treinamento (CIT) para 11 semanas de sessões de treinamento técnico e tático. Semanas 1 a 6: pré-temporada; semanas 7 a 11: durante a temporada de competição.

Neste trabalho, a velocidade adotada foi de 10 km/h. Após os 5 minutos de teste, o atleta permanece 5 minutos sentado. Os indicadores avaliados nesse teste são: frequência cardíaca (FC) média do esforço realizado e FC da recuperação pós-esforço.

Em uma perspectiva de inferência sobre a magnitude das alterações e o controle do treinamento, foi proposta neste estudo a adoção de procedimentos estatísticos para a análise dos resultados que têm sido entendidos como relevantes para o mundo real. Para tanto, a probabilidade de que as mudanças nos parâmetros de controle (por exemplo, testes de desempenho físico ou parâmetros fisiológicos avaliados a partir do teste aeróbio submáximo 5×5) sejam maiores do que a mínima mudança relevante (importante e significativa) é calculada multiplicando-se o desvio-padrão entre os sujeitos por 0,20. Baseado em um limite de confiança de 90%, "limiares" relacionados à "incerteza" da verdadeira mudança são utilizados. Essa abordagem pode ser adotada por treinadores e membros da comissão técnica com o objetivo de avaliar a relevância da mudança nos parâmetros utilizados durante o monitoramento integrado. A Tabela 7 e a Figura 9 ilustram essa abordagem.

As Figuras 10 a 13 ilustram as alterações (média e desvio-padrão) considerando 15 semanas de preparação para a mesma investigação. As coletas de dados foram realizadas no início da etapa de intensificação (início da pré-temporada), ao final da intensificação (5 semanas após o início da intensificação), 9 semanas após o início da pré-temporada e 15 semanas após o início da pré-temporada.

Nota-se que, por exemplo, que a FC exercício diminui significativamente ao longo da preparação. Entre os dois primeiros momentos, há uma estabilidade, possivelmente decorrente da intensificação nas 6 primeiras semanas de treinamento; posteriormente, a diminuição sugere fortemente uma melhora do condicionamento físico dos atletas, com consequente redução da fadiga (Figura 12). A Figura 13 complementa essa informação, mostrando um aumento da velocidade de recuperação da FC após o exercício (% da FC máxima) e uma estabilidade após o terceiro momento de coleta. Esse resultado sugere que há uma diminuição da atividade simpática pós-exercício, indicando redução da fadiga e melhora do condicionamento.

Os testes de resistência à fadiga (YO-YO) (Figura 10) e de salto vertical com contramovimento (Figura 11) corroboram os aponta-

**TABELA 7** Análise descritiva para a carga interna (PSE da sessão) e parâmetros de carga externa e diferenças entre as etapas de treinamento (pré-temporada × temporada competitiva)

| Variável | Pré-temporada | Temporada de competição | Diferença nas médias (%) ± 90% (limite de confiança) | Análise qualitativa (baseada na "incerteza" das verdadeiras diferenças) |
|---|---|---|---|---|
| PSE da sessão (UA) | 4,8 ± 1,0 | 5,2 ± 0,9 | 8,3 ± 9,3 | Possível |
| Carga interna de treinamento (média) (UA) | 442,9 ± 89,2 | 377,1 ± 68,3 | -14,2 ± 9 | Muito possível |
| Carga mecânica* (UA) | 172,6 ± 26,3 | 195,2 ± 23,6 | 13,5 ± 8,8 | Muito possível |
| Aceleração "pico" (m/s$^2$) | 2,2 ± 0,2 | 2,4 ± 0,2 | 11,0 ± 11,2 | Muito possível |
| Volume (min) | 91,4 ± 2,8 | 70,5 ± 1,7 | -22,8 ± 1,8 | Bem possível |

Carga interna de treinamento = PSE da sessão × tempo de duração da sessão em minuto.

\* parâmetro de carga externa estimado a partir dos dados de aceleração e desaceleração (acelerômetro triaxial).

Probabilidade qualitativa de mudança de desempenho entre os momentos: possível - 50%; muito possível - 75%; bem possível - 95%.

Tabela adaptada de Aoki MS, Torres-Ronda L, Marcelino PR, Drago G, Carling C, Bradley PS, et al. Monitoring training loads in professional basketball players engaged in a periodized training programme. J Strength Cond Res. 2017; 31(2): 348-58.

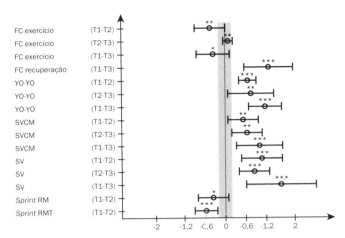

**FIGURA 9** Alterações entre os momentos de teste considerando a probabilidade qualitativa da mudança. * Mudança de desempenho entre os momentos possível (50%); ** mudança de desempenho entre os momentos muito possível (75%); *** mudança de desempenho entre os momentos extremamente possível (95%); FC exercício: frequência cardíaca no exercício; FC recuperação: frequência cardíaca na recuperação pós-exercício; Sprint RM: sprints repetidos – tempo médio; Sprint RMT: sprints repetidos melhor tempo (menor tempo para a distância de 20 m); SV: salto vertical; SVCM: salto vertical com contramovimento; T1: início da pré-temporada; T2: semana 4; T3: semana 11; YO-YO: *YO-YO intermittent recovery test* nível 1.

mentos anteriores, pois revelam incremento significativo até o último momento de avaliação apresentado. Ressalta-se, ainda, que, tratando-se de uma equipe adulta profissional de basquetebol que atua na principal liga brasileira, a magnitude de incremento que pode ser observada na Tabela 3 e nas Figuras 9 a 13 é bastante relevante. Além de sugerir a eficácia do modelo, é fundamental destacar a importância do monitoramento integrado e a possibilidade de utilização dessa abordagem no dia a dia das equipes de basquetebol.

Na análise individual, o controle pode ser feito considerando-se os resultados da FC exercício durante o teste aeróbio submáximo (5×5) considerando-se a FC recuperação após a realização do teste aeróbio submáximo (5×5), ou ainda a partir dos resultados do teste de salto vertical. Todos os resultados são apresentados para um atleta da equipe

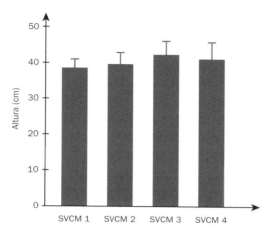

**FIGURA 10** Desempenho no salto vertical com contramovimento – 15 semanas de preparação. SVCM 1: início da etapa de intensificação (pré-temporada); SVCM 2: fim da etapa de intensificação (5 semanas após início); SVCM 3: 9 semanas após o início da etapa de intensificação (etapa de competição); SVCM 4: 15 semanas de treinamento (etapa de competição).

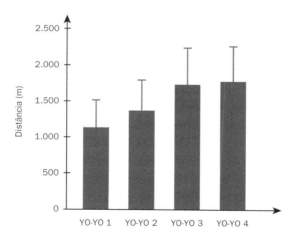

**FIGURA 11** Desempenho no YO-YO – 15 semanas de preparação. YO-YO 1: início da etapa de intensificação (pré-temporada); YO-YO 2: fim da etapa de intensificação (5 semanas após o início); YO-YO 3: 9 semanas após o início da etapa de intensificação (etapa de competição); YO-YO 4: 15 semanas de treinamento (etapa de competição).

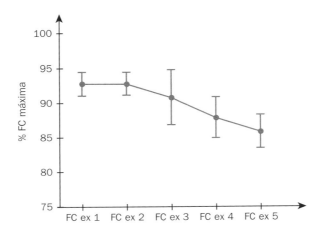

**FIGURA 12** Frequência cardíaca durante o exercício (FC exercício) medida durante o teste aeróbio 5×5) – 15 semanas de preparação.

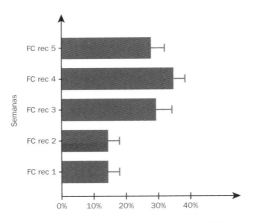

**FIGURA 13** Frequência cardíaca após o exercício (FC recuperação; % FC máxima) medida após a realização do teste aeróbio 5×5) – 15 semanas de preparação.

cujos dados foram apresentados anteriormente, durante as semanas 4, 5, 6 e 7 da preparação. Nas Figuras 14 a 16, os resultados desse atleta são comparados ao resultado médio de sua equipe.

Na Figura 17, são apresentados os dados desse atleta em relação a CIT, PSE da sessão, resultados dos questionários *total quality reco-*

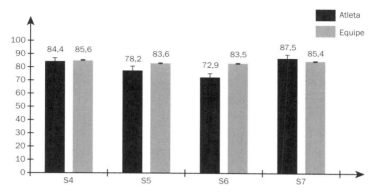

**FIGURA 14** Frequência cardíaca durante o exercício (FC exercício) durante a realização do teste aeróbio submáximo 5×5, comparando-se a porcentagem da frequência cardíaca máxima (% FC máxima).

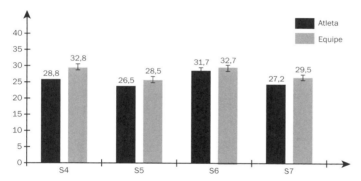

**FIGURA 15** Frequência cardíaca após a realização do exercício (FC recuperação) mostrando a recuperação da frequência cardíaca após o teste aeróbio submáximo 5×5 e comparando-se a porcentagem da frequência cardíaca máxima (% FC máxima).

*very* e de bem-estar durante os dias de treinamento da semana 7. O treinamento físico (TF) e o treinamento técnico-tático (TT) são considerados para as medidas de CIT e PSE da sessão. Os dados para o questionário *total quality recovery* são apresentados nas linhas acima das barras para CIT e PSE da sessão. Os dados do questionário de bem-estar são considerados a partir do somatório dos itens do questionário que contempla 5 itens (fadiga, qualidade de sono, dor muscular, nível

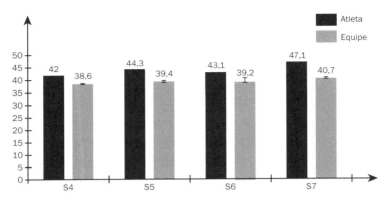

FIGURA 16  Salto vertical com contramovimento (cm).

de estresse e humor), para os quais o atleta deve preencher sua "sensação" para cada item em uma escala de 5 pontos, sendo 1 para sensação de cansaço, insônia, muita dor, muito estressado e irritado/aborrecido, e 5 para condições de muito recuperado, relaxado, com ótimo humor etc. Portanto, a sensação de bem-estar é avaliada considerando-se que os maiores valores indicam o atleta recuperado, sem dores, relaxado e se sentindo muito bem, ao passo que valores baixos sinalizam para uma recuperação prejudicada, humor alterado, dores musculares, irritabilidade.

É possível notar que o comportamento do resultado do questionário *total quality recovery* é semelhante ao do questionário de bem-estar, sinalizando, por exemplo, que na sexta-feira o atleta estava se sentido pouco recuperado e com sensação de mal-estar elevada, quando comparado com os resultados dos demais dias de treinamento na semana 7. Em conjunto com a medida de intensidade da sessão (PSE da sessão) e da magnitude da carga (CIT; PSE da sessão × tempo de duração da sessão de treinamento), é possível para a comissão técnica acompanhar diariamente as respostas de adaptação individual em uma equipe de basquetebol. E assim ainda é possível comparar a carga que foi programada com a carga efetivamente realizada (percebida) pelos jogadores e fazer os ajustes necessários. Adicionalmente, também é possível acompanhar as respostas individuais, situando o indivíduo "dentro" do grupo (Figuras 14 a 16), ou seja, comparando as respostas de todos os jogadores e permitindo uma análise mais robusta a partir de um sistema de monitoramento integrado do treinamento.

Controle de carga aplicado ao treinamento de basquetebol 87

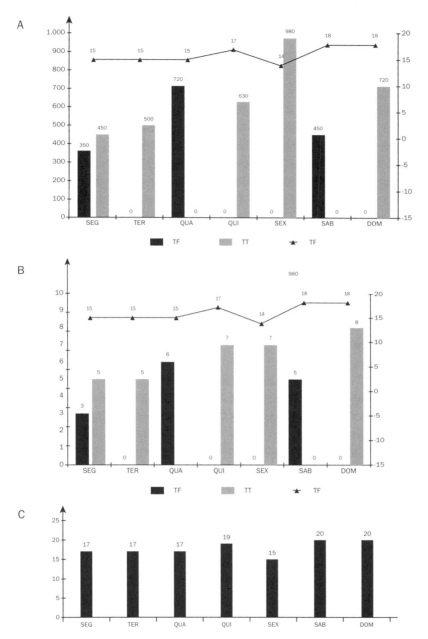

**FIGURA 17** A: carga interna de treinamento (CIT); B: PSE da sessão, questionário *total quality recovery*; C: questionário de bem-estar para um atleta durante a semana 7 de preparação. TF: treinamento físico; TQR: questionário *total quality recovery*; TT: treinamento técnico e tático.

# BIBLIOGRAFIA CONSULTADA

1. Aoki MS, Torres-Ronda L, Marcelino PR, Drago G, Carling C, Bradley PS, et al. Monitoring training loads in professional basketball players engaged in a periodized training programme. J Strength Cond Res. 2017; 31(2): 348-58.
2. Arruda AF, Aoki MS, Freitas CG, Coutts A, Moreira A. Planejamento e monitoramento da carga de treinamento durante o período competitivo no basquetebol. Rev Andal Med Deporte. 2013; 6(2): 85-9.
3. Arruda AF, Aoki MS, Freitas CG, Drago G, Oliveira R, Crewther BT, et al. Influence of competition playing venue on the hormonal responses, state anxiety and perception of effort in elite basketball athletes. Physiol Behav. 2014; 130: 1-5.
4. Barrett B, Brown RL, Mundt MP, Thomas GR, Barlow SK, Highstrom AD, et al. Validation of a short form Wisconsin Upper Respiratory Symptom Survey (WURSS-21). Health Qual Life Outcomes. 2009; 12(7): 76.
5. Batterham AM, Hopkins WG. Making meaningful inferences about magnitudes. Int J Sports Physiol Perform. 2006; 1(1): 50-7.
6. Borg G, Hassmen P, Lagerstrom M. Perceived exertion related to heart rate and blood lactate during arm and leg exercise. Eur J Appl Physiol Occup Physiol. 1987; 56(6): 679-85.
7. Buchheit M, Racinais S, Bilsborough JC, Bourdon PC, Voss SC, Hocking J, et al. Monitoring fitness, fatigue and running performance during a pre-season training camp in elite football players. J Sci Med Sport. 2013; 16(6): 550-5.
8. Foster C, Daines E, Hector L, Snyder AC, Welsh R. Athletic performance in relation to training load. Wis Med J. 1996; 95(6): 370-4.
9. Foster C, Florhaug JA, Franklin J, Gottschall L, Hrovatin LA, Parker S, et al. A new approach to monitoring exercise training. J Strength Cond Res. 2001; 15(1): 109-15.
10. Freitas CG, Aoki MS, Arruda AFS, Nakamura FY, Moreira A. Carga interna, tolerância ao estresse e infecções do trato respiratório superior em atletas de basquetebol. Rev Bras Cineantropom Desempenho. 2013; 15: 49-59.
11. Freitas CG, Aoki MS, Franciscon CA, Arruda AF, Carling C, Moreira A. Psychophysiological responses to overloading and tapering phases in elite young soccer players. Pediatr Exerc Sci. 2014; 26(2): 195-202.
12. Kentta G, Hassmen P. Overtraining and recovery. A conceptual model. Sports Med. 1998; 26(1): 1-16.

13. Lehmann M, Foster C, Keul J. Overtraining in endurance athletes: a brief review. Med Sci Sports Exerc. 1993; 25(7): 854-62.
14. Manzi V, D'Ottavio S, Impellizzeri FM, Chaouachi A, Chamari K, Castagna C. Profile of weekly training load in elite male professional basketball players. J Strength Cond Res. 2010; 24(5): 1399-406.
15. Marcelino PR, Aoki MS, Arruda A, Freitas CG, Mendez-Villanueva A, Moreira A. Does small-sided-games' court area influence metabolic, perceptual, and physical performance parameters of young elite basketball players? Biol Sport. 2016; 33(1): 37-42.
16. McLean BD, Coutts AJ, Kelly V, McGuigan MR, Cormack SJ. Neuromuscular, endocrine, and perceptual fatigue responses during different length between-match microcycles in professional rugby league players. Int J Sports Physiol Perform. 2010; 5(3): 367-83.
17. McNair DM, Lorr M, Droppleman L. Manual for the profile of mood states. San Diego: Educational and Industrial Testing Service; 1971.
18. Miloski B, Aoki MS, Freitas CG, Arruda AFS, Moraes HS, Drago G, et al. Does testosterone modulate mood states and physical performance in young basketball players? J Strength Cond Res. 2015; 29(9): 2474-81.
19. Miloski B. O efeito da estratégia de periodização baseada na intensificação e tapering nas respostas hormonais, comportamentais, perceptuais e de desempenho em jovens jogadores de basquetebol. Tese (Doutorado). São Paulo: EEFE-USP; 2016.
20. Moreira A, Arsati F, Cury PR, Franciscon C, Simoes AC, Oliveira PR, et al. The impact of a 17-day training period for an international championship on mucosal immune parameters in top-level basketball players and staff members. Eur J Oral Sci. 2008; 116(5): 431-7.
21. Moreira A, Arsati F, Lima-Arsati YBO, Simões AC, Araújo VC. Monitoring stress tolerance and occurrences of upper respiratory illness in basketball players by means of psychometric tools and salivary biomarkers. Stress Health. 2011; 27(3): 166-72.
22. Moreira A, Cavazzoni P. Monitorando o treinamento através do Wisconsin Upper Respiratory Symptom Survey – 21 e Daily Analysis of Life Demands in Athletes nas versões em língua portuguesa. Rev Educ Fís/UEM. 2009; 20(1): 109-19.
23. Moreira A, Crewther B, Freitas CG, Arruda AF, Costa EC, Aoki MS. Session RPE and salivary immune-endocrine responses to simulated and official basketball matches in elite young male athletes. J Sports Med Phys Fitness. 2012; 52(6): 682-7.

24. Moreira A, Freitas CG, Nakamura FY, Aoki MS. Percepção de esforço da sessão e a tolerância ao estresse em jovens atletas de voleibol e basquetebol. Rev Bras Cineantropom Desempenho Hum. 2010; 12(5): 345-51.
25. Moreira A, McGuigan MR, Arruda AF, Freitas CG, Aoki MS. Monitoring internal load parameters during simulated and official basketball matches. J Strength Cond Res. 2012; 26(3): 861-6.
26. Moreira A, Nakamura FY, Cavazzoni P, Gomes JH, Martignago P. O efeito da intensificação do treinamento na percepção de esforço da sessão e nas fontes e sintomas de estresse em jogadores jovens de basquetebol. Rev Educ Fís/UEM. 2010; 21(2): 287-96.
27. Moreira A. Testes de campo para monitorar desempenho, fadiga e recuperação em basquetebolistas de alto rendimento. Rev Educ Fís/UEM. 2008; 19(2): 241-50.
28. Nakamura FY, Moreira A, Aoki MS. Monitoramento da carga de treinamento: a percepção subjetiva do esforço da sessão é um método confiável? Rev Educ Física/UEM. 2010; 21(1): 1-11.
29. Nunes JA, Costas EC, Viveiros L, Moreira A, Aoki MS. Monitoramento da carga interna no basquetebol. Rev Bras Cineantropom Desempenho Hum. 2011; 13(1): 67-72.
30. Nunes JA, Moreira A, Crewther BT, Nosaka K, Viveiros L, Aoki MS. Monitoring training load, recovery-stress state, immune-endocrine responses, and physical performance in elite female basketball players during a periodized training program. J Strength Cond Res. 2014; 28(10): 2973-80.
31. Rushall BS. A tool for measuring stress tolerance in elite athletes. J Appl Sport Psychol. 1990; 2(1): 51-60.
32. Scanlan AT, Wen N, Tucker PS, Dalbo VJ. The relationships between internal and external training load models during basketball training. J Strength Cond Res. 2014; 28(9): 2397-405.

# FORMAÇÃO E PLANEJAMENTO TÉCNICO/TÁTICO DE UMA EQUIPE PROFISSIONAL DE BASQUETEBOL

Cristiano Grama
Paulo Alberto de Paula

Neste capítulo, serão abordados métodos para realizar a formação de uma equipe profissional e, posteriormente, como planejar a equipe de acordo com o material humano recrutado. Serão apresentados os possíveis problemas que uma temporada pode trazer e as soluções para evitar que esses problemas interfiram no resultado final projetado.

## INTRODUÇÃO

A formação e o planejamento técnico/tático de uma equipe é um dos maiores – ou talvez o maior – desafios para um treinador de basquetebol. É o momento de escolhas, sejam elas de pessoas, perfis ou objetivos esportivos. Nesse momento, são necessárias algumas importantes atitudes:

- Determinar funções.
- Mostrar regras, esportivas ou não.
- Começar a combinar capacidades físicas, técnicas e táticas à filosofia do treinador.
- Criar laços entre jogadores, entre membros da comissão multidisciplinar e também entre ambos os grupos.
- Alinhar os objetivos pessoais com os objetivos globais.
- Alinhar teoria com prática.

92    Basquetebol: do treino ao jogo

- Vender uma ideia fazendo com que pessoas diferentes, com personalidades diferentes e objetivos pessoais que também podem ser diferentes, queiram comprá-la.
- Planejar especificidades técnicas por posição para posteriormente colocá-las juntas em um plano tático.
- Dividir cargas de treinamento, alinhando as partes técnica, tática e física com os diversos momentos de uma temporada e suas variantes-surpresa que não foram programadas.

A tudo isso ainda é somada uma "pitada" de sorte. A sorte é, sim, um fator crucial para que o programa dê certo. Ela pode interferir, positiva ou negativamente, para que os objetivos sejam cumpridos ou o planejamento possa ser seguido. O azar, seu antônimo, não está sob controle do treinador e engloba as contusões que não podem ser previstas, fatores extraquadra que não estavam nos planos e/ou escolhas erradas de pessoas, ações ou até mesmo no planejamento. O trabalho, por sua vez, pode ser controlado. Quanto mais programado o trabalho, haverá mais sorte e sucesso. Os momentos de formação e planejamento técnico/tático da equipe são aqueles nos quais o treinador tem o maior controle nas mãos; quando os laços são atados e os problemas, resolvidos. Depois disso, passa-se à condição de velejadores do destino traçado e da sorte lançada, seja ela positiva ou negativamente.

## FORMAÇÃO DA EQUIPE

No momento da formação de uma equipe, existem tópicos importantes a serem observados e alinhados entre os envolvidos – entre dirigentes e treinador, entre o treinador e sua comissão técnica, ou entre a comissão multidisciplinar e a comissão técnica e os jogadores. O alinhamento entre os envolvidos, a definição das regras e a clareza sobre os ideais buscados e/ou as estratégias adotadas serão cruciais para o bom desenvolvimento do que será traçado no planejamento da comissão técnica.

### Definição de orçamento *versus* metas esportivas

O orçamento e as metas esportivas de uma equipe ou entidade se relacionam de maneira interdependente. Esse é um ponto interessante, por isso é importante analisá-los em conjunto, sendo que a ordem dos fatores poderá alterar o produto. O peso dessa importância depende da decisão de um ou outro ser colocado em primeiro plano do objetivo primário de uma entidade esportiva e/ou patrocinador.

Muitas equipes terão como plano principal títulos ou posições finais de destaque entre as melhores colocações. Para essas equipes, o orçamento será crucial para atingir a meta final e os objetivos esportivos serão traçados após o conhecimento do valor orçamentário destinado à contratação de jogadores. No basquetebol mundial, sem considerar a National Basketball Association (NBA), na grande maioria das vezes as equipes com maior orçamento disputarão as primeiras colocações e títulos.

Existem equipes, no entanto, que colocarão metas esportivas na frente do orçamento, ou seja, que possuem objetivos primários independentemente do orçamento disponível. Não significa que essas equipes não tenham interesse em brigar por títulos ou colocações, mas que possuem especificidades ou até mesmo planos mais modestos. Por exemplo, para equipes com interesse em colocar atletas de sua base na equipe profissional e revelá-los em âmbito nacional ou internacional, um orçamento alto não se traduz em contratações de muitos jogadores, pois existe um objetivo esportivo primário que independe da folha salarial. Os principais clubes no Brasil com essa característica são o Minas Tênis Clube e o Esporte Clube Pinheiros, conhecidos como formadores de atletas que projetam seus talentos na equipe profissional. Na definição de seu orçamento, buscam a contratação de jogadores que darão o suporte necessário para o desenvolvimento dos seus jovens, mas a qualidades desses atletas e os objetivos traçados dependerão obviamente do valor de orçamento levantado.

Outro modelo é o de equipes que buscam levar o nome da cidade e/ou patrocinador para o âmbito municipal, estadual e nacional. Muitas vezes, essas equipes possuem objetivos mais modestos e utilizam o esporte como um chamativo para outras ações, sejam elas de marketing, sociais, culturais e até mesmo políticas. Um exemplo disso é a Liga Sorocabana, conhecida pelo bom trabalho de relacionamento de sua equipe profissional com o município em projetos sociais que visam tanto ao âmbito esportivo, por meio das escolinhas de basquete, quanto ao retorno para a sociedade, usando o esporte como ferramenta para divulgação de ações e/ou projetos que levarão benfeitorias para outras áreas da comunidade, muitas vezes com orçamento inferior e objetivos esportivos mais modestos. Um exemplo contrário, uma universidade na cidade de Uberlândia, conciliou a exposição de sua marca por uma equipe profissional com objetivos esportivos cada vez mais desafiadores: inicialmente, o objetivo era se expor no município e na região, mas, posteriormente, com orçamentos maiores, as metas tornaram-se mais arrojadas.

Quando começam as negociações de orçamento da equipe para a temporada, o treinador ou supervisor devem informar ao dirigente ou patrocinador uma lista de jogadores desejados com seus possíveis valores financeiros, relacionando-os ao objetivo esportivo final. É importante, neste momento, indicar os valores de jogadores, talvez por sua posição, ou um número de jogadores relacionados e o valor total necessários para se chegar a uma meta estipulada, seja ela mais ousada, como títulos ou principais colocações nos principais torneios; medianas, como classificação para um *playoff* ou uma boa posição no campeonato; ou mais modestas, como fugir de um rebaixamento ou participação sem resultados expressivos. A clareza sobre os valores dos jogadores no mercado e o impacto que eles poderão causar nas metas esportivas de uma equipe ou entidade esportiva será crucial para o entendimento do que pode ser vendido pela comissão técnica e o que pode ser recebido pelo patrocinador e/ou dirigentes.

Independentemente do objetivo final, a correlação entre o orçamento e os objetivos esportivos será o início da formação de uma equipe e somente após decifrar a fórmula ideal para o projeto deve-se passar para o próximo tópico, que deve ser a escolha dos jogadores.

## Perfil dos jogadores *versus* perfil do treinador

A correlação entre os perfis dos jogadores e do treinador é importante para se atingir os objetivos esportivos. O perfil do treinador deve ser considerado já na seleção dos jogadores para uma equipe. É importante ter cuidado para que, além da possibilidade de se ter um orçamento alto recheado de jogadores, eles concordem com o que o treinador traz como filosofia de trabalho.

É claro que o treinador, no seu planejamento técnico e tático, deve se moldar aos seus jogadores e suas características peculiares para buscar tirar o melhor de cada um dentro da equipe, mas, sem dúvida, se ele conseguir reunir jogadores cujas habilidades são correspondentes à sua crença, aumentam-se as chances de sucesso. Com as diversas filosofias de trabalho existentes, cada treinador possui uma ideia dos tipos de jogadores que gostaria de ter para implementar sua teoria do jogo. Questões físicas, técnicas, táticas e comportamentais devem ser analisadas nas escolhas desses jogadores. Quanto menos essas questões são observadas, mais o treinador terá que ceder em sua crença esportiva, mais ajustes no planejamento técnico/tático original serão necessários e mais ele terá que se moldar para criar novas estratégias para atingir um objetivo final. As dificuldades decorrentes de uma correlação ruim podem ser exemplificadas por filosofias que priorizam capacidades defensivas e velocidade no jogo de transição e acabam contratando jogadores sem capacidades atléticas para desenvolver esse tipo de jogo; uma equipe que centraliza sua ofensiva em situações de *pick and roll* e perde seu principal jogador capaz de executar essas ações sem conseguir substituí-lo; ou, ainda, nas escolhas de jogadores com desvios de conduta (maior frequência nas escolhas de jogadores estrangeiros) que trazem ganhos técnicos, táticos e/ou físicos, mas atrapalham o ambiente de trabalho e o bom relacionamento do grupo no dia a dia e/ou em situações de competição.

Outro ponto importante a ser considerado é o caso de entidades esportivas que têm objetivos primários na relação orçamento *versus* meta esportiva. Equipes com objetivo de revelar atletas da sua base devem buscar contratar jogadores que se moldem a esse plano e complementem ou ajudem no desenvolvimento do projeto. Alguns pontos devem ser analisados antes da contratação dos jogadores, como o protagonismo dos jovens na equipe (se serão protagonistas ou coadjuvantes) e as posições que se quer revelar. Independentemente da condição do jogador, dificilmente é possível revelar jogadores quando há muitos na mesma posição. Então, na montagem da equipe, será importante a composição com peças que se complementarão somadas aos jogadores que se quer revelar. No caso de se desejar o protagonismo de um jovem talento, sugere-se ter em sua posição algum jogador que possa trazer benefícios táticos e técnicos diferentes do que o jogador a ser revelado possa trazer, tendo o objetivo de dar o fôlego necessário para seu amadurecimento sem o conflito do peso que a experiência do veterano pode gerar na disputa pela posição. Por outro lado, no caso de uma decisão de revelar o jovem talento como coadjuvante, deve-se buscar um jogador de destaque em sua posição com características táticas e técnicas semelhantes às suas, tendo como objetivos o desenvolvimento e o amadurecimento de suas aptidões aliados à experiência que o veterano possa trazer.

Assim, o casamento entre a filosofia de trabalho do treinador e o tipo de jogadores buscados será importantíssimo para o desenvolvimento do trabalho e o sucesso dos objetivos esportivos propostos. Após a definição do orçamento e as escolhas dos perfis para o projeto, inicia-se o processo de contratação, ponto em que é importante discutir o tópico da ligação entre os jogadores contratados.

## Seleção *versus* ligação entre jogadores

Após o alinhamento dos objetivos primários e/ou esportivos de uma equipe e a criação de uma lista de possíveis jogadores para o orçamento disponível, inicia-se o período de contratações. Nele, será importante observar as diferenças e semelhanças entre jogadores da mesma posição, as conexões entre posições diferentes e, principalmente, os valores investidos por posição e/ou jogador.

Tendo o conhecimento dos valores disponíveis, o primeiro passo é o processo da montagem da "espinha dorsal" da equipe, quando possivelmente serão selecionados os jogadores ou posições que serão protagonistas no trabalho da equipe. Vale ressaltar que o número de jogadores principais muitas vezes dependerá do orçamento da equipe, mas, independentemente disso, a "espinha dorsal" de uma equipe é composta por dois ou três jogadores responsáveis pela forma que a equipe jogará e pela filosofia de jogo a ser apresentada. Esses principais jogadores têm como características o grande volume de ações que podem trazer para o jogo. Jogadores com volume de pontos, armadores com grande capacidade de criação para o envolvimento das peças da equipe e pivôs dominantes no jogo interno são exemplos de perfis dos jogadores que são buscados para esse processo de recrutamento.

Nesse momento, muitos treinadores optam por priorizar um ou outro jogador, portanto pode ser uma lista com ordem de preferência independentemente da posição. Nesse caso, a negociação deve começar a partir do primeiro da lista até se alcançarem os objetivos desse primeiro processo. Outros treinadores buscam priorizar as posições de destaque na sua filosofia de trabalho, assim, a lista dos jogadores apresentada terá como objetivo selecionar inicialmente as posições pretendidas pelo treinador. Em ambos os casos, boa parte do orçamento será investido, sejam jogadores ou posições, com o objetivo de formação de um núcleo que concentrará as principais ações coletivas.

Após a conclusão desse processo, o próximo passo será a escolha dos jogadores de ligação ao redor desse grupo principal, sejam eles para as posições adjacentes e que possam ser conexões para o jogo dos principais jogadores e/ou posições, ou peças de mesma posição que possam complementar funções da filosofia de trabalho. Esse grupo de ligação é formado basicamente por cinco a oito jogadores, muitos deles com características específicas, como especialistas em rebotes, arremessadores, defensores etc. Quando o objetivo for conexões entre eles e os jogadores principais, serão buscados atletas de diferentes posições e que complementem ou sirvam às principais ações do núcleo principal. Assim, sugerem-se:

- Bons bloqueadores para os arremessadores.
- Pivôs especialistas no *pick and roll* para armadores que criem suas principais ações a partir desse fundamento.
- Alas-pivôs que joguem de frente para a cesta para pivôs que dominem o jogo de garrafão.
- Arremessadores que complementem jogadores com capacidades de infiltração em situações de 1×1.

Outros jogadores que serão adicionados são os da mesma posição dos já escolhidos para o núcleo principal e para o segundo grupo, de ligação. A principal característica desse grupo seria trazer ações semelhantes ou diferentes que complementem os grupos anteriores.

As diferenças devem focar ações em que os jogadores anteriores não sejam tão eficientes, mas que são importantes para situações do jogo, assim como o desmembramento das rotações dos atletas durante uma partida. Muitos desses jogadores são especialistas defensivos e/ou trarão um embate físico diferente para a partida. Armadores que defenderão a quadra inteira, forçando erros ou desgaste do adversário, laterais que defenderão as principais armas da equipe adversária, assim como pivôs que possam defender jogadores menores ou que defendam situações de *pick and roll* de maneiras diferentes são exemplos de complementos técnicos dentro da mesma posição. Outras diferenças possíveis se referem à técnica individual dos jogadores. Nesse caso, seriam analisados os pontos fortes de um jogador e buscadas características diferentes nos seus complementares de mesma posição. Por exemplo, quando a equipe tem jogadores com características de infiltradores, seu complemento pode ser um especialista em arremessos, ou quando há na equipe jogadores que tenham volume com a bola na mão pode-se optar por jogadores que os complementem fazendo um bom trabalho sem a posse da bola.

Um outro tipo de complementação pode ser feita com jogadores similares e que trarão benefícios parecidos dentro da mesma posição. Muitas vezes, a opção por essas escolhas seria priorizar filosofias de trabalho para as quais as características da posição são mais importantes que as individualidades de um jogador. Perfis táticos cujas características ofensivas sejam buscar finalizações de arremessadores possivelmente buscarão jogadores similares para a posição, assim como perfis táticos defensivos podem buscar jogadores similares para os objetivos defensivos propostos. Também deve-se optar pelas similaridades dentro da mesma posição quando o objetivo for desenvolver jovens talentos e são selecionados jogadores com as mesmas características do jogador a ser desenvolvido para, assim, otimizar suas potencialidades.

Finalizando a formação da equipe, também é usual ter um grupo de prospectos cujo objetivo seria buscar jovens talentos, muitas vezes da própria base, que podem ou não participar da rotação da equipe durante os jogos, mas terão papel importante nos treinamentos do grupo. O número de jogadores desse grupo depende do número de jogadores que o treinador opta para a execução dos treinamentos da equipe, costumando ser entre dois e cinco prospectos de futuro.

Com isso, encerra-se o primeiro passo, de formação da equipe, com praticamente todos os jogadores contratados (algumas equipes optam por acrescentar jogadores, principalmente estrangeiros, durante a temporada), e se passa ao próximo passo de planejamento tático e técnico do que será executado durante a temporada, o momento ideal de reflexão e exposição de ideias entre o treinador e os membros da comissão técnica e/ou comissão multidisciplinar.

## PLANEJAMENTO TÉCNICO/TÁTICO

O planejamento técnico/tático engloba a formulação das ações a serem desenvolvidas durante a temporada e posteriormente repassadas aos jogadores durante a execução delas, visando ao alinhamento das ideias e do perfil dos jogadores contratados na tentativa de minimizar erros e otimizar o programa que será desenvolvido.

É importante ressaltar que as ações físicas e o planejamento pelo preparador físico será um ponto muito importante e a interação com as ações técnicas e táticas do treinador é crucial para o bom desenvolvimento do plano de ações.

### Planejamento físico *versus* perfil técnico dos jogadores

O treinamento físico é importante no basquetebol, por ser este um esporte de característica intermitente. Os atletas devem apresentar um alto nível de desempenho em diversas capacidades físicas, como força, resistência, agilidade, velocidade, potência, coordenação motora e flexibilidade. Com isso, o planejamento físico torna-se uma ferramenta fundamental para o processo. Denomina-se periodização a manipulação das variáveis do treinamento.

A periodização do treinamento pode ser entendida como uma forma de organizar o tempo disponível para atingir um determinado nível de condicionamento. A partir dessa organização, os objetivos traçados devem ser alcançados caso o planejamento tenha sido feito de maneira adequada. Para isso, as sessões de treinamento são divididas em fases ou períodos para um melhor aproveitamento.

A parte mais abrangente é denominada macrociclo, composta por meses de trabalho, que consiste em uma etapa completa do planejamento. Dentro do macrociclo, aparecem os mesociclos, que são ciclos menores dentro do processo. Com eles, tem-se um melhor controle do programa de treinamento, pois a sua utilização permite sistematizar a preparação de acordo com a tarefa principal do período.

Os mesociclos mais usados são os de 4 semanas. Um microciclo, por sua vez, tem a duração de alguns dias, geralmente 1 semana, e nele são realizadas atividades específicas de cada fase do treinamento (Tabela 1).

**TABELA 1**  Modelo de estrutura de macrociclo

| Macrociclo (período) | 1 | | | | | | | | | | | | | | | |
|---|---|---|---|---|---|---|---|---|---|---|---|---|---|---|---|---|
| Mesociclo (meses) | A | | | | B | | | | C | | | | D | | | |
| Microciclos (semanas) | 1 | 2 | 3 | 4 | 1 | 2 | 3 | 4 | 1 | 2 | 3 | 4 | 1 | 2 | 3 | 4 |

Adaptada de Platonov VN. Tratado geral de treinamento desportivo. São Paulo: Phorte; 2008.

O principal objetivo desse planejamento é fazer com que o atleta atinja um alto nível de desempenho em determinada circunstância, especialmente durante a principal competição do ano, com uma boa forma atlética.

Para uma correta preparação física, é de fundamental importância que os atletas sejam submetidos a avaliações periódicas, que servem de diretriz para a prescrição do treinamento físico, bem como para fornecer à comissão técnica um perfil dos jogadores em datas específicas da competição e da preparação, determinar as estratégias de jogo com o grupo e obter o máximo de cada atleta em sua função, uma vez que a condição física afeta diretamente o desempenho técnico.

Existem algumas razões pelas quais se usa a periodização no desenvolvimento da força específica do desporto do atleta, entre elas:

▸  Coordenar estrategicamente a regeneração, usando estratégias para dissipar a fadiga acumulada, reduzindo assim o risco de *overtraining* e potencializando a supercompensação.

Formação e planejamento técnico/tático de uma equipe profissional **101**

▶ Variar o estímulo de treino ao longo do tempo, pois por meio da periodização os ganhos em relação à força serão maiores e ocorrerão de forma mais rápida do que se fosse feito com a intensidade constante, simultaneamente ao treino convencional.

Quatro etapas integram a periodização do desenvolvimento da força:

▶ Adaptação anatômica.
▶ Hipertrofia.
▶ Força máxima.
▶ Potência.

Além dessas etapas, podem ser acrescentadas a manutenção da força e a resistência geral ou específica. Outro aspecto importante para a preparação física de uma equipe de basquetebol são os treinos físicos de quadra, aqui chamados de coordenativos/de velocidade, que são semelhantes às ações dos atletas em situações de jogo. Quase sempre eles são realizados em forma de treinamento em circuito, com o tempo de execução determinado pelo entendimento ou pela configuração do treinamento de cada preparador físico. Assim, os exercícios coordenativos/de velocidade podem ser aplicados em diversas ocasiões da preparação física e também desenvolvidos junto ao treino de fundamentos específicos (técnico), e ainda nas situações táticas. É importante salientar que cada jogador tem sua demanda física e sua individualidade de acordo com a posição atuante.

Alguns números podem balizar o treinamento físico da modalidade. Sabe-se, por exemplo, que, em média, os jogadores percorrem cerca de 5,55 km durante uma partida de alto nível profissional, com alguma variabilidade a depender da posição e da função do jogador em quadra.

Com base em dados como esse, cabe ao preparador físico selecionar o melhor modelo de planejamento para extrair o máximo de rendimento de cada jogador em sua posição específica. É uma tarefa desafiadora, pois cada jogador tem sua particularidade – uns são mais resistentes, outros são mais rápidos e ágeis, mais fortes e explosivos. O planejamento individual nesse caso tende a ser de extrema importância. Em muitos casos, em uma equipe, existem dois ou mais jogadores da mesma posição com perfil técnico diferente, como um armador com perfil de força e explosivo e outro com perfil mais técnico e resistente. É preciso reconhecer a melhor maneira de trabalhar com essas diferentes particularidades dos jogadores e se é possível transformar o jogador de característica técnica em explosivo ou frear o jogador explosivo para ser mais técnico. Com base em diversas experimentações práticas, pode-se afirmar que dificilmente se consegue modificar o perfil técnico de cada jogador, pois cada pessoa tem sua particularidade física e energética. Assim, é mais viável demonstrar ao atleta qual seu papel na equipe e explorar seu perfil em prol do grupo, minimizando-se as questões individuais.

Em relação à preparação física para diferentes perfis técnicos, cabe uma periodização específica, pensando-se sempre na individualidade biológica de cada jogador e buscando-se extrair o máximo de cada atleta dentro de quadra. Essa periodização é previamente planejada junto da comissão técnica para que sejam estabelecidos os principais períodos competitivos e objetivos da equipe em determinado período ou competição.

## Características dos jogadores *versus* especificidades táticas

As características dos jogadores serão sempre o fator determinante no desenvolvimento das projeções táticas em uma equipe. Os conceitos de jogo são universais e podem ser vistos em diversas equipes de diversos níveis, os sistemas ofensivos ou defensivos atualmente são difundidos pelo basquete globalizado e estão disponíveis com facilidade para qualquer treinador com interesse em buscar material para acrescentar à sua equipe, mas para que o efeito desejado esteja de acordo com o que será proposto e, consequentemente, para uma boa execução das ações implementadas, o indivíduo e suas capacidades devem ser sempre vistos como o ponto de partida.

Independentemente de os jogadores terem sido escolhidos de acordo com um perfil físico e técnico proposto e coerente com a filosofia do treinador ou se eles não tiverem sido escolhidos ou não tiverem as aptidões iniciais pertinentes a essa filosofia, o primeiro passo será desenvolver as principais ações táticas em relação às individualidades e conectar essas individualidades às posições dos jogadores.

Para um bom planejamento das especificidades táticas coerentes com as características dos jogadores, o bom entendimento das peculiaridades individuais técnicas e táticas será crucial para as boas execuções buscadas. As peculiaridades técnicas seriam as capacidades individuais do jogador, seus pontos fortes e fracos, características e limitações, enquanto as peculiaridades táticas seriam as capacidades coletivas do jogador, nas quais suas características técnicas possam levar vantagens em um âmbito coletivo e seus pontos fortes possam ser otimizados.

O perfil técnico está muitas vezes atrelado a sua posição de origem. Ao analisar ofensivamente a equipe, pode-se ter, por exemplo, armadores finalizadores ou criadores, laterais arremessadores ou infiltradores e pivôs arremessadores ou que joguem de costas para a cesta. O perfil tático, por sua vez, deve colocar as principais características do jogador em ações táticas, visando deixá-lo nas melhores condições técnicas de desenvolver seu jogo. Enquanto o perfil técnico, na grande maioria das vezes, é fácil de ser caracterizado e levantado no momento de uma contratação, o perfil tático merece mais estudo e levantamento de dados para se encontrar as principais ações que beneficiem seu jogo. Muitas vezes, nesse momento, os treinadores recolhem diretamente dos jogadores, por meio de questionários ou conversas informais, as informações necessárias para saber quais são as ações para poder montar um plano tático de jogo. A quantidade de informações recolhida e/ou passada para o jogador dependerá exclusivamente do treinador e do que ele achar certo ou importante obter. Entre os pontos fortes, pode-se analisar situações em que o jogador acredita ter melhor aproveitamento em um arremesso, uma melhor situação de 1×1. Nos seus pontos fracos, pode-se focar, por exemplo, nas melhores ou piores maneiras de se defender um *pick and roll*. Sugere-se abranger sistemas ofensivos ou defensivos preferidos pelos jogadores em outras equipes, suas ações ofensivas principais, tudo com o intuito de ser recolhido e analisado. A quantidade dessas informações a ser colocada na filosofia do treinador também dependerá do que ele acredita ser importante para o bom desenvolvimento do seu trabalho.

Após ter conhecimento das melhores aptidões táticas individuais, é o momento de ligar todas as informações em um plano tático de jogo com sistemas ofensivos e defensivos montados em cima das qualidades técnicas e táticas de cada jogador entrelaçadas entre eles e respeitando--se a filosofia de trabalho do treinador. Sobre isso, é importante ressaltar que cada treinador pode acreditar em uma filosofia, repassando seus conceitos e regras, e estes irão nortear sempre o planejamento tático. O recolhimento de informações, o compartilhamento de dados ou ideias e a abertura dada ao que o jogador pensa não darão mais controle para o jogador ou menos poder para o treinador, mas poderá criar laços de confiança entre as partes, pois assim os jogadores se sentirão parte importante do projeto e o treinador demonstrará buscar entender o que se passa na cabeça de seus comandados, facilitando o processo de introdução da filosofia que será implementada e até aumentando o senso de responsabilidade comum. Como os pontos fortes de cada um foram analisados e levantados por eles mesmos e terão peso na montagem do plano de ações e no esquema tático, subentende-se que os pontos fracos também foram observados, então a noção do que é certo ou errado fazer torna-se mais clara nas tomadas de decisão de ambos.

Nesse processo de formação tática, será importante cruzar as melhores aptidões com as posições dos jogadores. Esse cruzamento é crucial independentemente do nível da equipe, tanto em equipes que contam com jogadores importantes em todas as posições quanto em equipes mais modestas, com menos qualidade individual ou que dependam de posições específicas. O elo entre as posições será crucial para a tentativa de potencializar as individualidades dos jogadores e o envolvimento tático entre eles em diversas situações, como:

▶ Encontrar uma melhor maneira de defender um *pick and roll* sabendo que o pivô do perímetro tem dificuldade de sair do contato e o pivô interno tem facilidade de deslocamento, ou o contrário.

▶ Pensando ofensivamente na mesma ação, como colocar o pivô não envolvido na situação de *pick and roll* em situação de jogo, sendo ele um pivô arremessador ou quando não possui arremesso regular.

▶ Como colocar um pivô dominante no poste baixo em ação e deixar os externos em boas condições, ou como usar um pivô com pouco volume ofensivo para criar oportunidades para outros jogadores pontuarem.

Quais as melhores defesas por zona de acordo com os jogadores da equipe ou aqueles que estejam na quadra em certos momentos.

Essas e outras inúmeras questões devem ser levantadas buscando-se envolver as qualidades individuais e/ou esconder os problemas técnicos de um ou mais jogadores. Ao se analisar e achar os elos entre as posições, passa-se ao próximo tópico, que é a criação de um sistema ofensivo e um sistema defensivo coerentes.

## Sistema ofensivo *versus* sistema defensivo

O conhecimento das principais ações individuais e de como relacionar as qualidades dentro das posições e entre elas é um auxílio importante para o momento da criação dos sistemas ofensivo e defensivo que serão usados pela equipe na temporada. No período de treinamento e execução do planejamento da temporada, a escolha entre começar pelo desenvolvimento do sistema ofensivo ou do defensivo é de ordem pessoal. Há treinadores que optam por construir o sistema ofensivo antes do defensivo, outros que preferem começar pelo sistema defensivo e alguns, ainda, que constroem paralelamente ao ir municiando os atletas com informações de ambos. Não há uma maneira certa ou errada, ou uma ordem cronológica ideal de repassar um ou outro sistema, mas pode-se afirmar que é necessário que a clareza das regras e conceitos siga uma mesma linha em ambos, pois, independentemente da ordem em que serão repassados, o confronto entre o ataque e a defesa durante os treinamentos será crucial para a evolução do que será proposto.

Ao optar-se por começar por um ou outro sistema, costuma-se ter as regras e os conceitos definidos, mas visar uma vantagem inicial ou uma clareza maior de um sistema pode guiar a opção pelo sistema a ser trabalhado inicialmente. Muitos treinadores, ao optar por passar paralelamente ataque e defesa, cumprem o objetivo de buscar um confronto sadio entre os sistemas desde o início da preparação. Nenhuma das decisões fará uma equipe defender mais ou menos, ou ter melhor ou pior ataque, pois tudo dependerá do tempo de trabalho para as competições e do macrociclo da temporada. Em seleções, por exemplo, muitas vezes o tempo de preparação é menor, visando apenas um torneio-alvo. Nesse caso, sugere-se passar as informações paralelamente, visando esse confronto entre os sistemas, o que pode tornar mais fácil o diagnóstico de futuros problemas desde cedo. Assim, é possível ter em curto prazo uma equipe que, mesmo com menos informações, será mais sólida e regular ofensiva e defensivamente. A opção por separar a ordem de apresentação dos sistemas, por outro lado, poderia ser benéfica no longo prazo, pois um maior tempo dedicado exclusivamente a um setor pode representar também maior embasamento e clareza do que é pedido na filosofia do treinador.

Independentemente de como tudo será trabalhado, quando cada sistema será abordado e, principalmente, como a equipe se portará durante o período de treinamentos e competições devem ser aspectos avaliados, analisados e colocados em pauta nos mesociclos dos diferentes momentos da temporada. A teoria sobre o momento e a maneira ideais de abordar cada sistema não é o enfoque deste capítulo. Assim, será detalhada a visão puramente tática de quando, durante a temporada, cada peça do quebra-cabeça será colocada.

Em competições com seleções ou torneios pontuais nas quais o tempo de preparação é menor, dificilmente haverá a possibilidade de "guardar" informações para uma fase aguda da competição, como cruzamentos olímpicos ou fase final. Nesse caso, todo o sistema tático costuma ser estudado no período de treinamento, podendo-se até "esconder" alguma tática específica para a fase final, mas sempre abordando-a durante os treinamentos.

O conhecimento dos jogadores e de seu papel na equipe será crucial para a assertividade dos diversos papéis que serão dados aos jogadores. Esses papéis devem ser traçados mais no planejamento e menos durante a execução ou a competição, pois o tempo de reparos no esquema tático será menor caso alguma peça importante não consiga desenvolver o que foi proposto ou algum jogador se destaque mais do que inicialmente era programado. Nesse caso, uma filosofia tática/técnica justa e a assertividade das funções dos jogadores em amistosos ou torneios preparatórios serão fundamentais para se atingir o ápice precoce. Em equipes com temporadas "cheias", que podem durar normalmente 4 a 10 meses, o início do processo também terá importância para seu desenvolvimento e sua conclusão. Em ambas as formas de preparação, deve-se prevenir para que não ocorram dois possíveis problemas iniciais recorrentes, o entrave tático e o enriquecimento técnico de uma equipe. São tópicos importantes e aspectos que podem inibir o crescimento de uma equipe no início de sua preparação.

## Entrave tático

Entrave tático refere-se a um conhecimento não perfeito da parte tática, bastante comum no início de uma competição, quando os jogadores estão se acostumando com a maneira de explorar seus recursos individuais ofensivos ou defensivos dentro de um esquema tático. Nesse ponto, a máxima "treino é treino e jogo é jogo" é uma verdade, pois os jogadores só terão domínio das percepções táticas jogando. Assim, é correto afirmar que o treino mostrará ao jogador o caminho tático correto, mas o jogo dará os atalhos para ele poder chegar na frente.

A realizações de amistosos e/ou competições preparatórias, portanto, além de dar essa condição de fluidez tática, também será importante nas correções e nos ajustes que podem ser necessários para se chegar bem à competição-alvo. Em temporadas consideradas "cheias", em que muitas vezes o objetivo principal está no final da temporada, jogar muito no início da preparação talvez não seja fundamental. Para esse tipo de preparação, é possível que as equipes vão "pegando corpo" durante a competição, sendo que muitos amistosos e/ou torneios preparatórios podem até atrapalhar sua chegada ao auge na fase aguda da competição, que seriam os *play-offs* e as fases finais. O planejamento físico, técnico e tático será crucial para que a equipe chegue a esse período em ascensão, juntamente com outro fator crucial dentro dessa perspectiva, que é a condição mental. Isso decorre do fato de que temporadas longas cujos torneios preparatórios já provocam um grande desgaste podem gerar uma "estafa mental" que pode acarretar desequilíbrio e consequentemente afetar o planejamento final. Assim, o ponto de vista mental deve ser analisado e será ponto-chave ao se montar os mesociclos da temporada e os objetivos finais de cada equipe. Análises diárias feitas a partir de avaliações subjetivas de percepção, como as muito usadas percepção subjetiva de esforço (PSE) e percepção subjetiva de recuperação (PSR), ajudarão a entender como estão os jogadores no momento específico da temporada tanto física quanto mentalmente e a perceber, muitas vezes, quando um deles pode estar interferindo no outro. Mesmo sendo testes subjetivos e que dependem de uma real capacidade de análise própria e até da honestidade do jogador, eles podem dar um direcionamento coletivo de quando acelerar treinamentos, pois os jogadores estão mais receptivos a conhecimento tático, ou quando pisar no freio nos treinamentos, pois o conhecimento tático poderá não ser tão bem assimilado pelo desgaste físico e/ou mental. O descanso, as folgas e o nível de esforço imposto programados para cada treinamento (seja leve, moderado ou intenso) será crucial para que a equipe realize seu objetivo de chegar a um determinado momento em seu auge. É importante ter clareza de que o crescimento linear da equipe está ligado a desenvolvimento × recuperação bem como a esforço × qualidade durante os treinamentos.

Quando crescer de produção, qual objetivo final almejar e como alcançar o auge para esse objetivo serão aspectos norteadores e influenciarão a escolha inicial do número de amistosos e/ou da importância dos torneios extras na temporada de cada equipe, pois para muitas delas é possível se preparar antecipadamente para atingir esse auge. Equipes com objetivos envolvendo melhores resultados ou até que lutarão contra um rebaixamento nos torneios extras (p. ex., estaduais) tendem a se preparar para buscar esse auge antes das demais, enquanto as outras ainda estão abaixo de suas qualidades. Nesse caso, o objetivo seria buscar um equilíbrio técnica e taticamente e conseguir vitórias na fase final dos torneios extras e/ou no início das competições principais que poderão dar fôlego, por exemplo, contra um rebaixamento. Equipes com objetivos mais arrojados e que consequentemente buscam atingir o auge na fase final da competição principal devem se preocupar com o desgaste que os torneios preparatórios podem trazer para o grupo e como equilibrar o desenvolvimento da equipe visando ao objetivo final com as expectativas nos torneios de transição. Há muitas equipes que são montadas visando-se a títulos que não apenas aquele ao final da preparação ou ainda visando a participação em torneios internacionais que terminam antes como objetivo principal. Em qualquer um dos casos citados ou outras possibilidades, um macrociclo justo e o controle do desgaste mental que a temporada proporciona serão cruciais para se manter o nível da equipe durante a temporada.

É importante, no começo de uma preparação, tentar resolver o problema do entrave tático inicial. Sabe-se que este deve ser proporcional ao tempo de preparação, aos objetivos finais e aos jogos preparató-

Formação e planejamento técnico/tático de uma equipe profissional **109**

rios, assim cada equipe buscará a melhor maneira de tentar, no tempo certo, alcançar a fluidez tática para o desenvolvimento do grupo.

## Enrijecimento técnico

O chamado enrijecimento técnico pode ocorrer tanto no início da preparação quanto durante ou até no final de uma temporada. Sua ocorrência é consequência, inicialmente, das mesmas razões do entrave tático, sendo que por não terem um conhecimento seguro do que é pedido taticamente em sua equipe os jogadores podem ter dificuldades de impor suas habilidades ou se limitar tecnicamente dentro dos sistemas propostos. Esse problema pode se tornar grave, pois, diferentemente do entrave tático, pode ocorrer em diversas fases da preparação ou, às vezes, da carreira de um jogador.

Tanto a insegurança quanto a comodidade podem fazer os jogadores se limitarem tecnicamente, mas muitas vezes o planejamento tático pode causar esse impacto nas ações que serão apresentadas individualmente ou até coletivamente durante a temporada. Ao se analisar a formatação do planejamento tático, o conhecimento das habilidades técnicas dos jogadores será crucial para que se possa obter o máximo de cada um individualmente. Além disso, o desenvolvimento dos jogadores nos treinamentos será fundamental para que suas percepções de ações técnicas se reflitam nas capacidades exploradas no jogo. Muitas ações podem ser incorporadas aos treinamentos, mas seu reflexo no jogo só acontecerá se o jogador tiver segurança ou liberdade para executá-las.

Outro problema que pode acontecer são as "rebeldias técnicas", quando os jogadores insatisfeitos com o papel desempenhado e/ou interessados em uma função maior dentro da equipe executam ações fora de sua zona de controle ou do que foi programado para o momento proposto. A tendência é que a "rebeldia técnica" seja muito menos maléfica do que o enrijecimento técnico, mesmo que não seja esta a impressão inicial nem do ponto de vista da autoridade. Tratam-se de ações claras que começam a ser realizadas por poucos (momento ideal para sua correção) e acontecem esporadicamente, geralmente fáceis de detectar e, posteriormente, controlar e reparar. O enrijecimento técnico, por sua vez, pode ser nebuloso, pois é caracterizado por uma falta de ação e, por isso, nem sempre é visualizado ou percebido no momento em que ocorre, podendo causar perdas que talvez não possam ser controladas ou reparadas. Assim, o enrijecimento técnico pode ser um problema ainda mais grave no desenvolvimento da temporada, pois a falta de segurança pode ser normal no início da temporada por causa da falta de conhecimento do que está sendo proposto ou do que é esperado pelos outros jogadores ou pelo técnico, enquanto as perdas diárias de possibilidades e projeções técnicas farão muita diferença na efetividade dos sistemas e podem alterar o resultado dos objetivos finais dependendo de como os jogadores chegarão no momento-chave projetado para a temporada.

O enrijecimento técnico também pode acontecer quando jogadores são contratados para serem especialistas em ações programadas dentro de uma filosofia de jogo. Nesse caso, naturalmente irá acontecer uma limitação técnica imposta por um plano de ação tático, então o enrijecimento já estaria programado pelo treinador, sendo importante que esse objetivo seja apresentado e definido para o jogador – os jogadores devem estar cientes do caminho que estão percorrendo, pois a especialização pode ser determinante na maneira como serão vistos posteriormente no mercado e no papel que desempenharão em suas futuras equipes. Não há problema na contratação de especialistas se esse aspecto é considerado na formação da equipe e na escolha dos perfis de jogadores; no entanto, pode-se gerar um problema ao contratar jogadores esperando certas qualidades ou funções e, por meio de um sistema tático ou mesmo durante os treinamentos, limitá-los à condição de especialistas. É o que ocorre quando jogadores antes explorados em diversas possibilidades técnicas em uma equipe ao se mudarem para outra equipe perdem essa condição de explorar suas habilidades, deixando-se de explorar suas capacidades técnicas na formação da equipe e nas especificidades técnicas buscadas e esperando-se outras aptidões desses jogadores. Casos assim são decorrentes principalmente de um sistema em que a balança pesa mais para as questões táticas do que para as habilidades técnicas – em várias equipes, esse peso já seria programado e isso faz parte da filosofia de trabalho do treinador –, mas também existem equipes em que o peso está voltado mais para a condição técnica do jogador. Nesses dois casos, filosofias ricas de informações táticas sofrem a tendência de serem mais enrijecidas tecnicamente, enquanto equipes com filosofias ricas tecnicamente dependem mais da qualidade dos jogadores do que de explorar um âmbito tático.

São exemplos marcantes dessas diferentes filosofias no basquete-bol mundial o San Antonio Spurs e o Golden State Warriors, talvez as duas melhores escolas em cada um desses segmentos: enquanto os Spurs apresentam variações táticas importantes principalmente no jogo de *pick and roll*, os Warriors criam mais variações técnicas dentro do jogo. Isso não determina que os Spurs tenham inúmeros movimentos ofensivos e os Warriors, poucos; que os Spurs não tenham jogadores dominantes e os Warriors não tenham jogadores especialistas; ou, pior ainda, que a primeira equipe seja pobre tecnicamente e a segunda, pobre taticamente. Destaca-se aqui a importância de um fator sobre o outro em cada filoso-fia, pois enquanto os Spurs exploram suas individualidades dentro de uma condição tática favorável, os Warriors tentam explorar sua tática co-letiva a partir de suas habilidades técnicas individuais. Em ambos os ca-sos, a formação da equipe está voltada para isso e os sistemas são criados visualizando-se tais projeções e os jogadores já esperam que isso ocorra. Provavelmente, haveria um problema se esses três elementos (formação da equipe, sistemas projetados e expectativa do jogador) não estivessem alinhados ou não houvesse estratégias para que isso acontecesse.

Portanto, a visão do que se espera de cada jogador projetada em cima de um sistema com clareza dos pesos técnicos e táticos que cada um deles tem será de fundamental importância para que cada siste-ma explorado, os objetivos propostos e as características individuais e/ou táticas cresçam e se desenvolvam durante a temporada para que a equipe atinja o ápice no momento escolhido pela meta esportiva estabelecida.

Além dos problemas de entrave tático, mais comuns no início da temporada, e do enrijecimento técnico, que pode se arrastar por toda a temporada, outros problemas podem surgir, como a subordinação téc-nica, com a temporada em andamento. É importante compreender as possíveis soluções para que tais problemas possam ser diagnosticados durante ou até antes mesmo que possam ocorrer, fortalecendo o plane-jamento que será seguido e dando segurança no seu desenvolvimento.

## Subordinação técnica

Subordinação é definida como ato ou ação de se submeter a algo ou alguma coisa e se tornar dependente dela. Portanto, a subordinação técnica ocorre quando a parte técnica se torna submissa tendo a tática como hierarquicamente superior e deixa de tomar decisões, como em uma obediência involuntária. É o contrário do que normalmente deveria acontecer, pois a parte tática deve facilitar o trabalho das qualidades técnicas dos jogadores.

Em algum momento na preparação da temporada, é comum acontecer de os jogadores pensarem de modo inverso e apostarem no plano em vez das ações. Esses jogadores passam a acreditar que o esquema tático seria a solução dos problemas da equipe, e não as diversas ações técnicas que, juntas, dentro do plano sugerido, farão a diferença. Sabe-se, no entanto, que não será uma defesa *match up* com regras claras e ideal para o tipo de jogadores da equipe ou uma jogada perfeita desenhada na prancheta o motivo do sucesso, mas, sim, os jogadores que utilizarão suas aptidões e saberão usufruir daquilo que foi apresentado. Os treinadores têm papel fundamental nessa manifestação ou ocultação da técnica individual e coletiva e devem condicionar o *timing* ideal em que elas devem ocorrer no plano de ação. Por isso, devem buscar ferramentas para que desvios como a subordinação técnica não sejam um problema a ser enfrentado na temporada.

## 5W1H

Uma forma prática de direcionar um plano de ação e organizar uma sequência que alie a parte técnica a uma projeção tática seria com o uso da sigla 5W1H, técnica que pode dar a consistência necessária não só para pensar e desenvolver o plano, mas principalmente para colocá-lo em ação. Essa expressão, muito usada no meio empresarial, é originária de seis palavras em inglês – *what* (o que), *when* (quando), *who* (quem), *why* (por que), *where* (onde) e *how* (como) – e parte do princípio de deixar claro tudo o que está sendo executado, quem deve ser o responsável, onde desenvolver, quando e por que será feito.

O treinador sempre será considerado um administrador de pessoas, que planejará os rumos, as metas e as estratégias. Para ser um bom administrador, ele deve principalmente pesar as ações e mantê-las em seu devido curso, pois a vantagem não está em ter apenas um bom planejamento ou um jogador com boas qualidades, mas sim em como tudo será desenvolvido e colocado em prática.

Formação e planejamento técnico/tático de uma equipe profissional **113**

A seguir, detalha-se a importância de cada um dos seis aspectos da técnica 5W1H:

‣ O quê (*what*): como já foi dito, a parte tática oferecerá o caminho a ser percorrido, mas as qualidades técnicas percorrerão esse caminho. Por isso, é necessário ter cuidado para não deixar que os jogadores acreditem que somente serem colocados nos trilhos seja o sinal do caminho certo, nem, por outro lado, que devam sair dos trilhos para achar seu próprio caminho. Deve-se, portanto, fazer entender que a qualidade técnica individual de cada um trará o sucesso ou o fracasso de um plano tático. É crucial que treinador e jogadores coloquem todas as possibilidades na mesa para permitir a evolução dos planos técnico e tático. Do ponto de vista técnico, os jogadores podem evoluir durante a temporada em fundamentos ou ações não antes exploradas, e isso pode abrir um leque de opções táticas não antes notadas. Para que essas qualidades ou possibilidades tornem-se claras para jogadores e/ou técnico, a prática deve ser direcionada aos fundamentos para trazer a confiança e/ou o desenvolvimento dos recursos pessoais ali projetados. Aplica-se aqui o ditado popular que diz que "a prática leva à perfeição" e, mesmo que não se atinja essa perfeição, é inegável que ela pode trazer resultados mais produtivos ao delimitar o plano de ação de forma correta ou talvez até expandir possibilidades. Independentemente do que seja vislumbrado, a prática dos fundamentos básicos e das individualidades dará consistência à estratégia e será o guia para os treinadores implementarem as ações, novas ou não, dentro da equipe. Para isso, o treinamento deve ser realizado de forma integrada, ou seja, não somente pensar e planejar, mas também desenvolver e colocar em prática. Somente assim os jogadores permanecerão nos trilhos, sem tornarem-se apenas passageiros, cômodos ou não com a situação, e visualizando os problemas ou soluções, além de seu papel no caminho previsto.

‣ Quando (*when*): é outro aspecto que deve ser considerado visando-se tanto a uma solução tática quanto a um momento técnico. Pensando-se sobre o tópico específico de subordinação técnica, o problema só pode ser resolvido na prática criando-se ambientes próximos às realidades que o jogo pedirá. Seria como um reflexo condicionado, ou seja, o jogador deve ter uma base de conhecimento a partir da qual pode enfrentar uma situação. Ele deve ter, portanto, condições de analisar e escolher a melhor solução para o momento desejado, ou seja, criar uma tática individual. Nesse ponto, o trabalho dos fundamentos básicos e individualidades seria aplicado ao âmbito coletivo e também às ações conjuntas. Individualmente, trata-se de buscar cada vez mais mostrar ou aumentar um repertório de ações possíveis dentro de um planejamento direcionando-se as possibilidades técnicas às condições táticas que o esquema oferece. Este momento também é um momento importante para que os jogadores tenham noção das peculiaridades dos outros jogadores e, em alguns casos, das preferências individuais nas ações finalizadas em grupo. Cada jogador deve buscar conhecer seus companheiros de equipe e saber como fazer com que ações coletivas otimizem seus recursos individuais, ou seja, criar técnicas coletivas. É necessário, portanto, criar ambientes tanto para que ocorra um envolvimento coletivo quanto para que os jogadores possam enfrentar problemas e buscar soluções e ajustes que serão importantes posteriormente, ao serem desafiados no jogo. O banco de dados individual de cada jogador pode ser medido por experiências próprias e anos de prática vividos em diversas situações e condições, e até certo ponto essas experiências individuais devem influenciar o envolvimento coletivo, pois serve como um auxílio para que as ações coletivas possam ser conectadas rapidamente. Assim, a partir da prática, das percepções e do confronto de ideias e talentos, os jogadores podem desenvolver técnicas coletivas utilizando suas táticas individuais.

▶ Quem (*who*): esse aspecto talvez seja um dos primeiros a serem pensados, pois começa a ser questionado logo na montagem da equipe, quando os papéis ou as especificidades técnicas serão alinhadas a um planejamento e um sistema de jogo. Colocar os jogadores certos para fazer as ações ideais é o desafio do treinador em busca de uma assertividade tática. Este "quem", no entanto, não está limitado apenas ao momento inicial de montagem da equipe, quando já se tem uma ideia do plano de jogo dela para a temporada. O desenvolvimento dos jogadores durante a temporada pode trazer novidades táticas. Alguns podem ganhar novas funções ou perder, caso não consigam render o esperado do que foi projetado inicialmente. Ao buscar alcançar o sistema tático ideal, com correções e melhorias, bem como entender quando ajustes ou modificações serão necessárias visando-se ao aprimoramento e ao desenvolvimento tático, o treinador sempre passará por essa pergunta.

Definir o "quem" norteará o caminho que será percorrido taticamente, sendo que os acertos e erros nesse aspecto serão fundamentais para o sucesso de um plano de jogo ideal.

- Por que (*why*): esse aspecto visa principalmente às questões táticas do jogo. Ter o entendimento de por que, taticamente, algo será feito, e principalmente repassar essa ideia aos jogadores serão atitudes cruciais para o sucesso do que será proposto. Quando se projeta algo taticamente, alinhar com os jogadores o motivo de uma ação a ser realizada é o primeiro passo para um bom desenvolvimento das propostas que serão introduzidas. Convencer os jogadores e fazê-los acreditar no que será desenvolvido fará a diferença no impacto de sua resposta. Quanto maior for a crença deles, maiores serão as chances de sucesso, da mesma maneira que se os jogadores não acreditarem no que está sendo desenvolvido a tendência será de diminuir as chances de sucesso. Assim, a maneira como o plano tático é repassado aos jogadores, o alinhamento dos objetivos propostos e sua visão sobre esse plano serão fundamentais para que se alcance a melhor resposta a esse aspecto.

- Onde (*where*): pensando-se no alinhamento das condições técnicas dentro de uma esfera tática, esse aspecto refere-se a em que lugar cada peça deve estar para se obter o máximo individualmente dentro de um plano tático de jogo. Cada jogador possui especificidades que devem ser analisadas para buscar colocá-lo na melhor condição técnica de poder desenvolver seu jogo. A definição do lugar em que cada um deve estar estará proporcionalmente ligada à eficácia do planejamento tático e à segurança de um bom resultado. Portanto, entender as características de cada jogador, suas virtudes e fraquezas, o ponto de partida para a criação de um plano de jogo e, principalmente, direcionar suas ações a partir de um bom posicionamento tático serão os diferenciais para se obter êxito.

- Como (*how*): refere-se à maneira ou ao método particular que será utilizado para desenvolver o planejamento tático de uma equipe. É importante entender que o basquetebol não é visto como uma ciência exata, pois existem diversas maneiras de se alcançar os objetivos e de se chegar ao sucesso. Estudar, analisar, adaptar, criar, recriar e seguir um plano de ação são atitudes essenciais para que o fim justifique os meios e para que o alcance dos objetivos traçados esteja ligado ao trabalho e à qualidade da equipe, e não à falta de um planejamento adequado que estruture e direcione o projeto.

Definir esses seis aspectos com base nas respostas às suas perguntas pode ser uma maneira de se atingir um melhor equilíbrio das individualidades técnicas com a carga tática projetada, evitando ou ao menos reagindo a possíveis problemas que uma temporada pode trazer. Elas devem auxiliar a busca por respostas que indiquem o caminho das mudanças ou adaptações necessárias para a evolução da equipe.

## CONSIDERAÇÕES FINAIS

Quando um treinador fala com outro, há duas maneiras de o que foi falado ser considerado bem-sucedido: a primeira, a sina de todo treinador, depende do poder de convencimento – passamos a carreira tentando convencer nossos jogadores a acreditar no que falamos e nesse caso deveríamos convencer o outro técnico a respeito de nossas ideias ou ideais –; a segunda, quando a primeira não é alcançada, seria fazer com que a partir de suas ideias o outro treinador crie novas opiniões, similares ou até contrárias ao que foi apresentado, desde que aquela ideia original faça gerar novos conceitos e cause um turbilhão de novas informações e, assim, todos saiam ganhando. Espera-se que a leitura deste capítulo seja um auxílio e atinja, de alguma maneira, a percepção a respeito de seu tema.

## BIBLIOGRAFIA CONSULTADA

1. Bompa OT. Treinando atletas de desporto coletivo. São Paulo: Phorte; 2003.
2. Cole M. The theory and methodology of periodization of strength training. University of Victoria; 1998.
3. De Rose Jr. D, Tricoli V. Basquetebol: conceitos e abordagens gerais. In: De Rose Jr. D, Tricoli V (orgs.). Basquetebol: uma visão integrada entre ciência e prática. Barueri: Manole; 2005.
4. Moreira A, Oliveira PR, Okano AH, Souza M, Arruda M. A dinâmica de alteração das medidas de força e o efeito posterior duradouro de treinamento em basquetebolistas submetidos ao sistema de treinamento em bloco. Rev Bras Med Esporte. 2004;10:243-9.
5. Oliveira ST. Ferramentas para o aprimoramento da qualidade. São Paulo: Pioneira; 1995.
6. Platonov VN. Tratado geral de treinamento desportivo. São Paulo: Phorte; 2008.

# CONTRIBUIÇÕES DA BIOMECÂNICA PARA O ENTENDIMENTO E O APERFEIÇOAMENTO NO BASQUETEBOL

Julio Cerca Serrão
Ana Paula Azevedo
Alberto Carlos Amadio

Este capítulo apresenta algumas contribuições da biomecânica para o entendimento e o aperfeiçoamento no basquetebol. Sob a ótica da biomecânica, serão abordadas evidências que permitem descrever e analisar o movimento humano no contexto do basquetebol, apontando aspectos fundamentais para a otimização do desempenho e para o controle da sobrecarga mecânica.

## BIOMECÂNICA COMO FERRAMENTA DE ANÁLISE DO MOVIMENTO

Antes de se analisar as possíveis contribuições da biomecânica para o desenvolvimento no basquetebol, é fundamental tecer algumas considerações acerca dessa disciplina que compõe o corpo de conhecimento da educação física e do esporte, entre outras áreas do conhecimento.

O objetivo central da biomecânica é o estudo do movimento humano. Ainda que esse seja um objetivo comum a muitas áreas da educação física e do esporte, a biomecânica efetiva sua análise a partir de um prisma bastante particular: o das leis da física. Essas leis são estudadas ainda levando-se em consideração as características do aparelho locomotor. Para tanto, utilizam-se noções da física e da matemática, disciplinas que fundamentam e suportam a análise do movimento, e também conhecimentos da anatomia e da fisiologia, que delimitam as características estruturais e funcionais do aparelho locomotor humano. Configura-se, dessa forma, uma disciplina com forte característica multidisciplinar, cuja meta central é analisar os parâmetros físicos do movimento em função das características anatômicas e fisiológicas do corpo humano.

A análise biomecânica do movimento humano é operacionalizada a partir da adoção daquelas que são reconhecidas como suas quatro grandes áreas de investigação: a cinemetria, a dinamometria, a eletromiografia e a antropometria.

A cinemetria objetiva a determinação da posição, da velocidade e da aceleração enquanto descritoras das características cinemáticas dos segmentos e do próprio corpo humano.

A dinamometria é a área de investigação da biomecânica cujo objetivo central é a determinação das forças que produzem o movimento. Em função de restrições metodológicas, a dinamometria se ocupa basicamente da medição das forças de origem externa, sendo as plataformas de força os instrumentos mais utilizados para determinar a força de reação do solo (FRS), uma das mais importantes forças externas. Essa força age sobre o corpo humano durante a fase de contato com o solo, conforme regência básica das leis do movimento de Newton. As restrições quanto às medições de forças internas não são causadas por limitações instrumentais, e sim pelo caráter invasivo que o procedimento requer. São raros na literatura os relatos de medições de forças internas. Destacam-se os trabalhos de Gregor, Komi, Wilke e seus colaboradores que implantaram transdutores de força em estruturas biológicas almejando a mensuração das forças transmitidas ao tendão do calcâneo e ao disco vertebral durante a realização de alguns movimentos selecionados. As dificuldades na adaptação do transdutor ao tecido e na sua calibração e também o efeito retroativo gerado pelo procedimento experimental caracterizam de forma exemplar as dificuldades de mensuração das forças internas. O caráter invasivo do procedimento tem motivado a sistemática adoção de modelos físico-matemáticos, que permitem, com base em dados cinemáticos, dinâmicos e antropométricos, calcular essas forças utilizando-se o método da dinâmica inversa.

A eletromiografia estuda a atividade dos músculos a partir da captação dos eventos elétricos vinculados à contração muscular. Por permitir a interpretação de parâmetros de natureza interna, ela vem sendo utilizada como a principal ferramenta na determinação dos padrões de movimento e dos mecanismos de controle do sistema nervoso. A captação do sinal pode ser feita por intermédio de eletrodos de superfície, quando o músculo a ser estudado apresenta seu ventre na superfície do corpo, ou por intermédio de eletrodos na forma de agulhas ou fios finos e flexíveis, quando ele se localiza abaixo de outros tecidos.

A antropometria descreve, a partir de técnicas experimentais e/ou analíticas, as características físicas dos segmentos corporais como massa, peso, centro de massa, centro de gravidade e momento de inércia.

A partir da utilização de um desses procedimentos ou da combinação deles – estratégia muito frequente em função da característica complexidade do movimento humano – torna-se possível realizar a análise física do movimento humano, meta central da biomecânica. Resta, no entanto, definir quais são os objetivos finais ou metas específicas de tal análise. Figuram como algumas das mais importantes metas específicas da biomecânica a identificação e a caracterização de parâmetros mecânicos cuja implementação permita que o movimento seja realizado da forma mais adequada e mais segura. Otimizar a execução de um movimento, permitindo sua mais ampla possibilidade de expressão, sem que isso acabe por lesionar as estruturas do aparelho locomotor, é condição importante para a realização de toda e qualquer forma de movimento, desde os cotidianos, como andar, até os mais elaborados, como os movimentos típicos do basquetebol.

Uma vez compreendidos os objetivos e as estratégias utilizadas pela biomecânica, torna-se possível compreender sua contribuição na melhora do desempenho e no controle da sobrecarga nos movimentos fundamentais do esporte.

## CARACTERIZAÇÃO BIOMECÂNICA E ANÁLISE DO DESEMPENHO NOS MOVIMENTOS DO BASQUETEBOL

Como grande parte das modalidades esportivas coletivas, o basquetebol envolve um amplo e diversificado conjunto de habilidades motoras. Algumas habilidades e formas de execução desses movimentos são típicas do esporte, apresentando características biomecânicas bastante peculiares. Entre elas, destacam-se os movimentos fundamentais, como a corrida, os deslocamentos com bola, os saltos e os arremessos. Em que pese o limitado número de informações disponíveis na literatura especializada, pode-se identificar importantes características dos movimentos fundamentais utilizados no basquetebol cuja análise nos permite entender os mecanismos que regem o desempenho e influenciam as lesões na modalidade.

## Características biomecânicas dos movimentos fundamentais do basquetebol e sua relação com o desempenho

Uma importante contribuição para a caracterização biomecânica dos gestos do basquetebol foi dada por McClay et al., na década de 1990. Após a observação de treinos e partidas de atletas profissionais, os autores determinaram um conjunto de onze movimentos elementares do jogo, entre eles a corrida, a parada brusca, os deslocamentos frontais e laterais, as acelerações, as mudanças de direção, os saltos verticais para arremessos e suas respectivas aterrissagens. Por intermédio da cinemetria, foi possível caracterizar tais movimentos a partir da identificação de variáveis relacionadas às posições articulares e às variações e acelerações angulares naturais e ideais para os membros inferiores.

As articulações do joelho e do tornozelo apresentam comportamentos bastante singulares e semelhantes entre as diferentes tarefas, servindo como referenciais para a compreensão dos gestos do basquetebol. A posição do joelho no momento do contato com o solo é similar em cerca de 73% dos movimentos fundamentais do basquetebol, sendo caracterizada pela manutenção de um ângulo de 10° a 20°. Situação semelhante é observada para a articulação do tornozelo, que permanece em posição neutra no contato com o solo em aproximadamente 55% desses movimentos. A máxima flexão de joelho alcançada durante tais gestos é semelhante para oito dos onze movimentos analisados, estando entre 71,6º (salto vertical) e 52,8º (aterrissagem do arremesso do *jump*). Outra constatação importante diz respeito aos saltos e aterrissagens, que são bastante frequentes no basquetebol. As aterrissagens são caracterizadas pelas maiores velocidades de flexão de joelho e dorsiflexão de tornozelo, enquanto os saltos caracterizam-se pelos maiores valores de extensão de joelho e flexão plantar do tornozelo.

Os gestos que envolvem deslocamentos com aceleração, frenagens e/ou mudança de direção, além de apresentarem valores altos de velocidade de flexão de joelho, têm por característica 17° a 20° de máxima extensão de joelhos. Isso significa que jogadores experientes executam gestos como a parada brusca, o drible e o deslocamento lateral com o joelho relativamente flexionado por toda a trajetória do movimento. Além disso, esses gestos são caracterizados por grande variação e amplitude de movimento no plano frontal (pronação e supinação). Em decorrência das características intrínsecas de execução dos giros, das acelerações, das mudanças de direção rápidas e das frenagens, a predominância da supinação de tornozelo se apresenta como uma característica do padrão de execução desses movimentos.

## FATORES BIOMECÂNICOS QUE AFETAM O DESEMPENHO NO ARREMESSO

Ainda que os movimentos fundamentais de locomoção sejam determinantes para viabilizar a prática do basquetebol, uma das habilidades mais importantes e que influencia diretamente o sucesso na modalidade é o arremesso. Em razão de sua alta eficiência, o *jump* é um dos arremessos mais utilizados no esporte. Estima-se que 70% dos arremessos executados durante um jogo sejam por ele representados.

Entre os fatores que exercem maior influência no resultado do arremesso, figuram a altura, o ângulo e a velocidade quando da soltura da bola, além da resistência do ar. No que se refere à resistência do ar, deve-se considerar que sua influência é pouco significativa, tendo em conta que o jogo é disputado em ambiente fechado. Os três primeiros parâmetros, cuja interferência no jogo é marcante, são influenciados pela configuração dos segmentos corporais e pela altura do jogador, pela altura do salto, pela distância do arremesso e pelo ângulo de entrada da bola. A relação entre eles é ilustrada na Figura 1.

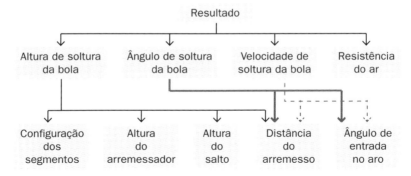

**FIGURA 1** Fatores básicos que afetam o resultado do arremesso. (Figura adaptada de Miller S, Bartlett R. The relationship between basketball shooting kinematics, distance and playing position. J Sports Sci. 1996; 14: 243-53.)

## Ângulo de arremesso

O ângulo de arremesso é provavelmente a condição mais comumente associada ao resultado do arremesso. Essa relação é de fato significativa, pois quanto maior for o ângulo de entrada da bola no aro, maior será a margem de erro facultada ao jogador, em todas as direções. Ainda que sejam improváveis, os ângulos próximos a 90° aumentam sensivelmente a chance de acerto, conforme ilustrado na Figura 2.

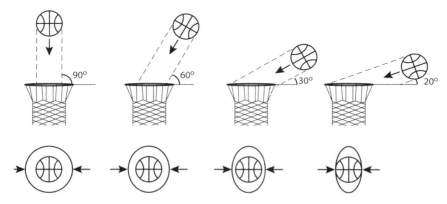

**FIGURA 2** Precisão do arremesso em função do ângulo de entrada da bola. (Figura adaptada de Miller S, Bartlett RM. The effects of increased shooting distance in the basketball jump shot. J Sports Sci. 1993; 11: 285-93.)

A posição dos ombros aliada à posição do cotovelo são determinantes para gerar um ângulo ideal de arremesso. A extensão de cotovelos apresenta-se como mais uma estratégia para aumentar não apenas a altura do arremesso, mas também sua velocidade, sendo sua extensão completa uma característica de jogadores habilidosos.

Deve-se considerar, no entanto, que a manipulação do ângulo é fortemente influenciada pela interferência que ela exerce nos demais fatores que condicionam o resultado do arremesso, entre os quais se destaca a velocidade de arremesso.

## Velocidade de arremesso

Maiores ângulos de arremesso demandam a geração de maiores velocidades e, consequentemente, um maior esforço do jogador. Além disso, deve-se considerar que elevadas velocidades de arremesso tendem a prejudicar a precisão do gesto, condição que sugere que os jogadores devem usar ângulos de arremesso que permitam a utilização de menores velocidades.

Acerca da velocidade ideal de arremesso, estabeleceu-se ainda na década de 1980, a partir de cálculos numéricos baseados nos princípios físicos do movimento de projéteis, que bons arremessadores selecionam um ângulo de arremesso que permita usar a mínima velocidade necessária para executar um arremesso com eficiência (Figura 3). Os dados apontados nesses cálculos sugerem que o ângulo de arremesso deva ficar entre 45° e 55°. Dados de importantes e clássicos experimentos sugerem os ângulos entre 44° e 55° como ideais para a execução de arremesso bem-sucedido. Observa-se, portanto, uma boa aproximação entre dados experimentais e predições teóricas.

Outra estratégia associada à redução da velocidade da bola com o objetivo de aumentar a precisão do arremesso envolve a imposição de um movimento de rotação ao implemento durante o arremesso. Esse gesto, viabilizado a partir de uma vigorosa flexão do punho, impõe à bola um movimento de rotação (*spin*) que serve para reduzir sua velocidade horizontal, condição que pode ser especialmente útil caso a bola toque o aro.

No que se refere aos aspectos relacionados à aprendizagem e ao treinamento do arremesso, alguns autores recomendam, com base na

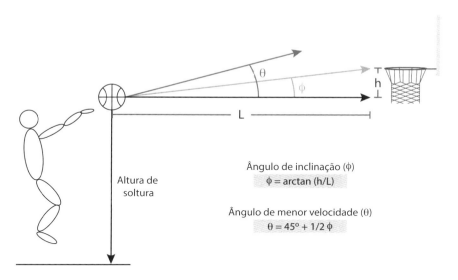

**FIGURA 3** Ângulo de soltura necessário para gerar a menor velocidade de arremesso da bola. (Figura adaptada de Brancazio PJ. Physics of basketball. Am J Phys 1981; 49: 356-65 e Okazaki VHA, Rodacki ALF, Satern MN. A review on the basketball jump shot. Sports Biomech. 2015; 3141: 1-16.)

dificuldade prática de se monitorar a velocidade de arremesso, o monitoramento do ângulo de arremesso e da técnica de movimento. Para tanto, recomenda-se o uso de filmagens no plano sagital. Tendo-se em conta a disseminação das câmeras digitais e dos *softwares* que permitem o tratamento das imagens por ela obtidas, essa estratégia é de fácil implementação.

Além do ângulo de arremesso, deve-se ainda considerar nessa análise aspectos relacionados à técnica do arremesso. A velocidade da bola é determinada fundamentalmente pela velocidade angular das articulações do braço que arremessa e pela velocidade de translação do ombro no momento do arremesso. Análises cinemáticas sugerem que a extensão do cotovelo representa a ação articular mais importante para impulsionar a bola, hipótese reforçada pela observação de que bons arremessadores tendem a utilizar a completa extensão dessa articulação no arremesso.

Em complemento, é importante destacar que a velocidade de arremesso também sofre influência da distância a partir da qual se realiza o movimento. Independentemente da posição do jogador, existe a necessidade de aumentar a velocidade de arremesso em função do aumento de sua distância. Essa condição é facultada pelo aumento da velocidade angular de flexão do ombro e de extensão de cotovelos associado ao aumento de velocidade do centro de massa do jogador em direção à cesta.

## Altura de soltura da bola

Isoladamente, a manipulação do ângulo de arremesso da bola não pode aumentar sua precisão. Dessa maneira, controlar a altura de soltura da bola assume um papel estratégico.

Sabe-se que uma maior altura de arremesso resulta em maior área para passagem da bola pelo aro, aumentando a chance de acerto. Uma maior altura de arremesso permite ao jogador diminuir o ângulo da bola e a necessidade de empregar altas velocidades para um arremesso de sucesso. Essa condição justifica a importância de o arremesso ser idealmente realizado próximo ao ponto mais alto da fase aérea do salto.

Arremessar próximo ao ponto mais alto do salto pode condicionar outra vantagem: à medida que se aproxima do ponto mais alto do salto, a redução da velocidade vertical do jogador permitirá a ele arremessar em condição de maior estabilidade, aumentando ainda mais suas chances de êxito. Vale destacar que os dados disponíveis na literatura não permitem dimensionar uma possível transferência da velocidade vertical do corpo para a bola.

Para além da altura do salto, sugere-se que o jogador se valha da flexão do ombro para aumentar ainda mais a altura de soltura da bola. A flexão do ombro deve ser acompanhada pela extensão do cotovelo que contribui com o aumento da altura do arremesso e também exerce importante papel na geração de velocidade e na transferência de velocidade do membro superior para a bola. Observa-se, ainda, que arremessadores habilidosos tendem a manter os ombros, cotovelos e punhos posicionados no mesmo plano de movimento quando da execução do arremesso. No que se refere ao posicionamento do tronco, sugere-se a adoção de uma posição mais próxima à vertical, ainda que arremessos de longa distância tendam a produzir uma mudança nessa posição. Durante a execução do lance livre, recomenda-se como estratégia para aumentar a altura do arremesso a utilização da flexão plantar.

Outro fator que exerce clara influência na altura de arremesso é a altura do jogador. Jogadores mais altos possuem segmentos maiores que lhes permitem atingir uma maior altura de arremesso, que por sua vez permite que a bola diminua a distância vertical a ser percorrida, diminuindo o ângulo e a velocidade necessários para que se obtenha êxito no arremesso. Por outro lado, jogadores cuja estatura não os capacite a atingir uma altura adequada de arremesso devem selecionar estratégias que permitam gerar suficiente velocidade angular para, a partir da utilização de maiores ângulos de arremesso, aumentar a probabilidade de êxito.

Como se pode observar, a manipulação de cada um dos fatores que afetam o arremesso exerce influência nos demais, caracterizando uma situação de alta complexidade. Um estudo realizado em 2012 por Khlifa et al. evidencia de forma exemplar essa interferência recíproca. Os autores submeteram um grupo de jogadores de basquetebol a um programa de treinamento de arremessos realizado duas vezes por semana, durante 10 semanas. Durante as sessões de treinamentos, parte do grupo executou 150 arremessos, utilizando um aro de diâmetro reduzido (0,35 m), enquanto a outra parte do grupo realizou o mesmo número de arremessos, porém utilizando o aro convencional. Em resposta ao treinamento, o grupo que utilizou o aro reduzido aumentou significativamente o ângulo, a velocidade e a altura do arremesso. Observou-se ainda que o número de arremessos corretos foi maior no grupo que utilizou o aro reduzido em relação ao grupo que treinou com o aro convencional.

## CARACTERÍSTICAS E IMPLICAÇÕES DA SOBRECARGA MECÂNICA NO BASQUETEBOL

Conforme discutido anteriormente, a prática do basquetebol exige uma ampla variedade de habilidades motoras típicas da modalidade. Não se pode esquecer, no entanto, que a cada gesto realizado o aparelho locomotor é submetido a cargas mecânicas internas e externas que podem trazer implicações.

Por intermédio da dinamometria, alguns estudos buscaram dimensionar as cargas mecânicas de origem externa e interna incidentes no aparelho locomotor durante a prática do basquetebol.

Sabe-se que essa modalidade envolve múltiplos contatos com o solo por intermédio de ampla variedade de movimentos de locomoção e deslocamentos. Com o uso de plataformas de força, foi possível investigar a força de reação do solo em movimentos típicos do basquetebol. Durante esses movimentos, o corpo parece vivenciar forças externas relativamente altas. As aterrissagens dos saltos esportivos apresentam altos valores para as componentes da força de reação do solo, especialmente a componente vertical – essa componente é fundamental por representar o impacto recebido e propagado pelo aparelho locomotor durante o movimento. A força vertical mais alta é recebida na aterrissagem da bandeja, equivalente a nove vezes o peso corporal do jogador. Essa carga mecânica pode ser considerada de alta intensidade quando se leva em consideração que atividades como a corrida geram forças verticais próximas a duas vezes o peso corporal. Por outro lado, o giro com aceleração (*starting*) é o gesto do basquetebol que induz à mais baixa solicitação mecânica vertical entre os movimentos analisados, atingido valores de 0,8 vez o peso corporal (Figura 4).

A componente anteroposterior da força de reação do solo traduz os esforços realizados nesse eixo quando da execução dos movimentos de frenagem e de propulsão. Entre os movimentos analisados, a parada brusca é aquele que gera as maiores forças nesse eixo, atingindo magnitudes na ordem de 1,3 vez o peso corporal; seguido pela bandeja, que gera valores entre 1 e 1,3 vez o peso corporal. As mais baixas solicitações mecânicas dessa componente ocorrem no giro com aceleração (*starting*) e na decolagem do salto vertical, ambos impondo uma sobrecarga de 0,2 vez o peso corporal.

Os diferentes tipos de deslocamentos, com acelerações, mudanças de direção e frenagens, são as tarefas que geram maior estresse mecânico nos membros inferiores considerando-se o eixo mediolateral. Nesses movimentos, a solicitação mecânica gerada é acentuadamente superior aos movimentos fundamentais, como a corrida. Considerando essa componente, corredores recebem forças equivalentes a 0,4 vez o peso corporal, enquanto no deslocamento lateral (*shuffling*) e no dri-

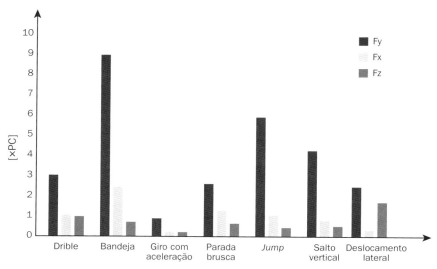

**FIGURA 4** Componentes vertical (Fy), anteroposterior (Fx) e mediolateral (Fz) da força de reação do solo para movimentos selecionados do basquetebol, normalizados pelo peso corporal (PC). Os valores referentes à bandeja, ao *jump* e ao salto vertical foram obtidos durante a fase de aterrissagem desses movimentos (Figura adaptada de McClay IS, Robinson JR, Andriacchi TP, Frederick EC, Gross T, Martin P, et al. A profile of ground reaction forces in professional basketball. J Appl Biomech. 1994; 10: 222-36.)

ble (*cutting*) essas forças atingem, respectivamente, valores na ordem de 1,4 e 1 vez o peso corporal.

Considerando-se as forças internas, também é possível observar que as solicitações impostas ao aparelho locomotor são maiores no basquetebol do que nos movimentos fundamentais. A rotação da tíbia e o valgo resultantes dos diferentes tipos de aterrissagens, das paradas bruscas e das mudanças de direção acabam por gerar maior sobrecarga na articulação do joelho, representada por maiores momentos de flexão, abdução e rotação interna.

A identificação e a compreensão de tais cargas são de sumária importância à medida que, se bem geridas, promovem estímulos que favorecem a melhora do rendimento esportivo e o aumento da resistência mecânica dos biomateriais que compõem o aparelho locomotor. Quando aplicadas em intensidade e/ou volumes inadequados, em vez de adaptações biopositivas, pode-se produzir quadros capazes de culminar com lesões osteomioarticulares.

Os membros inferiores são as regiões mais acometidas por lesões no basquetebol, respondendo por 50% das ocorrências. O tornozelo é a articulação com maior quantidade e gravidade de lesões, sendo entorses as lesões de maior destaque. Possivelmente, esse quadro está relacionado às altas magnitudes da componente mediolateral da força de reação do solo, conforme considerações anteriores. Em seguida, o joelho é a região mais afetada, com grande incidência de lesões no ligamento cruzado anterior. De acordo com a literatura, movimentos como o drible, as aterrissagens e a parada brusca apresentam-se como os principais mecanismos de lesão nessa estrutura anatômica. Há de se considerar, ainda, que as forças aplicadas no eixo anteroposterior podem exercer significativa influência nesse tipo de lesão.

Além das forças de natureza interna e externa, também o acionamento muscular pode vulnerabilizar o aparelho locomotor dos jogadores, predispondo-os ao surgimento de lesões. Tome-se como exemplo o desequilíbrio de forças entre o quadríceps e os músculos isquiotibiais observado em alguns jogadores, quando da execução de alguns movimentos do esporte. Evidências experimentais apontam que, no drible, na aterrissagem de saltos e na parada brusca, observa-se uma menor razão isquiotibiais/quadríceps, especialmente nas fases de frenagem, com a musculatura da porção anterior atingindo atividade significativamente maior do que a observada na porção posterior. O deslocamento da tíbia resultante desse desequilíbrio de forças apresenta-se como um risco para o ligamento cruzado anterior.

Uma estratégia comumente utilizada para reduzir os riscos de lesão no basquetebol, principalmente no tornozelo, tem sido o uso de suportes externos de tornozelo ou calçados esportivos com suporte de tornozelo (cano alto). As evidências experimentais, no entanto, não apontam que essas estratégias tenham eficácia significativa. Apesar de o suporte de tornozelo contribuir com a limitação da movimentação dessa articulação, as implicações dessa estratégia parecem deletérias para o controle de sobrecarga. Evidências experimentais sugerem que o aumento da restrição do tornozelo resulta em aumento da sobrecarga, tendo como principais implicações: o aumento do ângulo máximo de inversão e a diminuição da eversão; o aumento do impacto no contato com o solo, principalmente nas aterrissagens de saltos; e o aumento da transmissão de força pela tíbia e pelo tronco. Deve-se ressaltar que, além de comprometer o adequado controle das forças internas e externas, essa estratégia pode ainda afetar o rendimento, especialmente quando da realização de movimentos de corrida e saltos. Resultados como esse apontam para a necessidade de dimensionar com cautela a importância dos meios externos de proteção.

Por fim, deve-se considerar que o adequado controle das cargas mecânicas impostas em resposta aos movimentos executados no basquetebol, ao reduzir o risco do surgimento das lesões esportivas, exerce direta influência no desempenho do jogador.

## CONSIDERAÇÕES FINAIS

A partir das considerações apresentadas acerca da contribuição da biomecânica para o entendimento do basquetebol, é possível concluir que a adequada interpretação de variáveis biomecânicas pode auxiliar a busca e a implementação de estratégias de treinamento e de intervenção técnica capazes de impactar de forma significativa no desempenho e na segurança dos gestos executados pelo jogador no basquetebol.

Para que essa importante meta seja cumprida, deve-se ressaltar a necessidade de oferecer aos técnicos e aos jogadores um conjunto de informações cujo formato permita a adequada aplicação prática. É necessário também adequar o tempo necessário à aquisição e ao tratamento dos dados biomecânicos às necessidades do basquetebol, que, como toda modalidade esportiva, demanda um rápido e contínuo fornecimento de informações. Responder a esses verdadeiros desafios é condição fundamental para que as avaliações biomecânicas possam efetivamente contribuir com o desenvolvimento do esporte.

## BIBLIOGRAFIA CONSULTADA

1. Amadio AC. Fundamentos da biomecânica do esporte: considerações sobre a análise cinética e aspectos neuromusculares do movimento. São Paulo: Universidade de São Paulo; 1989.
2. Amadio AC. Metodologia biomecânica para o estudo das forças internas ao aparelho locomotor: importância e aplicações no movimento huma-

no. In: Amadio AC, Barbanti VJ, editores. A biodinâmica do movimento humano e suas relações interdisciplinares. São Paulo: Estação Liberdade; 2000. p. 45-70.

3. Amadio AC, Costa PHL, Sacco ICN, Serrão JC, Araujo RC, Mochizuki L, et al. Introdução à análise do movimento humano – descrição e aplicação dos métodos biomecânicos de medição. 1999.

4. Amadio AC, Serrão JC. Biomecânica: trajetória e consolidação de uma disciplina acadêmica. Rev Paul Educ Física. 2004; 18: 45-54.

5. Amadio AC, Serrão JC. A biomecânica em educação física e esporte. Rev Bras Educ Física e Esporte. 2011; 25: 15-24.

6. Bahr R, Krosshaug T. Understanding injury mechanisms: a key component of preventing injuries in sport. Br J Sports Med. 2005; 39: 324-9.

7. Brancazio PJ. Physics of basketball. Am J Phys. 1981; 49: 356-65.

8. Brizuela G, Llana S, Ferrandis R, García-Belenguer AC. The influence of basketball shoes with increased ankle support on shock attenuation and performance in running and jumping. J Sports Sci. 1997; 15: 505-15.

9. Colby S, Francisco A, Yu B, Kirkendall D, Finch M, Garrett W. Electromyographic and kinematic analysis of cutting maneuvers. Am J Sports Med. 2000; 28: 234-40.

10. Cordova ML, Takahashi Y, Kress GM, Brucker JB, Finch AE. Influence of external ankle support on lower extremity joint mechanics during drop landings. J Sport Rehabil. 2010; 19: 136-48.

11. Elliott B. A kinematic comparison of the male and female two-point and three-point jump shots in basketball. Aust J Sci Med Sport. 1992; 24: 111-8.

12. Gregor RJ, Komi PV, Järvinen M. Achilles tendon forces during cycling. Int J Sports Med. 1987; 8 Suppl 1: 9-14.

13. Hay JG. The biomechanics of sports techniques. Englewood Cliffs: Prentice Hall; 1985.

14. Kato S, Urabe Y, Kawamura K. Alignment control exercise changes lower extremity movement during stop movements in female basketball players. Knee. 2008; 15: 299-304.

15. Khlifa R, Aouadi R, Shephard R, Chelly MS, Hermassi S, Gabbett TJ. Effects of a shoot training programme with a reduced hoop diameter rim on free-throw performance and kinematics in young basketball players. J Sports Sci. 2012; 1-8.

16. Knudson D. Biomechanics of basketball jump shot – six key teaching points. J Phys Educ Recreat Danc. 1993; 64: 67-73.

17. Komi PV, Salonen M, Jarvinen M, Kokko O. In vivo registration of Achilles tendon forces in man. I. Methodological development. Int J Sport Med. 1987; 8 Suppl 1: 3-8.

18. Krosshaug T, Nakamae A, Boden BP, Engebretsen L, Smith G, Slauterbeck JR, et al. Mechanisms of anterior cruciate ligament injury in basketball: video analysis of 39 cases. 2007.

19. Maneuver F, Golden GM, Pavol MJ, Hoffman MA. Knee joint kinematics and kinetics during a lateral false-step maneuver. J Atl Train. 2009; 44: 503-10.

20. McClay IS, Robinson JR, Andriacchi TP, Frederick EC, Gross T, Martin P, et al. A kinematic profile of skills in professional basketball players. J Appl Biomech. 1994; 10: 205-21.

21. McClay IS, Robinson JR, Andriacchi TP, Frederick EC, Gross T, Martin P, et al. A profile of ground reaction forces in professional basketball. J Appl Biomech. 1994; 10: 222-36.

22. McKay GD, Goldie PA, Payne WR, Oakes BW, Watson LF. A prospective study of injuries in basketball: a total profile and comparison by gender and standard of competition. J Sci Med Sport. 2001; 4: 196-211.

23. McKay GD, Goldie PA, Payne WR, Oakes BW. Ankle injuries in basketball: injury rate and risk factors. Br J Sports Med. 2001; 35: 103-8.

24. McKay GD, Payne WR, Goldie PA, Oakes BW, Stanley JJ. A comparison of the injuries sustained by female basketball and netball players. Aust J Sci Med Sport. 1996; 28: 12-7.

25. Mihata LCS, Beutler AI, Boden BP. Comparing the incidence of anterior cruciate ligament injury in collegiate lacrosse, soccer, and basketball players: implications for anterior cruciate ligament mechanism and prevention. Am J Sports Med. 2006; 34: 899-904.

26. Miller S, Bartlett R. The relationship between basketball shooting kinematics, distance and playing position. J Sports Sci. 1996; 14: 243-53.

27. Miller S, Bartlett RM. The effects of increased shooting distance in the basketball jump shot. J Sports Sci. 1993; 11: 285-93.

28. Munro A, Herrington L, Comfort P. Comparison of landing knee valgus angle between female basketball and football athletes: possible implications for anterior cruciate ligament and patellofemoral joint injury rates. Phys Ther Sport. 2012; 13: 259-64.

29. Newman JS, Newberg AH. Basketball injuries. Radiol Clin North Am. 2010; 48: 1095-111.

30. Nunome H, Doyo W, Sakurai S, Ikegmai Y, Yabe K. A kinematic study of the upper-limb motion of wheelchair basketball shooting in tetraplegic adults. J Rehabil Res Dev. 2002; 39: 63-71.

31. Okazaki VHA, Rodacki ALF, Satern MN. A review on the basketball jump shot. Sports Biomech. 2015; 3141: 1-16.

32. Okazaki VHA, Rodacki ALF. Increased distance of shooting on basketball jump shot. J Sport Sci Med. 2012; 11: 231-7.
33. Oudejans RRD. Effects of visual control training on the shooting performance of elite female basketball players. Int J Sport Sci Coach. 2012; 7: 469-80.
34. Sinsurin K, Vachalathiti R, Jalayondeja W, Limroongreungrat W. Altered peak knee valgus during jump-landing among various directions in basketball and volleyball athletes. Asian J Sports Med. 2013; 4: 195-200.
35. Struzik A, Pietraszewski B, Zawadzki J. Biomechanical analysis of the jump shot in basketball. J Hum Kinet. 2014; 42: 73-9.
36. Urabe Y, Kobayashi R, Sumida S, Tanaka K, Yoshida N, Nishiwaki GA, et al. Electromyographic analysis of the knee during jump landing in male and female athletes. Knee. 2005; 12: 129-34.
37. Wang HK, Chen CH, Shiang TY, Jan MH, Lin KH. Risk-factor analysis of high school basketball-player ankle injuries: a prospective controlled cohort study evaluating postural sway, ankle strength, and flexibility. Arch Phys Med Rehabil. 2006; 87: 821-5.
38. Wilke HJ, Neef P, Caimi M, Hoogland T, Claes LE. New in vivo measurements of pressures in the intervertebral disc in daily life. Spine (Phila Pa 1976). 1999; 24: 755-62.
39. Xie D, Urabe Y, Ochiai J, Kobayashi E, Maeda N. Sidestep cutting maneuvers in female basketball players: stop phase poses greater risk for anterior cruciate ligament injury. Knee. 2013; 20: 85-9.
40. Zedde P, Mela F, Del Prete F, Masia F, Manunta AF. Meniscal injuries in basketball players. Joints. 2014; 2: 192-6.

# FISIOTERAPIA ESPORTIVA APLICADA AO BASQUETEBOL

**8**

Bruno Gilberto Melo
Felipe Tadiello
Gregory Buck

Neste capítulo, serão apresentados um levantamento epidemiológico sobre as lesões musculoesqueléticas relacionadas ao basquetebol utilizadas para a determinação de uma matriz de risco no esporte, a importância da avaliação pré-competição para a determinação do estado cineticofuncional do atleta e os fundamentos para elaboração de medidas preventivas. Além disso, serão discutidas as rotinas de fisioterapeutas em treinos e jogos associadas aos trabalhos de treinamento e prevenção de lesão, aos exercícios de estabilização segmentar, ao treinamento sensoriomotor e à utilização de bandagens e imobilizadores.

## INTRODUÇÃO

A fisioterapia esportiva tem como finalidade a prevenção, o diagnóstico e a reabilitação do atleta. Nessa área de atuação profissional, o fisioterapeuta inevitavelmente estará sujeito a inúmeras e constantes pressões e cobranças em relação aos resultados de seu tratamento para um retorno funcional do atleta à prática esportiva no menor tempo possível.

As situações esportivas expõem, ao mesmo tempo, a sobrecargas posturais, forças excessivas e repetitividade. Nos casos de lesões causadas por esportes, os métodos e práticas da fisioterapia esportiva têm o propósito de recuperar, sanar e prevenir outras lesões. Esse trabalho se difere bastante de outras atuações profissionais do fisioterapeuta, pois os resultados precisam ser muito rápidos e funcionalmente mais efetivos. O atleta – mais do que qualquer outro indivíduo – precisará executar todas as funções e valências de seu corpo, músculos, ossos e articulações no máximo de plenitude para uma execução perfeita de todos os movimentos. É importante também que a fisioterapia promova a integração do trabalho estático com o treinamento do indivíduo por meio da reeducação dos atos motores específicos da modalidade.

A avaliação clínica e funcional individualizada do atleta feita pelo fisioterapeuta pode colaborar com o treinamento, orientando os indivíduos e respectivos treinadores quanto aos possíveis desequilíbrios musculares presentes e ao desempenho biomecânico do esporte em questão.

O aspecto preventivo do tratamento das lesões esportivas, quer se discuta atividade física de alto desempenho ou como mero coadjuvante de tratamentos médicos, é importante. Com a finalidade de atuar preventivamente, a fisioterapia precisa redirecionar seu foco de atenção, geralmente centrado nas lesões já instaladas, para situações com possível risco para o aparelho musculoesquelético.

Observando-se jogos de basquetebol de diferentes idades e de ambos os sexos, constatou-se que as lesões de tornozelo foram as mais frequentes, sendo que em 45% dos casos elas ocorreram na fase de aterrisagem após arremessos e rebotes. Joelho (21%), mãos e dedos (17%), perna/coxa e tornozelos (14% cada) são comumente lesionados durante a prática da atividade.

## AVALIAÇÃO PRÉ-COMPETIÇÃO NO BASQUETEBOL

A cada início de temporada, os atletas se submetem a avaliações e triagens pré-competição a fim de detectar possíveis condições físicas e funcionais que possam impossibilitá-los de ter uma participação segura, além de fornecer informações para a prevenção de problemas futuros. Durante essa avaliação, as demandas do esporte direcionarão o fisioterapeuta para exames que possam ser relacionados com lesões específicas e interferir no desempenho do atleta daquele esporte.

O jogo de basquetebol envolve atividades de corrida, saltos, bloqueios, trabalhos de rotação e movimentos explosivos. As lesões de joe-

Fisioterapia esportiva aplicada ao basquetebol **137**

lho, tornozelo e pé são bastante comuns no esporte, principalmente em razão da flexibilidade muscular e da mobilidade articular diminuída.

Os testes de triagem do aparelho musculoesquelético devem ser realizados em atletas sintomáticos e assintomáticos em risco de lesão e devem incluir exames específicos de articulações para atletas previamente lesionados. Nessa fase, os objetivos são:

- Comparar simetrias musculares, graus de força e perimetria.
- Observar instabilidades articulares ou frouxidões ligamentares.
- Avaliar a amplitude de movimento.
- Testar a flexibilidade muscular.
- Avaliar a distribuição de massa corporal.
- Avaliar funcionalmente os membros superiores e inferiores.

Assim, a avaliação pré-competição deve ser composta por uma avaliação estática e uma avaliação dinâmica.

## Avaliação estática

A avaliação postural, a elaboração e a aplicação de uma programação cinesioterapêutica fazem parte da rotina do fisioterapeuta esportivo. O procedimento de avaliação deve ser baseado na realização de um exame criterioso que compreende:

- Avaliação geral da estática, com o paciente sentado e em pé (Figura 1).
- Fotografia geral: tipologia da postura (anterior ou posterior).
- Exame local das retrações em busca de zonas dolorosas ou deformadas (Tabela 1).

## Avaliação dinâmica

Nesse modelo de avaliação estão incluídos testes funcionais como:

- Agachamento unipodal: avalia a estabilidade dinâmica do membro inferior, mais especificamente o posicionamento de quadril, joelho e tornozelo.

**FIGURA 1** Avaliação postural.

**TABELA 1** Representação do exame local de retração

| Zona 1 | Cabeça/cervical |
|---|---|
| Zona 2 | Dorso |
| Zona 3 | Lombar |
| Zona 4 | Pelve |
| Zona 5 | Joelhos |
| Zona 6 | Pés |

▸ Salto horizontal: avalia o desempenho funcional do membro inferior, comparando-se o lado dominante e o não dominante ou o lado lesionado e o não lesionado.
▸ Salto vertical.
▸ Controle de estabilidade do quadril: determina a capacidade que o atleta tem de ativar os músculos profundos do quadril a fim de promover um bom alinhamento no membro inferior durante os gestos esportivos e as tarefas diárias.

▸ Testes de flexibilidade: consiste em testes de amplitude de movimento do ombro e do quadril, particularmente a mobilidade dos rotadores mediais e laterais, além dos adutores e abdutores. Na articulação de joelho, avalia-se a mobilidade dos flexores e extensores e, no tornozelo, a mobilidade dos dorsiflexores e do flexor plantar.
▸ Teste de força.
▸ Amplitude de movimento funcional e ritmo escapuloumeral: avalia a condição global da cintura escapular, principalmente em atividades do basquetebol, como o arremesso. O teste informa possíveis desequilíbrios e déficits musculares.

Após a realização dessas avaliações, o fisioterapeuta esportivo deverá elaborar um plano de trabalho individualizado com base em um raciocínio clínico e nas necessidades e alterações de movimento encontradas durante os testes dos atletas. A proposta desse trabalho individualizado é desenvolver estratégias que possam melhorar o rendimento dos atletas, além de minimizar os riscos de lesões musculoesqueléticas.

A avaliação pré-competição é uma intervenção importante para as equipes esportivas. Embora envolva muitos componentes, os testes devem ser executados de maneira sistemática e englobar especificamente as demandas impostas pelo esporte. Os planejamentos de trabalho permitem a construção de uma relação e de educação do atleta para suas necessidades.

A comunicação com todos os envolvidos, desde os membros da comissão técnica até os atletas, é fundamental nesse processo. O fisioterapeuta esportivo deverá comunicar possíveis limitações do atleta, dar sugestões e fazer recomendações de treinamento específico. Esse processo deve ser contínuo, visando às necessidades e demandas do esporte para o atleta.

## ROTINA NOS TREINOS E JOGOS

A rotina da fisioterapia no basquetebol se inicia na pré-temporada, quando o profissional terá os dados de sua avaliação e estabelecerá as necessidades da realização de programas preventivos ou correções corporais. Pelo conhecimento de anatomia, biomecânica, cinesioterapia e propriocepção, esses programas preventivos têm como objetivo o reequilíbrio muscular para reduzir os riscos de lesões e dores durante os treinos e jogos.

Com os dados individuais de seus atletas em mãos, o fisioterapeuta coordenará suas condutas pré-treino. Nessa etapa, é extremamente importante que haja diálogo com a comissão técnica para que os programas preventivos possam surtir efeitos benéficos. Muitas vezes, esse trabalho será realizado em conjunto com a preparação física para se atingir aumento de flexibilidade, reequilíbrio muscular e treinos proprioceptivos.

Durante a execução dos treinos, o fisioterapeuta acompanhará e prestará todo auxílio aos atletas caso haja necessidade de intervenção da fisioterapia. O local dos treinos deve conter equipamentos básicos para os primeiros atendimentos no local em caso de lesão. Após cada sessão de treinamento, o acompanhamento continua, incluindo aplicação da escala de dor, controle individual das lesões preexistentes, crioterapia e *feedback* das condições individuais dos atletas para a comissão técnica. Cabe ao fisioterapeuta, junto com a equipe médica, fazer o controle e o acompanhamento da carga de treinos dos atletas que apresentam lesões ou dores pré-treino.

A rotina nos jogos se inicia horas antes da partida com orientações, aplicação das bandagens funcionais, auxílio nos alongamentos e aquecimento dos atletas. Durante a partida, junto com o médico da equipe, o profissional de fisioterapia deverá prestar atendimento aos atletas caso haja necessidades individuais ou traumas do esporte. É importante que a equipe médica esteja apta a prestar atendimentos de primeiros socorros e o local da partida conte com os equipamentos básicos de atendimento. Assim como nos treinamento, o acompanhamento dos atletas e da comissão técnica continua após a partida. Toda e qualquer atividade que envolva treinos, jogos e campeonatos faz jus à presença do fisioterapeuta, especialmente em viagens e hotéis.

## PREVENÇÃO DAS LESÕES NO ESPORTE

Lesão esportiva é qualquer limitação das atividades do atleta por no mínimo 1 dia após sua ocorrência. Elas podem causar dor física e outros inconvenientes que resultam na utilização de recursos de saúde e absenteísmo no trabalho. Por conta disso, ultrapassam o âmbito das ciências do esporte, configurando-se também como problema de saúde pública. Ainda são necessárias mais informações acerca da frequência das lesões e de outros efeitos adversos na prática de atividades físicas entre a população geral.

## Estabilização segmentar terapêutica

A estabilização segmentar terapêutica (EST) é uma técnica de tratamento criada por fisioterapeutas e pesquisadores australianos que visa devolver a função de estabilização aos diferentes segmentos da coluna vertebral. Os diversos músculos da região têm diferentes funções, entre eles os músculos estabilizadores dos segmentos da coluna, e possuem características particulares de antecipação, assim agem em conjunto proporcionando estabilidade e proteção às estruturas vertebrais e impedindo qualquer sobrecarga à coluna.

O primeiro episódio de dor é suficiente para que se tenha instalada uma disfunção biomecânica e o cérebro passe a enviar informações desordenadas para os músculos profundos que estabilizam a coluna vertebral. A dor torna essa contração, que antes era antecipada, em atrasada, alterando a hierarquia de contração muscular e gerando um ciclo de instabilidade e dor. O cérebro deixa de reconhecer os músculos profundos, como se tivesse desligado sua conexão com eles. A técnica de estabilização funciona como se a conexão entre o cérebro e os músculos profundos fossem religadas.

Em decorrência da grande sobrecarga na coluna vertebral, as lesões que ocorrem durante a prática do basquetebol são recorrentes nesse segmento. O programa de EST visa ajudar o atleta a obter ganhos de força e resistência e principalmente controle neuromuscular eficiente e antecipado em músculos específicos.

O tratamento tem o objetivo de recuperar a contração conjunta e antecipada do músculo transverso do abdome, dos multífidos e da fáscia toracolombar, que agem como um cinturão interno com o diafragma e os músculos do assoalho pélvico. Os exercícios são associados com a respiração e priorizam a qualidade e a percepção da contração dos músculos estabilizadores, evoluindo para exercícios funcionais com alterações do centro de gravidade e movimentos amplos de extremidades.

## Estímulos proprioceptivos

O termo propriocepção diz respeito à percepção do próprio corpo, incluindo a consciência da postura, do movimento, das partes do corpo e das mudanças no equilíbrio, além de englobar as sensações de movimento e de posição articular.

O treino proprioceptivo geralmente envolve superfícies instáveis, o que fornece ao fisioterapeuta constantes oportunidades para avaliar a orientação do corpo no espaço, desenvolvendo e treinando a consciência corporal. Uma melhora na resposta proprioceptiva proporciona ao corpo maior equilíbrio e estabilidade. Esse recurso é utilizado na prevenção ou na conduta pós-lesão, pois após uma lesão articular e/ou ligamentar os receptores proprioceptivos também são danificados, o que significa que a informação usualmente enviada para o cérebro fica prejudicada. Nesses casos, há um déficit na capacidade proprioceptiva do indivíduo capaz de tornar o atleta propenso a se lesionar novamente ou diminuir a sua coordenação durante o esporte.

A duração do treino proprioceptivo pode ser de 10 a 30 minutos com circuitos e estímulos diferentes, sempre no pré-treino. É comum a utilização de alguns equipamentos para facilitar essa instabilidade, como *jump*, *fit ball*, *bosu*, *balance disc*, *medicine ball* e *TRX*. Há também exercícios que não requerem tais equipamentos, como atividades com um pé só, abdominais do tipo prancha, agachamento e *stiff* unilateral.

O treino gera algum desequilíbrio e instabilidade nos atletas durante sua execução, sendo que os exercícios possuem graus de dificuldade diferentes, e também deve ser planejado para que não sobrecarregue nenhuma articulação ou musculatura. O circuito deve ser montado em ambiente controlado como quadra e/ou academia. Cabe ao fisioterapeuta e ao preparador físico orientar os atletas e administrar os níveis de dificuldade.

## BANDAGENS FUNCIONAIS ESPORTIVAS

As bandagens funcionais biomecânicas são recursos terapêuticos bastante utilizados pelos fisioterapeutas no esporte competitivo, fornecendo apoio, suporte e proteção aos tecidos moles e articulações, sem limitar suas funções. É uma técnica que se baseia na fisiologia articular e se orienta na anatomia funcional para prevenção e tratamento de lesões musculoesqueléticas, além de correções mecânicas nas alterações do aparelho locomotor.

Os tipos de bandagem disponíveis são:

▸ Bandagens rígidas (McConnell): desenvolvidas pela fisioterapeuta Jenny Mcconnel em 1986, são fitas rígidas, altamente adesivas, compostas de algodão.
▸ Bandagens esportivas: amplamente utilizadas no meio esportivo, com o objetivo de promover estabilidade articular máxima e mobilidade seletiva livre de dor. Existem bandagens elásticas, semielásticas e rígidas.
▸ Kinesio Taping®: são fitas adesivas altamente específicas, livres de látex, hipoalergênicas, que permitem melhora da amplitude do movimento, diminuição da dor e melhora da função muscular, sem afetar a biomecânica do atleta.

## CONSIDERAÇÕES FINAIS

O papel do fisioterapeuta esportivo é muito importante. Sua atuação deve ser conjunta com o educador físico, acompanhando os treinos técnicos, táticos e físicos para entender a biomecânica e a fisiologia do esforço do atleta e o mecanismo de lesão. O trabalho multidisciplinar é indispensável. Somente dessa forma é possível realizar um trabalho preventivo.

O conhecimento sobre as técnicas da modalidade esportiva também é muito importante, além do conhecimento científico, pois juntos possibilitam uma melhor compreensão sobre o mecanismo de lesão e a melhor forma de prevenir e reabilitar o atleta. Além disso, manter as qualidades físicas adequadas minimiza as possibilidades de trauma para o atleta, além de possibilitar uma recuperação mais rápida após uma lesão. Sempre que o profissional detectar algum déficit e iniciar um processo de reabilitação, ele deve ter como objetivo o retorno do atleta à atividade desportiva no menor tempo, priorizando sempre a sua recuperação osteomioarticular, as suas posturas estáticas e dinâmicas, a prevenção de recidivas de lesões e a readaptação do domínio da técnica desportiva.

O trabalho de prevenção, portanto, é a melhor forma de trabalho do fisioterapeuta para minimizar a probabilidade de ocorrência de lesões. Outra consequência desse trabalho é proporcionar a melhora da performance, que é tão importante e decisiva para a vida atlética do praticante e o sucesso de uma equipe.

## BIBLIOGRAFIA CONSULTADA

1. Andrews JR, Harrelson GL, Wilk KE. Reabilitação física das lesões desportivas. Rio de Janeiro: Guanabara Koogan; 2000.
2. Bahr R, Lian O. A two-fold reduction in the incidence of acute ankle sprains in volleyball. Scand J Med Sci Sports. 1997;7:172-7.
3. Bylak J, Hutchinson MR. Common sports injuries in young tennis players. Sports Med. 1998;6:119-32.
4. Flegel MJ. Primeiros socorros no esporte. Barueri: Manole; 2002.
5. Hall SJ. Biomecânica básica. 3.ed. Rio de Janeiro: Guanabara Koogan; 2000.
6. Hamill J, Knutzen KM. Bases biomecânicas do movimento humano. São Paulo: Manole; 1999.
7. Hauer K, Specht N, Schuler P, Bartsch P, Oster P. Intensive physical training in geriatric patients after severe falls and hip surgery. Age Ageing. 2002;31:49-57.
8. Hewett TE, Lindenfeld TN, Riccobene JV, Noyes FR. The effect of neuromuscular training on the incidence of knee injury in female athletes. Am J Sports Med. 1999;27:699-705.
9. Holme E, Magnusson SP, Becher K, Bieler T, Aagaard P, Kjaer M. The effect of supervised rehabilitation on strength, postural sway, position sense and re-injury risk after acute ankle ligament sprain. Scand J Med Sci Sports. 1999;9:104-9.
10. Janda DH. Sports injury surveillance has everything to do with sports medicine. Sports Med. 1997;24:169-71.
11. Kapandji IA. Fisiologia articular. 5.ed. São Paulo: Manole; 1990.
12. Kendall FP, McCreary EK. Músculos: provas e funções. 3.ed. São Paulo: Manole; 1987.
13. Lephart SM, Riemann BL, Fu FH. Proprioception and neuromuscular control in joint stability. Champaign: Human Kinetics; 2000.
14. Matias E, Portella G, Lemos T. PROFISIO/Fisioterapia Esportiva e Traumato-ortopédica. 2012;1(2):89-155.

15. McArdle WD, Katch FI, Katch VL. Fisiologia do exercício: energia, nutrição e desempenho humano. 4.ed. Rio de Janeiro: Guanabara Koogan; 1998.

16. Myklebust G, Engebretsen L, Braekken IH, Skjølberg A, Olsen OE, Bahr R. Prevention of ACL injuries in female team handball players: a prospective intervention study over three seasons. Clin J Sports Med. 2003;13:71-8.

17. Perrin DH. Bandagens funcionais e órteses esportivas. 2.ed. Porto Alegre: Artmed; 2008.

18. Perry SD, Mcilroy WE, Maki BE. The role of plantar cutaneous mechanoreceptors in the control of compensatory stepping reactions evoked by unpredictable multi-directional pertubation. Brain Res. 2000;877(2):401.

19. Peterson L, Renstron P. Lesões do esporte: prevenção e tratamento. 3.ed. Barueri: Manole; 2003.

20. Powell KE, Heath GW, Kresnow MJ, Sacks JJ, Branche CM. Injury rates from walking, gardening, weightlifting, outdoor bicycling, and aerobics. Med Sci Sports Exerc. 1998;30:1246-9.

21. Prentice W, Michael E. Fisioterapia na prática esportiva: uma abordagem baseada nas competências. 14.ed. Porto Alegre: Artmed; 2012.

22. Salgado ASI, Parreira RB, Ceci LA. Aplicação de bandagens funcionais como recurso no tratamento de lesões nos atletas. Fisio Magazine. 2002;1:31-3.

23. Silvestre MV, Lima WC. Importância do treinamento proprioceptivo na reabilitação de entorse de tornozelo. Fisioter Mov. 2003;16(2):27-34.

24. Sociedade Nacional de Fisioterapia Esportiva. Consenso Sonafe. Diretrizes da Sonafe para prescrição e aplicação de crioterapia no esporte. Ouro Preto; 2007.

25. Souchard PE. RPG: fundamentos da reeducação postural global – princípios e originalidade. São Paulo: É Realizações; 2005.

26. Souchard PE. SGA: stretching global ativo. São Paulo: É Realizações; 2003.

27. Whiting W, Zernicke RF. Biomecânica das lesões musculo-esqueléticas. Rio de Janeiro: Guanabara Koogan; 2001.

28. Zatsiorsky VM. Biomecânica no esporte. Rio de Janeiro: Guanabara Koogan; 2004.

# SUPLEMENTAÇÃO NUTRICIONAL NO BASQUETEBOL

9

Mariana Dutilh De Capitani
Hamilton Roschel

Este capítulo se debruçará sobre as estratégias nutricionais mais comumente utilizadas para a melhora do desempenho físico em atividades intermitentes de alta intensidade, como o basquetebol. Serão feitas considerações sobre abordagens nutricionais referentes à melhora do processo de treinamento e do jogo em si; contudo, a discussão se limitará àquelas que encontram respaldo científico e serão tratadas sem distinção de categorias, mas com enfoque principal no alto rendimento.

## INTRODUÇÃO

A nutrição adequada proporciona múltiplos benefícios para a prática esportiva, refletindo-se principalmente em melhores adaptação ao treinamento e rendimento em competições. Além de uma alimentação adequada, a utilização de suplementos nutricionais tem sido amplamente adotada como estratégia nos treinos para auxiliar a evolução do atleta e garantir melhor desempenho durante os jogos. Por outro lado, o uso de suplementos pode ser prejudicial por conta de possíveis efeitos colaterais de alguns deles e do risco de contaminação por substâncias proibidas pela Agência Mundial Antidoping. Por isso, principalmente para os atletas profissionais, o cuidado com a suplementação pode ser determinante para o sucesso em uma temporada de jogos.

Nos últimos anos, a indústria de suplementos nutricionais tem crescido vertiginosamente, com milhares de novas opções para o consumo e impulsionada por um marketing agressivo. Em paralelo, porém em menor velocidade, a ciência também evoluiu bastante nessa área, produzindo novos conhecimentos e proporcionando melhor embasamento para as orientações nutricionais e maior segurança para a prescrição ou não de suplementos. Tendo em vista que o uso de suplementos nutricionais tem assumido um caráter muito popular entre atletas de todas as modalidades, inclusive no basquetebol, é importante conhecer o perfil desses jogadores em relação ao consumo habitual dessas substâncias.

Infelizmente, há poucas informações científicas sobre o consumo de suplementos por praticantes do basquetebol. Um único estudo, realizado em 2002, reportou que 58% dos jogadores da Liga Española de Baloncesto utilizavam suplementos nutricionais, sendo as vitaminas, seguidas das bebidas esportivas – termo usualmente utilizado para designar bebidas dedicadas à hidratação e à reposição de eletrólitos –, as mais utilizadas. Esses autores apontam, ainda, que o hábito de usar suplementos está mais presente nas competições do que nos treinos.

É interessante destacar que, desde 2000, quando a International Basketball Federation (FIBA) modificou diversas regras do jogo, deixando as partidas mais rápidas e dinâmicas, as características físicas e demandas energéticas dos jogadores se moldaram a esse novo ritmo de jogo. Além disso, é muito comum que durante a temporada de competições os times tenham em média um jogo a cada 2,5 dias, o que faz com que a recuperação pós-jogo ou, igualmente importante, as adaptações ao treinamento tenham que ser otimizadas de forma a garantir um bom rendimento ao longo da temporada. Dessa forma, este capítulo se debruçará sobre os principais suplementos e abordagens nutricionais – com destaque para aqueles comprovadamente efetivos – e seus possíveis benefícios para praticantes do basquetebol.

## SUPLEMENTAÇÃO DE CARBOIDRATOS

O carboidrato é a principal fonte de energia para diversos órgãos vitais do nosso corpo e é também, com a gordura, um combustível indispensável para a produção de energia durante o exercício físico a partir da glicólise aeróbia e anaeróbia.

No corpo humano, ele é armazenado no fígado (~ 100 g) e no músculo esquelético (~ 350-700 g), na forma de glicogênio. Esses estoques são mobilizados conforme a intensidade do exercício, podendo contribuir com valores superiores a 50% do total da necessidade energética. Por se tratar de uma fonte limitada de energia, por conta da reduzida capacidade de estoque desse nutriente, é importante que se tenha uma fonte exógena de carboidrato durante as atividades físicas com duração mais prolongada; contudo, a utilização estratégica do carboidrato e de suas diferentes formas de suplementação não se resume somente aos dias de competição. No dia a dia do atleta, o carboidrato deve ser incluído para complementar a necessidade energética e também para preservar ao máximo o glicogênio muscular e hepático durante o exercício, garantindo que esses estoques estejam sempre abastecidos antes de iniciar qualquer atividade física. Com isso, assegura-se não só um bom desempenho dentro de quadra, mas também uma boa recuperação entre os jogos e treinos.

De maneira prática, deve-se, em primeiro lugar, garantir que o atleta esteja se alimentando adequadamente em quantidade e qualidade. Dependendo da composição física e dos objetivos de cada um, o nutricionista responsável poderá compor a dieta com proporções distintas de carboidrato. A adequação desse nutriente deve, portanto, ser totalmente individualizada; assim, devem ser avaliados os momentos em que a suplementação de carboidrato é realmente necessária e conveniente. Por exemplo, durante uma temporada de jogos, quando os jogadores podem ter duas partidas seguidas em intervalos bastante curtos (por exemplo, em dias consecutivos), a suplementação pode ajudar o atleta a recuperar os estoques de glicogênio mais rapidamente, pois nem sempre haverá tempo hábil para se fazer uma refeição adequada até o próximo jogo. É importante, nesses casos, aproveitar as primeiras horas após o exercício para consumir uma dose alta de carboidrato (1,2 g/kg), em um período no qual se tem menos fome e o acesso à comida pode ser mais limitado. Outra situação em que a suplementação também pode ser necessária está relacionada a casos pontuais de jogadores sob dieta restritiva a fim de reduzir peso corporal durante a pré-temporada. Nesses casos, a ingestão insuficiente de carboidrato na dieta pode refletir em baixo rendimento durante os treinos ou jogos, e uma forma de compensar essa falta de energia é oferecer uma fonte exógena de carboidrato sob a forma de suplemento. Independentemente da duração da tarefa, essa suplementação deverá ser feita durante ou logo antes da atividade e servirá como uma fonte altamente disponível de energia.

De maneira geral, as diretrizes de suplementação no esporte recomendam o consumo de 30-60 g/h de carboidrato durante os exercícios com mais de 1 hora de duração. Embora a partida tenha um tempo cronometrado inferior a 60 minutos, a característica de alta intensidade da modalidade confere uma grande demanda do sistema anaeróbio e, portanto, do uso do glicogênio muscular como fonte energética, justificando, assim, essa abordagem nutricional. Os estudos existentes com o futebol, por exemplo, revelam que no mínimo 30% do glicogênio muscular dos jogadores é depletado após uma partida, podendo chegar em 100% se os jogadores já tiverem realizado um jogo no dia anterior. As formas mais simples e rápidas de oferecer esse carboidrato são em gel ou diluído em água, pois são de fácil ingestão e rápida absorção. Nesse sentido, as bebidas esportivas (ver tópico "Hidratação") podem ser opções interessantes por serem práticas, de fácil acesso e conterem carboidrato em sua composição, ao mesmo tempo em que fornecem alguma reposição hídrica.

Os benefícios da suplementação de carboidrato já foram demonstrados em inúmeros estudos com esportes coletivos. Nos estudos com o basquetebol, a suplementação também proporcionou melhoras em diversos parâmetros que avaliavam o desempenho dos atletas. Em um deles, indivíduos com experiência competitiva em basquetebol ou futebol realizaram um protocolo de exercícios intermitentes utilizando várias das habilidades necessárias em um jogo real, como andar, correr, dar *sprints* e saltar, durante quatro períodos de 15 minutos e um intervalo de 20 minutos entre o segundo e o terceiro períodos. Ao final, os jogadores tinham que fazer um *shuttle run* até a fadiga. Todos os participantes realizaram o mesmo protocolo duas vezes em dias diferentes. Em uma das vezes recebiam uma bebida contendo carboidrato (solução de 6% antes do início e a cada 15 minutos de exercício, e solução de 18% nos 20 minutos de intervalo, resultando em um total de aproximadamente 80 g/h de carboidrato), na outra, recebiam uma bebida placebo, com o mesmo sabor, porém sem nenhum nutriente. Como resultado, observou-se aumento de 37% no tempo de corrida até a fadiga e maior velocidade nos 20 m de *sprint* no último período de simulação de jogo. O mesmo grupo de pesquisadores havia feito um estudo muito semelhante alguns anos antes, com um número amostral menor, mas que já havia revelado benefícios da suplementação.

Durante as partidas, além de terem que se manter bem fisicamente até o último minuto de jogo para os contra-ataques, as defesas rápidas, a disputa de rebote, o arremesso etc., é muito importante que os atletas permaneçam 100% alertas para tomarem decisões rápidas e coerentes com a melhor estratégia de jogo, e isso também depende, entre outros fatores, da provisão de energia ao sistema nervoso central. Essa é mais uma função da suplementação de carboidrato durante o jogo.

Existem evidências de que mesmo em pequenas quantidades o consumo de carboidrato tem efeito estimulante no cérebro humano. Estudos com bochecho de carboidrato em esportes de *endurance* demonstraram melhora do desempenho mesmo sem a ingestão do nutriente, ou seja, sem que ele atingisse a circulação periférica. As especulações a esse respeito atentam à função do cérebro de monitorar e controlar o gasto de energia durante a atividade física e apontam para sua capacidade de reconhecer a presença de carboidrato na cavidade bucal, o que leva à ativação de vias de sinalização associadas a recompensa e motivação, mesmo se o indivíduo estiver bem alimentado. Os estudos com bochecho ainda não são totalmente esclarecedores, especialmente para os esportes intermitentes de alta intensidade, mas tendo em vista todas as outras evidências com a ingestão propriamente dita do carboidrato em atividades dessa natureza, há um campo promissor de investigação a respeito de sua utilização na forma de bochecho durante os treinos e jogos de basquetebol e seus possíveis efeitos no desempenho dos praticantes.

## PROTEÍNA E AMINOÁCIDOS

No basquetebol, a composição corporal parece guardar uma importante relação com a vantagem competitiva dentro de quadra em favor dos atletas com maior proporção de massa muscular. Isso foi observado em estudos com jogadores de basquetebol de times dos Estados Unidos e de países da Europa, e também em um estudo com atletas da seleção brasileira feminina de basquetebol. A justificativa lógica para essa relação é de que uma melhor composição corporal favorece o jogador para que ele seja mais ágil, tenha mais potência para os saltos e *sprints* e seja mais forte para resistir aos impactos durante o jogo, tanto para completar uma jogada e pontuar, como para defender e bloquear o adversário. Assim, o cuidado com a manutenção e o ganho de massa muscular para essa modalidade deve ser uma das prioridades.

O tecido muscular é extremamente plástico, como fica evidenciado pelas adaptações musculares em resposta aos treinos. O estímulo do exercício ativa periodicamente o *turnover* proteico no sentido do anabolismo muscular, sensibilizando o tecido para maiores captação e utilização da proteína ingerida; por isso, a quantidade disponível de substrato proteico e aminoácidos sinalizadores para a síntese, como a leucina, pode ser determinante para o adequado reparo das fibras musculares e de outros tecidos estruturais, garantindo uma boa recuperação pós-exercício e possibilitando o ganho de massa muscular.

Já está bem estabelecido que a recomendação de ingestão de proteína para atletas, independentemente do tipo de esporte que é praticado, é maior do que a recomendação para a população geral (recomendação de ingestão diária de 0,8 g/kg/dia). Recomenda-se que o consumo diário de proteína para indivíduos que praticam atividade física seja entre 1,2 e 2 g/kg de peso corporal, entretanto outras situações podem exigir ingestões ainda maiores de proteína, como períodos de treino mais intenso com foco em exercícios de força ou processo de perda de peso, visando redução da gordura corporal sem grandes prejuízos sobre a massa muscular. Nesse sentido, alguns estudos já demonstraram que o consumo de 2,3 a 3,8 g/kg/dia pode contribuir para melhores resultados.

Uma vez que a síntese proteica é ativada em sua maior magnitude quando o estímulo do exercício é associado ao consumo de proteína, é prática comum dos esportistas o consumo imediato de proteína após o treino. Curiosamente, no entanto, já foi demonstrado em alguns estudos que a sensibilidade do músculo para a captação dos aminoácidos e a ativação das vias de síntese proteica como resultado do estímulo do exercício permanece aumentada por mais de 24 horas pós-exercício.

Isso significa que não existe urgência no consumo do suplemento proteico após o treino para que se obtenha o melhor resultado em relação às adaptações ao exercício. Chamado de "janela anabólica", esse curto período de tempo não é tão curto assim, constituindo um dia alimentar inteiro. Nesse contexto, o conteúdo adequado de proteína em todas as refeições, em vez do enfoque na suplementação apenas após o exercício, adquire papel importante na contribuição dos estímulos anabólicos ao longo do dia.

Recentemente, um grupo de pesquisadores reuniu dados de anos de pesquisas voltadas a investigar a associação do exercício com a ingestão de proteína sobre a síntese proteica e relatou que a quantidade mínima de proteína que um indivíduo deve consumir por refeição para que o pico máximo de síntese seja atingido é de 0,25 g/kg. Considerando-se que a taxa da síntese proteica após a ingestão de proteína atinge seu pico e se mantém elevada dentro de 3 horas (tempo gasto entre esvaziamento gástrico e captação dos aminoácidos circulantes pelos tecidos), esses picos de síntese podem ser estimulados periodicamente ao longo do dia por meio das refeições e lanches contendo a quantidade adequada de proteína e, dependendo do planejamento dietético do atleta, essa quantidade pode ser convenientemente alcançada pelo uso de suplementos proteicos.

Outro aspecto importante do planejamento dietético diz respeito à qualidade da proteína oferecida. Nesse sentido, os estudos de médio e longo prazo não foram capazes de identificar a superioridade de uma fonte proteica específica sobre o ganho de força ou massa muscular. De forma geral, as proteínas de origem animal são mais interessantes do que as de origem vegetal por apresentarem uma composição completa em relação aos aminoácidos essenciais – aqueles que não são produzidos pelo nosso corpo e por isso devem ser obtidos via alimentação.

Entre os esportistas, também é muito popular o uso de alguns aminoácidos isolados. Ainda que a ação de alguns desses aminoácidos – como os aminoácidos de cadeia ramificada (BCAA), a leucina e a glutamina – seja peça-chave no metabolismo proteico e energético, sua suplementação na forma isolada não tem se traduzido em benefícios adicionais, seja no desempenho, na composição corporal, ou na recuperação pós-exercício. Algumas das ações esperadas desses aminoácidos, como retardar a fadiga central pelo aumento de BCAA circulante, aumentar o ganho de massa muscular pelo estímulo da síntese proteica inerente à leucina ou proteger o sistema imunológico em decorrência da abundância de glutamina disponível para as células de defesa, são baseadas em teorias aceitáveis, porém não comprovadas do ponto de vista clínico. O organismo humano nem sempre permite previsões simplistas, pois as funções isoladas de determinados nutrientes ou moléculas não se repercutem necessariamente em alterações fisiológicas ou fenotípicas. Até o momento, portanto, não existem evidências que sustentem a recomendação do uso desses aminoácidos isolados por atletas de nenhuma modalidade esportiva.

## HIDRATAÇÃO

A hidratação adequada auxilia na manutenção de uma saúde plena, garantindo que as perdas de água por urina, fezes, suor e respiração não afetem adversamente as funções vitais e de defesa do organismo, como o fluxo e a diluição sanguínea ou a integridade das barreiras mucosas, respectivamente. Além disso, durante o exercício físico, uma boa hidratação permite que as trocas de calor entre o corpo e o ambiente sejam mais eficientes. Atualmente, questiona-se se a desidratação transitória identificada durante a prática de diversos esportes – relata-se nas diretrizes a redução de mais de 2% do peso corporal – tem necessariamente efeito adverso sobre o desempenho dos atletas. Na prática, ao contrário do que mostra a maioria dos estudos nessa área, nos esportes de *endurance,* como maratona ou ciclismo, a redução do peso corporal causada pela perda de líquidos não é determinante no resultado final de uma competição, visto que alguns maratonistas chegam a sofrer reduções de até 10% de peso durante uma prova sem comprometimento do desempenho.

A visão de que a desidratação talvez não tenha uma importância tão grande sobre o desempenho esportivo é bastante recente e por isso ainda vem sendo construída; todavia, já existem estudos que demonstram que outros aspectos são afetados pela ingestão hídrica, como o conforto térmico e mental, que reflete em menores valores de percepção de esforço, maior motivação e consequente manutenção do desempenho durante o exercício. Sob essa perspectiva, algumas limitações comuns à maioria dos estudos com desidratação no exercício precisam ser destacadas, como a ausência de um grupo placebo, as condições extremamente controladas e artificiais impostas aos voluntários e a ausência de deslocamento de ar que mimetize a condição real da atividade realizada.

Nos esportes de quadra, as possibilidades de se hidratar são maiores do que em outros esportes em razão do fácil acesso às bebidas e às várias pausas no jogo; mesmo assim, os jogadores de basquetebol costumam ter o peso corporal bastante reduzido durante uma partida. Estudos com basquetebol identificaram piora do desempenho dos atletas quando desidratados (diminuição de 1 a 4% do peso corporal), refletindo-se em aumento no tempo de execução das habilidades específicas da modalidade (*sprints*, saltos, deslocamentos laterais, arremessos à cesta etc.). Também foram avaliadas em um dos estudos a atenção e a vigilância dos jogadores sob condições de calor (40°C) e desidratação (1 a 4%) e foram detectados piores resultados nos indivíduos desidratados comparados aos euidratados. É muito provável que a desidratação dos jogadores de basquetebol implique detrimentos no desempenho por conta da maior dificuldade de regular a temperatura corporal, especialmente em ambientes muito quentes, já que pelo menos dois dos três estudos citados anteriormente foram realizados sob temperatura elevadíssima (40°C).

Sabe-se que o aumento da temperatura corporal aumenta o fluxo sanguíneo da pele para a troca de calor, reduzindo ainda mais o volume sanguíneo corporal – inclusive o fluxo que leva nutrientes ao cérebro – e aumenta a utilização de glicogênio muscular e a percepção de esforço, o que afeta diretamente o desempenho. Levando-se em consideração que os treinos e jogos são realizados dentro de ambientes fechados que nem sempre têm temperatura controlada, a ingestão hídrica adquire papel fundamental, não só para repor um pouco da água perdida, mas para auxiliar o controle térmico corporal (ou conforto térmico), principalmente se as bebidas estiverem refrigeradas.

O corpo humano possui um maquinário extremamente refinado de controle da homeostase corporal, e a sede faz parte do sistema de sinalização para esse controle.

Outra estratégia frequentemente utilizada no esporte é o consumo das denominadas bebidas esportivas. Elas usualmente contém carboidratos e eletrólitos em adição à água, por isso são utilizadas como fonte de energia enquanto cumprem o papel de repositores hídricos (ver tópico "Suplementação de carboidrato"). Um aspecto importante da utilização desse tipo de bebida diz respeito à concentração de carboidratos. Soluções mais concentradas (> 8%) podem, muitas vezes, causar desconforto gastrointestinal. Assim, testar a tolerância gástrica e absortiva em caráter individual pode ao mesmo tempo garantir a eficácia da reposição energética e a minimização de efeitos adversos. Em relação aos eletrólitos contidos nas bebidas esportivas, estudos recentes demonstram ausência de efeito de diferentes concentrações de sódio quanto ao poder de absorção intestinal da água e fornecimento hídrico ao corpo que resultem em alterações significativas sobre o volume plasmático.

Uma estratégia interessante para a otimização da reidratação de atletas de basquetebol parece ser o grau de conhecimento dos jogadores sobre o assunto. Alguns estudos com esportes coletivos, inclusive o basquetebol, observaram que os jogadores que se hidratam mais ao longo dos jogos são aqueles que têm maior conhecimento sobre hidratação; por isso, é importante que os atletas sejam informados sobre a importância de ingerir líquidos durante a atividade física, porém sem a rigidez que é colocada nas diretrizes de hidratação no esporte. A estimativa de sudorese para os esportes no geral, por exemplo, é de cerca de 1 a 2 L/h, no entanto, deve-se considerar que essas taxas podem variar muito de acordo com a intensidade do exercício, a composição corporal, a roupa, a climatização, o nível de treinamento do indivíduo e, obviamente, a umidade e a temperatura ambiente. Portanto, a melhor forma de manter-se minimamente bem hidratado é atentar-se aos sinais de sede.

## CREATINA

A creatina vem sendo usada como suplemento nutricional no esporte há mais de 30 anos, mas foi nos anos 1990 que ela ganhou maior notoriedade, quando virou notícia nos Jogos Olímpicos de Barcelona por ter sido utilizada pelo então campeão dos 100 m rasos. Alguns anos depois, sua fama foi abalada por notícias que relacionavam seu uso à morte de atletas universitários nos Estados Unidos; na mesma época, outros casos de danos à função hepática e renal também vieram à tona. Paralelamente à averiguação dos casos e aos frequentes debates sobre a relação ou não do uso da creatina nesses episódios, cresceram o número de estudos sobre os efeitos e a segurança de sua suplementação. Atualmente, já se sabe que o uso dessa substância não implica perigos à saúde, como demonstrado em diversos estudos clínicos.

Para entender melhor o papel da suplementação de creatina e seus mecanismos de ação, assim como os possíveis benefícios para o basquetebol, é importante conhecer mais sobre esse nutriente. Trata-se de uma amina de ocorrência natural e, portanto, obtida por meio da dieta, encontrada em abundância em carnes e peixes, e também sintetizada pelo corpo humano a partir dos aminoácidos arginina, glicina e metionina. A contribuição da síntese endógena para a manutenção das concentrações musculares de creatina não é suficiente, por isso, a única possibilidade de aumentar seu conteúdo muscular é a partir do consumo pela alimentação ou suplementação. Levando-se em consideração que diariamente cerca de 2 g de creatina são eliminados pela urina na forma de creatinina e que as fontes alimentares mais ricas em creatina, como as carnes bovina e suína e os peixes salmão e atum, apresentam conteúdo relativamente baixo (aproximadamente 0,4 a 0,5 g/100 g), a forma mais conveniente de se aumentar a quantidade total de creatina no organismo é por meio de sua suplementação.

Sabe-se que, após 1 mês suplementando 5 g/dia de creatina, é possível aumentar cerca de 30% de sua concentração muscular. Um ponto importante a ser destacado é que a magnitude de aumento em resposta à suplementação parece estar inversamente relacionada às concentrações iniciais de creatina no indivíduo. Dessa forma, o hábito nutricional constitui uma importante variável, tendo em vista que indivíduos vegetarianos, por exemplo, apresentam menores taxas de creatina muscular em comparação com aqueles que consomem regularmente alimentos fonte.

Os estudos com creatina geralmente utilizam protocolo com uma fase de *loading*, ou seja, 5 a 7 dias ingerindo aproximadamente 21 g/dia de creatina, seguida ou não de fase de manutenção em que se utiliza 3 a 6 g/dia. Embora não seja mais eficaz do que a ingestão de doses menores (~ 3-6 g/dia) por períodos mais prolongados (~ 4 semanas), a fase de *loading* é interessante para induzir aumentos mais rápidos. Contudo, a melhor forma de suplementação dependerá do objetivo principal do atleta e do tempo planejado para cada fase de treinamento.

Os benefícios da suplementação de creatina estão relacionados à sua participação no metabolismo anaeróbio de energia chamado de sistema ATP-CP. Em linhas gerais, esse sistema é responsável pelo rápido fornecimento de trifosfato de adenosina (ATP) às fibras musculares por meio da refosforilação de moléculas de difosfato de adenosina (ADP). A ação desse sistema é extremamente dinâmica, pois, além de depender da concentração inicial de fosforilcreatina e creatina no músculo, conta também com a constante recomposição dos estoques de fosforilcreatina que vão sendo utilizados durante o exercício. A esse respeito, já se sabe que após um *sprint* de 6 segundos os estoques de fosforilcreatina podem ser reduzidos em 35 a 55% dos níveis apresentados em repouso. No basquetebol, o jogador geralmente realiza diversos movimentos de alta intensidade dentro de poucos minutos, portanto, a melhor estratégia é iniciar o jogo com a maior concentração muscular possível de fosforilcreatina e creatina.

A suplementação de creatina ganhou muito espaço no meio esportivo, deixando de ser recomendada apenas para atletas de modalidades de alta intensidade e passando a ser utilizada em esportes coletivos. A literatura é consistente ao descrever os benefícios da suplementação de creatina em associação com o treino de força para o ganho de força e massa muscular. Para os praticantes de basquetebol, maiores concentrações de creatina no músculo podem proporcionar diferentes vantagens. Além de auxiliar no período de preparo físico, com melhores resultados sobre a composição corporal e o ganho de força, a creatina pode proporcionar maior resistência à fadiga durante os jogos e, consequentemente, melhor desempenho do atleta até o final da partida.

No basquetebol, o sistema anaeróbio é essencial para a execução de deslocamentos e movimentos rápidos que compõem a dinâmica de jogo. A utilização de glicose e creatina por meio da glicólise anaeróbia e do sistema ATP-CP divide quase igualmente 86% do total da energia gasta durante um *sprint* de 6 segundos. Entretanto, há uma progressiva inibição da glicólise depois de repetidos *sprints* – muito comuns durante uma partida de basquetebol –, diminuindo consideravelmente sua contribuição energética e deixando o sistema ATP-CP como protagonista na provisão de energia. Não obstante, da mesma forma que a glicólise anaeróbia depende dos níveis de glicose sanguínea e dos estoques de glicogênio muscular e hepático, o sistema ATP-CP depende dos estoques musculares de fosforilcreatina e creatina. O aumento do conteúdo muscular de creatina em resposta à suplementação, portanto, não só contribui para melhores adaptações ao treino, mas também previne a queda abrupta de desempenho em atividades intermitentes de alta intensidade. Isso foi evidenciado em estudo com jogadores de futebol de elite, no qual a suplementação resultou em melhor desempenho em repetidos *sprints* e menor prejuízo na habilidade de saltos após realizarem um protocolo de exercício aeróbio intermitente. Em outro estudo realizado com jogadoras profissionais de futebol, utilizando o mesmo protocolo de suplementação (quatro doses diárias de 5 g de creatina durante 6 dias), também se observou manutenção do desempenho com menores tempos de execução do teste de agilidade e dos últimos *sprints* se comparado ao placebo.

A creatina ainda pode contribuir para o melhor desempenho atlético exercendo outra função importante que envolve a fadiga periférica: ela possui papel tamponante dentro da célula muscular. O excesso de íons $H^+$ produzidos pela glicólise anaeróbia (ver tópico "Agentes alcalinizantes") é em parte neutralizado no processo de reposição da ATP. Por isso, ao tentar garantir a maior eficiência do sistema ATP-CP, aumenta-se a probabilidade de retardar o início da fadiga e, por consequência, mantém-se o nível de desempenho físico dos jogadores até os últimos segundos de jogo, o que pode constituir uma vantagem competitiva importante para uma equipe de basquetebol.

## CAFEÍNA

A cafeína é uma substância extremamente popular e muito utilizada no meio esportivo. Seu uso no esporte esteve em posição polêmica por algumas décadas, passando por períodos de proibição ou de uso controlado até que, em 2004, a Agência Mundial Antidoping a removeu definitivamente de sua lista de substâncias banidas. Isso aconteceu porque estudos demonstraram efeito ergogênico da cafeína em doses mais baixas do que as usualmente prescritas, as quais poderiam ser obtidas pelo consumo de alimentos habitualmente presentes na dieta de diversas populações, como café, chá, chocolate e bebidas à base de cola ou de guaraná. O consumo diário de cafeína (< 500 mg/dia, provenientes da alimentação) é considerado seguro, por exemplo, quanto ao aumento do risco cardiovascular. Sabe-se atualmente que os possíveis efeitos adversos da cafeína – como desconforto gastrointestinal, redução do sono, diurese e tremor – são de caráter individual e parecem ser atenuados pelo uso contínuo. Por outro lado, parece não haver diferença a respeito da magnitude do efeito ergogênico entre os não consumidores e os consumidores habituais da cafeína.

Com estrutura similar à da adenosina, a molécula de cafeína é capaz de se ligar e bloquear os receptores de adenosina presentes no cérebro, coração e tecido adiposo, produzindo alguns efeitos, como: maior estímulo do sistema nervoso central, aumento da frequência cardíaca e aumento da lipólise nos adipócitos. Alguns estudos *in vitro* demonstraram que a ação da cafeína no músculo esquelético não está relacionada aos receptores de adenosina, mas ao aumento da liberação de cálcio do retículo endoplasmático, o que pode contribuir para o retardamento da fadiga em atividades de baixa intensidade. Apesar do benefício ergogênico da cafeína ser explicado em parte por seus efeitos sistêmicos, acredita-se que os efeitos produzidos no sistema nervoso central sejam os mais significativos para a melhora do desempenho esportivo. Vários estudos relatam diminuição da percepção de esforço e redução da dor durante as atividades de longa duração (atividades de *endurance*), refletindo em melhora de desempenho nos momentos críticos de dor muscular e cansaço extremo desencadeados pela fadiga central.

Diferentes atividades esportivas podem se beneficiar desse efeito ergogênico, desde atividades predominantemente aeróbias até as que envolvem força/potência e tempo de reação. Na literatura atual predominam os estudos com cafeína dedicados às modalidades de *endurance*, como o ciclismo, que demonstram resultados favoráveis à suplementação. Já nos estudos com esportes coletivos (*rugby*, voleibol, futebol e basquetebol), os efeitos encontrados são mais heterogêneos e carecem de maiores comprovações científicas. Entre eles, existem somente dois estudos com basquetebol, um deles feito com jovens de aproximadamente 14 anos da primeira divisão da liga nacional espanhola, que reportou melhora no desempenho de saltos do grupo suplementado com cafeína (3 mg/kg) em comparação ao grupo que ingeriu placebo. No outro estudo, com atletas de elite da Nova Zelândia, não foi encontrada eficácia da suplementação de cafeína (3 mg/kg) sobre o desempenho de saltos, nem sobre a resistência aeróbia dos atletas.

Levando em consideração que uma mesma dose pode funcionar para um indivíduo, mas não para outro, ressalta-se a necessidade de testar e adequar a dose individualmente ao longo dos treinos e jogos. As doses podem variar entre 2 e 9 mg/kg, sendo que as doses menores (2 a 3 mg/kg) parecem já ser suficientes para produzir os efeitos desejados. Quanto à forma de administração, a cafeína oferecida isoladamente apresenta melhores efeitos do que se consumida por meio de alimentos fonte, como o café, em função de outros componentes nele presentes que interferem na absorção e ação da cafeína. Quando ingerida na forma de suplementação, é praticamente 100% absorvida, com pico de absorção e ação entre 40 e 60 minutos, com meia-vida no plasma entre 3 e 10 horas. Por isso, ela pode ser consumida aproximadamente 60 minutos antes do treino ou jogo, para que seus níveis plasmáticos se mantenham elevados durante toda a partida. Ela também pode ser administrada em doses menores ao longo da partida, por ingestão em bebidas energéticas e até mesmo em gel de carboidrato, já que muitas marcas têm acrescentado cafeína em sua composição. As bebidas energéticas podem ser uma boa alternativa por também conterem carboidrato em sua composição (ver tópico "Suplementação de carboidrato"), porém devem ser utilizadas com mais cautela, pois geralmente apresentam outros ingredientes com apelo energético, como a taurina e alguns extratos de ervas, nem sempre seguros, principalmente se ingeridos em excesso. Nesse sentido, é necessário ter atenção, pois essas bebidas são muito palatáveis e frequentemente oferecidas geladas, o que incentiva sua escolha em detrimento da água, podendo levar ao consumo exagerado nos dias mais quentes.

A heterogeneidade dos resultados dos estudos com suplementação de cafeína e esportes coletivos, mesmo que apontando no sentido favorável da suplementação, pode ser explicada pela inespecificidade de sua ação no corpo humano. Como abordado anteriormente, a ação da cafeína não se restringe a um só tecido ou mecanismo de ação, mas apresenta múltiplos alvos e podem existir interferências relacionadas a diversos fatores – como motivação, sono, cansaço, estresse, uso concomitante de outros suplementos ou medicamentos –, o que faz desse tipo de suplementação uma estratégia bastante vulnerável e muito suscetível à subjetividade do indivíduo.

Uma vez que a ação da cafeína permeia aspectos subjetivos do indivíduo, é importante ressaltar que seus efeitos sobre o desempenho esportivo podem confundir-se com um possível efeito placebo da suplementação. O potencial identificado no placebo é objeto de grande interesse dentro da suplementação esportiva. Um estudo interessante nessa temática observou que ciclistas treinados melhoravam o desempenho em uma prova do tipo contrarrelógio de 10 km de maneira dose-dependente à suposta suplementação de cafeína (4,5 mg/kg e 9 mg/kg). Apesar de serem informados estarem tomando cafeína, os indivíduos eram, na realidade, suplementados com placebo. Aspectos psicossociais, como a expectativa dos participantes, afetou sobremaneira a resposta à suplementação. No mesmo sentido, os ciclistas pioraram o desempenho quando eram informados estarem ingerindo efetivamente o placebo. Pesquisadores da área têm se dedicado a investigar mais detalhadamente os mecanismos do efeito placebo no esporte, e o uso da cafeína tem apresentado resultados interessantes nesse sentido.

Mesmo sendo necessários mais estudos em esportes coletivos, mais especificamente com o basquetebol, está claro que a cafeína pode ser um adjuvante aos praticantes de basquetebol em situações de jogo ou servindo de estratégia nos treinos para combater os efeitos do cansaço do dia a dia do atleta, deixando-o mais disposto durante a atividade física, seja por seu efeito propriamente dito ou pelo efeito placebo.

## AGENTES ALCALINIZANTES (BICARBONATO DE SÓDIO E BETA-ALANINA)

A demanda energética durante o exercício de alta intensidade é atendida com base na atividade dos sistemas mais eficientes no fornecimento de energia, a glicólise e o sistema ATP-CP (ver tópico "Creatina"). A glicólise anaeróbia tem como subproduto de seu metabolismo o lactato e os íons $H^+$. O acúmulo desses íons, por sua vez, dentro e fora das células musculares, interfere negativamente nos mecanismos de produção de força por comprometer a formação de fosforilcreatina e a manutenção do sistema ATP-CP, e por perturbar os mecanismos de contração muscular. Esse pode ser considerado um dos múltiplos fatores desencadeadores da fadiga muscular. Assim, se fosse possível diminuir o acúmulo de $H^+$ e consequentemente aumentar o limiar da fadiga, o exercício poderia ser mantido com maior intensidade por um maior período de tempo. Esse é o propósito dos agentes alcalinizantes:

eles têm o papel de tamponar, ou seja, neutralizar o potencial acidótico dos íons $H^+$ no sangue e no interior das células.

Há dois agentes alcalinizantes que têm demonstrado bons resultados no esporte: o bicarbonato de sódio ($NaHCO_3$) e a beta-alanina. Apesar de exercerem função semelhante, eles possuem inúmeras diferenças, a começar pelo seu local de ação. O bicarbonato de sódio age sobre o pH sanguíneo enquanto a beta-alanina, como precursora da carnosina (tamponante endógeno naturalmente presente no músculo), age sobre o pH de dentro das células musculares. A forma de suplementação também é bastante distinta. O bicarbonato deve ser utilizado somente nos dias de atividade física, especificamente 60-90 minutos antes do exercício; já a beta-alanina deve ser consumida por pelo menos 30 dias antes do treino ou da competição. O objetivo do tempo mais prolongado de suplementação da beta-alanina é aumentar as concentrações musculares de carnosina em no mínimo 40%, podendo alcançar porcentagens ainda maiores quanto maior for o tempo de suplementação. A dose de bicarbonato utilizada nos estudos é de 0,3 g/kg e a de beta-alanina, 3,2-6,4 g/dia fracionados ao longo do dia, a fim de otimizar sua absorção e evitar a parestesia (leve formigamento de algumas partes do corpo, como lábios e pontas dos dedos), único efeito colateral da suplementação. A ingestão de bicarbonato, por sua vez, também não está livre de efeitos adversos, podendo causar em alguns indivíduos dor abdominal, náusea, cãibras e diarreia. É provável que este seja o motivo pelo qual seu uso não é tão disseminado, ou seja, os benefícios podem não se sobrepor aos possíveis efeitos colaterais. Destaca-se, portanto, a importância de testar este e qualquer tipo de suplemento antes de utilizá-lo em competições.

A história do uso desse tipo de suplementação teve início com as atividades anaeróbias, que dependem de alta produção de potência muscular em curtos períodos de tempo, como o levantamento de peso e os 100 m rasos. Posteriormente, passaram a ser usadas nas atividades de alta intensidade e mais longa duração, que também dependem do sistema anaeróbio, como os 2.000 m de remo, realizados predominantemente em intensidade acima de 75% do consumo máximo de oxigênio ($VO_2$ máximo) e que tem como momentos críticos a largada e o *sprint* final.

Estudos mais recentes têm demonstrado benefícios da suplementação tanto do bicarbonato como da beta-alanina, ou da combinação de ambos, nas atividades intermitentes de alta intensidade. Um estudo realizado com atletas de luta, por exemplo, buscou avaliar os efeitos da suplementação de beta-alanina e de bicarbonato, de forma isolada e em combinação, sobre o desempenho da parte superior do corpo em um protocolo de atividade intermitente de alta intensidade. Verificou-se que ambos os suplementos são capazes de aumentar o trabalho total no teste *wingate* em até 8% e que a utilização de forma combinada determinou efeito aditivo de 14% acima do desempenho dos grupos suplementados de forma isolada.

O único estudo encontrado com esporte coletivo foi realizado com jogadoras de polo aquático. As jogadoras realizavam um protocolo de testes composto por habilidades e movimentos específicos do esporte, como realizar *sprints* de 10 m nadando, fazer passes e arremessos no gol, entre outros. Apesar de evitar a redução do pH sanguíneo durante a tarefa, a suplementação com bicarbonato de sódio (0,3 g/kg, 90 minutos antes do início dos testes) não foi efetiva em melhorar o desempenho. Assim, ainda são necessárias mais evidências científicas para verificar o potencial ergogênico de agentes alcalinizantes em modalidades coletivas.

## CONSIDERAÇÕES FINAIS

Embora a literatura científica respalde o uso e a eficácia de alguns suplementos nutricionais como agentes ergogênicos em diferentes contextos esportivos, os resultados não são absolutamente consensuais.

Em particular, modalidades coletivas são menos estudadas e, portanto, há menos resultados disponíveis. Além disso, é importante destacar que a maioria dos – se não todos os – estudos disponíveis sobre esse tema avaliam o efeito da suplementação nutricional no desempenho físico, e não necessariamente no desempenho esportivo. Deve-se, então, ter cautela ao atribuir efeitos diretos sobre o desempenho de jogo propriamente dito como resultado de abordagens nutricionais.

Apesar do exposto, há suporte científico suficiente para embasar o uso de abordagens nutricionais como as discutidas neste capítulo com o intuito de melhorar o desempenho físico e otimizar as adaptações oriundas do processo de treinamento, fazendo da nutrição um importante aliado no processo de preparação do jogador e, consequentemente, de um time de basquetebol.

# BIBLIOGRAFIA CONSULTADA

1. Artioli GG, Gualano B, Smith A, Stout J, Lancha AH Jr. Role of beta-alanine supplementation on muscle carnosine and exercise performance. Med Sci Sports Exerc. 2010; 42(6): 1162-73.
2. Baker LB, Conroy DE, Kenney WL. Dehydration impairs vigilance-related attention in male basketball players. Med Sci Sports Exerc. 2007; 39(6): 976-83.
3. Baker LB, Dougherty KA, Chow M, Kenney WL. Progressive dehydration causes a progressive decline in basketball skill performance. Med Sci Sports Exerc. 2007; 39(7): 1114-23.
4. Baker LB, Rollo I, Stein KW, Jeukendrup AE. Acute effects of carbohydrate supplementation on intermittent sports performance. Nutrients. 2015; 7(7): 5733-63.
5. Bangsbo J, Iaia FM, Krustrup P. Metabolic response and fatigue in soccer. Int J Sports Physiol Performance, 2007; 2: 111-127
6. Bishop D, Claudius B. Effects of induced metabolic alkalosis on prolonged intermittent-sprint performance. Med Sci Sports Exerc. 2005; 37(5): 759-67.
7. Bishop D. Dietary supplements and team-sport performance. Sports Med. 2010; 40(12): 995-1017.
8. Burd NA, West DW, Moore DR, Atherton PJ, Staples AW, Prior T, Tang JE, Rennie MJ, Baker SK, Phillips SMet al. Enhanced amino acid sensitivity of myofibrillar protein synthesis persists for up to 24 h after resistance exercise in young men. J Nutr. 2011; 141(4): 568-73.
9. Calleja-González J, Terrados N, Mielgo-Ayuso J, Delextrat A, Jukic I, Vaquera A, Torres L, Schelling X, Stojanovic M, Ostojic SM et al. Evidence-based post-exercise recovery strategies in basketball. Phys Sportsmed. 2016; 44(1): 74-8.
10. Cooper R, Naclerio F, Allgrove J, Jimenez A. Creatine supplementation with specific view to exercise/sports performance: an update. J Int Soc Sports Nutr. 2012; 9(1): 33.
11. Cormery B, Marcil M, Bouvard M. Rule change incidence on physiological characteristics of elite basketball players: a 10-year-period investigation. Br J Sports Med. 2008; 42(1): 25-30.
12. Cotter JD, Thornton SN, Lee JK, Laursen PB. Are we being drowned in hydration advice? Thirsty for more? Extrem Physiol Med. 2014; 3: 18.
13. Cox G, Mujika I, Tumilty D, Burke L. Acute creatine supplementation and performance during a field test simulating match play in elite female soccer players. Int J Sport Nutr Exerc Metab. 2002; 12(1): 33-46.

14. Del Coso J, Muñoz-Fernández VE, Muñoz G, Fernández-Elías VE, Ortega JF, Hamouti N, Barbero JC, Muñoz-Guerra Jet al. Effects of a caffeine--containing energy drink on simulated soccer performance. PLoS One. 2012; 7(2): e31380.
15. Del Coso J, Pérez-López A, Abian-Vicen J, Salinero JJ, Lara B, Valadés D. Enhancing physical performance in male volleyball players with a caffeine-containing energy drink. Int J Sports Physiol Perform. 2014; 9(6): 1013-8.
16. Del Coso J, Portillo J, Muñoz G, Abián-Vicén J, Gonzalez-Millán C, Muñoz--Guerra J. Caffeine-containing energy drink improves sprint performance during an international rugby sevens competition. Amino Acids. 2013; 44(6): 1511-9.
17. Dougherty KA, Baker LB, Chow M, Kenney WL. Two percent dehydration impairs and six percent carbohydrate drink improves boys basketball skills. Med Sci Sports Exerc. 2006; 38(9): 1650-8.
18. Ducker KJ, Dawson B, Wallman KE. Effect of Bbeta alanine and sodium bicarbonate supplementation on repeated-sprint performance. J Strength Cond Res. 2013; 27(12): 3450-60.
19. Girard O, Mendez-Villanueva A, Bishop D. Repeated-sprint ability – part I: factors contributing to fatigue. Sports Med. 2011; 41(8): 673-94.
20. Gualano B, Acquesta FM, Ugrinowitsch C, Tricoli V, Serrão JC, Lancha--Junior AH. Efeitos da suplementação de creatina sobre força e hipertrofia muscular: atualizações. Rev Bras Med Esporte. 2010; 16( 3 ): 219-223.
21. Gwacham N, Wagner DR. Acute effects of a caffeine-taurine energy drink on repeated sprint performance of American college football players. Int J Sport Nutr Exerc Metab. 2012; 22(2): 109-16.
22. Jeukendrup AE, Currell K, Clarke J, Cole J, Blannin AK. Effect of beverage glucose and sodium content on fluid delivery. Nutr Metab (Lond). 2009; 6: 9.
23. Kern BD, Robinson TL. Effects of β-alanine supplementation on performance and body composition in collegiate wrestlers and football players. J Strength Cond Res. 2011; 25(7): 1804-15.
24. Marriott M, Krustrup P, Mohr M. Ergogenic effects of caffeine and sodium bicarbonate supplementation on intermittent exercise performance preceded by intense arm cranking exercise. J Int Soc Sports Nutr. 2015; 12: 13.
25. Merson SJ, Maughan RJ, Shirreffs SM. Rehydration with drinks differing in sodium concentration and recovery from moderate exercise-induced hypohydration in man. Eur J Appl Physiol. 2008; 103(5): 585-94.

26. Moore DR, Churchward-Venne TA, Witard O, Breen L, Burd NA, Tipton KD, Phillips SMet al. Protein ingestion to stimulate myofibrillar protein synthesis requires greater relative protein intakes in healthy older versus younger men. J Gerontol A Biol Sci Med Sci. 2015; 70(1): 57-62.
27. Mujika I, Padilla S, Ibañez J, Izquierdo M, Gorostiaga E. Creatine supplementation and sprint performance in soccer players. Med Sci Sports Exerc. 2000; 32(2): 518-25.
28. Nunes J, Aoki MS, Altimari LR, Petroski EL, Júnior DR, Montagner PC. Parâmetros antropométricos e indicadores de desempenho em atletas da Seleção Brasileira Feminina de Basquetebol. Rev Bras Cineantropom Desempenho Hum. 2009; 11(1): 67-72.
29. Pérez-López A, Salinero JJ, Abian-Vicen J, Valadés D, Lara B, Hernandez C, et al Areces F, González C, Del Coso J. Caffeinated energy drinks improve volleyball performance in elite female players. Med Sci Sports Exerc. 2015; 47(4): 850-6.
30. Pettersen SA, Krustrup P, Bendiksen M, Randers MB, Brito J, Bangsbo J, Jin Y, Mohr Met al. Caffeine supplementation does not affect match activities and fatigue resistance during match play in young football players. J Sports Sci. 2014; 32(20): 1958-1965.
31. Phillips SM, Sproule J, Turner AP. Carbohydrate ingestion during team games exercise: current knowledge and areas for future investigation. Sports Med. 2011; 41(7): 559-85.
32. Ramírez-Campillo R, González-Jurado JA, Martínez C, Nakamura FY, Peñailillo L, Meylan CM, Caniuqueo A, Cañas-Jamet R, Moran J, Alonso-Martínez AM, Izquierdo Met al. Effects of plyometric training and creatine supplementation on maximal-intensity exercise and endurance in female soccer players. J Sci Med Sport. 2015; S1440-2440(15): 00205-4.
33. Riebl SK, Davy BM. The hydration equation: update on water balance and cognitive performance. ACSMs Health Fit J. 2013; 17(6): 21-28.
34. Sawka MN, Cheuvront SN, Kenefick RW. Hypohydration and human performance: impact of environment and physiological mechanisms. Sports Med. 2015; 45 Suppl 1: S51-60.
35. Scanlan AT, Tucker PS, Dascombe BJ, Berkelmans DM, Hiskens MI, Dalbo VJ. Fluctuations in activity demands across game quarters in professional and semiprofessional male basketball. J Strength Cond Res. 2015; 29(11): 3006-15.
36. Schröder H, Navarro E, Mora J, Seco J, Torregrosa JM, Tramullas A. The type, amount, frequency and timing of dietary supplement use by elite players in the First Spanish Basketball League. J Sports Sci. 2002; 20(4): 353-8.

37. Stuart GR, Hopkins WG, Cook C, Cairns SP. Multiple effects of caffeine on simulated high-intensity team-sport performance. Med Sci Sports Exerc. 2005; 37(11): 1998-2005.
38. Tan F, Polglaze T, Cox G, Dawson B, Mujika I, Clark S. Effects of induced alkalosis on simulated match performance in elite female water polo players. Int J Sport Nutr Exerc Metab. 2010; 20(3): 198-205.
39. Tarnopolsky MA. Caffeine and creatine use in sport. Ann Nutr Metab. 2010; 57 Suppl 2: 1-8.
40. Taylor LW, Wilborn C, Roberts MD, White A, Dugan K. Eight weeks of pre- and postexercise whey protein supplementation increases lean body mass and improves performance in Division III collegiate female basketball players. Appl Physiol Nutr Metab. 2016; 41(3): 249-54.
41. Tobias G, Benatti FB, de Salles Painelli V, Roschel H, Gualano B, Sale C, Harris RC, Lancha AH Jr, Artioli GGet al. Additive effects of beta-alanine and sodium bicarbonate on upper-body intermittent performance. Amino Acids. 2013; 45(2): 309-17.
42. Tucker MA, Hargreaves JM, Clarke JC, Dale DL, Blackwell GJ. The effect of caffeine on maximal oxygen uptake and vertical jump performance in male basketball players. J Strength Cond Res. 2013 Feb; 27(2): 382-7.
43. Tucker MA, Hargreaves JM, Clarke JC, Dale DL, Blackwell GJ. The effect of caffeine on maximal oxygen uptake and vertical jump performance in male basketball players. J Strength Cond Res. 2013; 27(2): 382-7.
44. Wall BA, Watson G, Peiffer JJ, Abbiss CR, Siegel R, Laursen PB. Current hydration guidelines are erroneous: dehydration does not impair exercise performance in the heat. Br J Sports Med. 2015; 49(16): 1077-83.
45. Wallimann T, Tokarska-Schlattner M, Schlattner U. The creatine kinase system and pleiotropic effects of creatine. Amino Acids. 2011; 40(5): 1271-96.
46. Welsh RS, Davis JM, Burke JR, Williams HG. Carbohydrates and physical/mental performance during intermittent exercise to fatigue. Med Sci Sports Exerc. 2002; 34(4): 723-31.
47. Williams C, Rollo I. Carbohydrate nutrition and team sport performance. Sports Med. 2015; 45 Suppl 1: S13-22.

# ASPECTOS PSICOLÓGICOS APLICADOS À PRÁTICA DO BASQUETEBOL DE ALTO RENDIMENTO

Paula Korsakas
José Anibal Azevedo Marques
Eduardo Neves Pedrosa di Cillo

Orientando-se pela perspectiva sistêmica do treinamento esportivo, este capítulo abordará as particularidades psicológicas envolvidas na preparação física, técnica e tática do atleta e da equipe de basquetebol e, em seguida, apresentará as particularidades da preparação psicológica em cada uma das etapas da periodização do treinamento esportivo para esta modalidade.

## COMPONENTE PSICOLÓGICO NO TREINAMENTO DO BASQUETEBOL

A análise dos aspectos psicológicos relacionados ao treinamento físico, técnico e tático está na base da metodologia de treinamento esportivo, com aumento gradual de suas exigências como um processo ininterrupto, em que elas se diferenciam levando-se em consideração o desenvolvimento das capacidades psicológicas por cada atleta.

O rendimento esportivo máximo é alcançado, do ponto de vista psicológico, quando os atletas atingem uma forma esportiva caracterizada por:

- Melhora da atividade total da consciência, aumentando-se a velocidade das reações motoras.

170 Basquetebol: do treino ao jogo

- Processos de percepção produzidos com rapidez, tornando-se mais claros e eficazes.
- Aumento do volume da atenção, melhorando-se a capacidade de distribuir ou concentrar a atenção e aumentando a capacidade de alterar rapidamente o foco de atenção de um objeto para outro.
- Aumento da capacidade de realizar esforços voluntários máximos, da confiança em suas próprias forças e da vontade de vencer.

No basquetebol, a necessidade do desenvolvimento dessas habilidades psicológicas é evidenciada quando o defensor tem que reagir rapidamente, antecipando a ação do ataque para interceptar um passe, quando o jogador passa por mudanças de foco de atenção nas situações de transição do ataque para a defesa e vice-versa, ou ainda quando, ao final da partida com placar adverso, os jogadores se empenham até o último segundo e conseguem vencer por 1 ponto de diferença.

Alcançar esse nível de rendimento depende da capacidade de trabalho físico e psicológico do atleta, que pode ser elevada por um processo de treinamento esportivo que busque equilibrar acertadamente as tarefas de preparação física, técnica e tática, considerando as particularidades psicológicas de cada uma delas.

## Aspectos psicológicos da preparação física

O basquetebol é uma modalidade acíclica caracterizada pela realização de esforços intermitentes. Os jogadores alternam corridas curtas, saltos e fases de descanso e recuperação ativa e passiva, tendo a realização de esforços explosivos como principal característica. O objetivo central da preparação física, portanto, é fazer com que esses jogadores consigam repetir os gestos técnicos – saltos, corridas, arremessos – preservando ao máximo sua eficácia durante a partida.

Essas especificidades físicas da modalidade possuem uma estrutura psicológica que compreende os conceitos e as representações sobre as capacidades físicas do jogador e as percepções especializadas dessas capacidades em sua manifestação integral.

Os conceitos são formados a partir do contato do atleta com os conhecimentos teóricos específicos da modalidade, o que demanda do atleta conhecimentos conceituais sobre os processos físicos e fisiológicos que se desenvolvem durante a prática esportiva. Entende-se, portanto, que os jogadores devem conhecer os componentes de força e velocidade necessários à impulsão vertical para o rebote e as vias energéticas solicitadas no salto.

Os processos cognitivos envolvidos na conscientização do atleta sobre esses conceitos facilitam a representação das capacidades físicas, que são relacionadas ao grau e à magnitude de diferenciação dos elementos de suas estruturas psicológicas. Essas representações se apresentam em forma de imagens concretas dos vários elementos estruturais de cada capacidade física.

A formação de representações mentais das capacidades físicas depende, por sua vez, da representação das sensações musculares, motoras e orgânicas. Partindo do mesmo exemplo do salto para o rebote, as representações da impulsão vertical estão relacionadas à capacidade do jogador de diferenciar os níveis de tensão muscular nas várias fases do salto e as alterações nas frequências respiratória e cardíaca provocadas por esse tipo de esforço físico, além de outros parâmetros do movimento que caracterizam seus elementos estruturais.

A qualidade das representações de tais parâmetros interfere nos processos de percepções especializadas, que estão relacionadas à capacidade do atleta de identificar a plenitude e a precisão dos elementos estruturais de cada capacidade física nas condições concretas em que elas são exigidas pelas ações motoras. Isso implica que, no momento do salto para um rebote, o jogador deve ser capaz de perceber os níveis de contração dos músculos de seus membros inferiores e superiores de acordo com a sequência de movimentos.

Assim, considerando-se o trio força-velocidade-resistência, as capacidades fundamentais da preparação física no basquetebol, é possível identificar os principais elementos da estrutura psicológica que os jogadores devem conhecer, representar e perceber durante a preparação física:

▸ Velocidade: sua estrutura psicológica é determinada pelo conjunto de indicadores de tempo (duração e ritmo). No basquetebol, esses elementos estão relacionados, por exemplo, ao tempo de duração da execução de um arremesso ou ao tempo despendido para a conclusão de uma infiltração antes que o defensor alcance o atacante, o que envolve velocidades de deslocamento, de execução de movimento etc.

▸ Força: os elementos de sua estrutura psicológica compreendem esforços musculares extremos, distribuídos e dosados. Os esforços extremos manifestam-se em situações de aplicação de força máxima, como no caso de saltos, ao passo que os esforços distribuídos referem-se àqueles que exigem parcialmente essa capacidade, com os treinamentos com 70% da força máxima. No terceiro grupo de esforços, encontram-se aqueles que exigem uma diferenciação detalhada dos elementos a fim de garantir o controle preciso para a execução de um passe longo em um contra-ataque, por exemplo.

▸ Resistência: não há uma clara expressão de sua estrutura psicológica, mas sabe-se que ela é condicionada pela manifestação complexa da magnitude e da duração dos esforços musculares, que costumam se diferenciar com relação a resistência de força, de velocidade e de força-velocidade, cada uma delas tendo traços específicos da interação entre força e velocidade.

Especialmente em modalidades coletivas como o basquetebol, as manifestações das capacidades físicas acontecem num contexto bastante complexo. Perceber os elementos estruturais de cada capacidade ou das capacidades predominantes requer um grande grau de atenção concentrada em sua essência interna.

Tomando-se, por exemplo, um armador com posse de bola ao chegar no ataque, informações como a magnitude das tensões dos diferentes grupos musculares, a duração dos esforços que se desenvolvem conservando o trabalho produtivo e a velocidade de alterações entre tensão e relaxamento em conjunto devem ser transformadas em dados de consciência pela atenção concentrada do atleta.

A necessidade de os jogadores de basquetebol conhecerem, representarem mentalmente e terem percepções especializadas desses elementos se vincula diretamente ao objetivo do treinamento esportivo, que é desenvolver o potencial máximo do atleta para a prática do basquetebol, pois o rendimento físico do jogador pode ser otimizado quando ele desenvolve a capacidade de autorregulação de suas funções fisiológicas. É importante que ele seja capaz de controlar voluntariamente seus esforços físicos com o auxílio desse processo de conscientização sobre as capacidades físicas a fim de obter melhores ganhos em relação a elas.

Aspectos psicológicos aplicados à prática do basquetebol de alto rendimento    **173**

Para que tenha autocontrole, é necessário que o jogador desenvolva as seguintes capacidades psicológicas:

- Consciência da estrutura de cada capacidade física.
- Clareza dos elementos mais importantes das capacidades físicas.
- Atenção concentrada nos diferentes elementos da capacidade física.
- Utilização de autocomandos para elevar as manifestações máximas das capacidades físicas.
- Busca de pontos de referência complementares para dominar a estrutura de uma capacidade física concreta.

Quando o atleta desenvolve o autocontrole e torna-se capaz de perceber detalhadamente os elementos da estrutura psicológica na preparação física, ele se conscientiza das suas próprias possibilidades em relação à manifestação das suas capacidades físicas, podendo controlá-las intencionalmente com autocomandos e criando estímulos internos que controlam seus esforços físicos e aumentam sua capacidade de trabalho. O atleta deve se utilizar principalmente das sensações musculomotoras para controle e precisão da reprodução dos parâmetros das capacidades físicas, apoiando-se em outros pontos de referência como contagem do tempo de duração do movimento ou percepção do peso e da textura da bola durante o arremesso, enriquecendo a essência da capacidade física concreta.

Na prática, o desenvolvimento dessas habilidades psicológicas é benéfico tanto para a fase de treinamento como para a competição, pois é esse processo que lhe permite aprender a controlar mais precisamente a carga de treinamento em uma série de corrida a 70% da velocidade máxima e também a controlar, por exemplo, a tensão muscular nos ombros provocada pela ansiedade durante uma partida para que não prejudique a precisão dos arremessos.

No entanto, a preparação física não existe por si só. As qualidades principais do jogador de basquetebol estão ligadas às suas habilidades técnicas e táticas, determinantes na preparação física. As capacidades físicas são definidas em função do tipo de atividade motora e mediada pela técnica dos movimentos e pelas ações táticas. Portanto, a educação das capacidades físicas é possível somente no processo de assimilação de uma técnica, já que esse aperfeiçoamento do gesto técnico leva ao desenvolvimento polifacetado das capacidades físicas já existentes.

Dessa forma, fica clara a interdependência entre os trabalhos de preparação física e técnica. Da mesma maneira, existem relações entre as particularidades psicológicas de uma e outra. A preparação técnica tem como objetivos o aperfeiçoamento e o domínio dos gestos esportivos específicos da modalidade. As publicações mais atuais que abordam metodologia de treinamento vêm discutindo a interdependência da preparação técnica com a preparação tática, especialmente quando se analisa a estrutura psicológica dos gestos técnicos.

## Aspectos psicológicos da preparação técnica

Nos jogos com bola, um elemento substancial da técnica é sua interação com o meio externo, condicionada pelos estímulos aos quais o jogador deve reagir de maneira precisa. Por isso, um primeiro elemento psicológico que envolve as técnicas no basquetebol são os processos de reação aos estímulos externos, considerando-se a velocidade e a precisão com que se desenvolvem. Esse aspecto pode ser facilmente percebido em várias situações – por exemplo, quando um jogador inicia o movimento do arremesso e, no momento em que vai finalizá-lo, um defensor se aproxima e ele faz uma assistência para outro jogador. A execução correta dos movimentos não significa muito por si só. Ela é importante somente com relação aos estímulos que sinalizam sobre as particularidades da situação que se configurou no jogo.

As mesmas percepções especializadas aplicadas à preparação física desempenham papel importante na estrutura psicológica da técnica, considerando os seguintes aspectos:

- Adequação à realidade objetiva (as particularidades estruturais dos movimentos do próprio corpo e as particularidades dos objetos exteriores).
- Volume.
- Amplitude.
- Velocidade de execução.

Para cada modalidade, essas percepções adquirem traços específicos que as caracterizam como percepções especializadas, tidas como os sentidos. No basquetebol, exemplos dessas percepções são:

Aspectos psicológicos aplicados à prática do basquetebol de alto rendimento **175**

▸ Sentido do tempo: ligado à habilidade de distribuir as ações no tempo com exatidão. Cabe novamente o exemplo do salto para o rebote, já que não basta o jogador desenvolver a capacidade de salto, devendo também ser capaz de adequar o movimento do salto ao tempo de deslocamento da bola no ar.

▸ Sentido de espaço: aliado ao sentido de tempo, por exemplo, numa troca de passes no contra-ataque, em que o passador deve ser capaz de analisar a velocidade de deslocamento do companheiro no espaço e calcular a velocidade com que a bola deve se deslocar para alcançá-lo, pois, sem essas percepções, ele corre o risco de lançar a bola muito à frente ou atrás do companheiro, dificultando ou impedindo a recepção.

▸ Sentido da bola: caracterizado pelas percepções das suas características físicas (peso, forma, textura), além da força necessária para impulsioná-la em direção à cesta e da sua velocidade de deslocamento no passe. Essas percepções ajudam o jogador a coordenar seus movimentos no ato do arremesso ou na preparação dos braços para receber um passe longo, facilitando a coordenação dos gestos técnicos com as particularidades da bola e de seus deslocamentos.

No basquetebol, como em outras modalidades com bola, os gestos técnicos possuem uma grande diversidade de estruturas caracterizadas pela variabilidade e pela mudança dos movimentos, já que a ação técnica é executada em situações que se alteram constantemente. Por essa razão, os hábitos motores dos jogadores exigem maior grau de conscientização dos movimentos do que em esportes cíclicos como a natação ou o atletismo.

A necessidade de conscientização dos movimentos no basquetebol é justificada pela ideia de que o treinamento técnico nas modalidades coletivas deve ter como objetivos:

▸ Formação de automatismos flexíveis dos movimentos.
▸ Otimização dos programas motores generalizados.
▸ Aprimoramento da capacidade de variação, combinação e adaptação do comportamento motor do esportista na execução da técnica em situação de competição.

Para tanto, a fim de se alcançar um alto nível de perfeição dos hábitos motores em termos de precisão do gesto, enfatiza-se a necessidade de o atleta controlar conscientemente os distintos movimentos e percebê-los plena e claramente durante a execução de uma ação técnica. Assim, faz-se necessário o desenvolvimento das seguintes habilidades psicológicas para o domínio do gesto técnico:

▶ Desenvolvimento da sensibilidade motora específica da modalidade.
▶ Percepções claras e diferenciadas dos movimentos realizados nos gestos técnicos (sensações musculomotoras, visuais, cutâneas, vestibulares etc.).
▶ Existência de representações claras e diferenciadas dos movimentos realizados.

As particularidades psicológicas de cada modalidade esportiva se diferenciam de acordo com o grau de domínio do atleta em relação aos seus hábitos motores e são divididas em três fases:

▶ No início da aprendizagem do arremesso *jump* no basquetebol, por exemplo, a representação mental desse gesto se dá, predominantemente, de maneira geral e pelo componente visual. O atleta possui percepções musculomotoras imperfeitas e superficiais, sem ser capaz de identificar claramente os movimentos. Por isso, nessa fase inicial, tem dificuldades para perceber e controlar os movimentos e também para avaliar precisamente erros e acertos. Tal dificuldade é ilustrada pela deficiência para coordenar as fases de salto e soltura da bola, além da incapacidade de analisar sozinho em que fases do gesto técnico errou, se deve soltar a bola antes ou saltar mais alto.
▶ Na segunda fase, o jogador domina alguns elementos da ação técnica e suas sensações musculomotoras tornam-se mais claras e conscientes. Ele se torna capaz de diferenciar sua percepção geral do gesto e também dos diversos elementos que o compõem e a representação se pauta mais nos componentes motores e vestibulares, ainda que os visuais continuem tendo importância. Nesse estágio, o jogador desenvolve suas percepções sinestésicas, tornando-se capaz de avaliar sua execução a partir das sensações musculomotoras e vestibulares que, no caso do *jump*, indicam para ele se a extensão do cotovelo e a

Aspectos psicológicos aplicados à prática do basquetebol de alto rendimento **177**

flexão do punho foram realizadas plenamente e se a altura do salto foi adequada.

▸ Na terceira fase, que compreende o estágio final de aperfeiçoamento técnico, as representações dos hábitos motores são extremamente claras e diferenciadas, predominando os componentes motores. Nesse nível, o atleta é capaz de realizar mentalmente todos os gestos técnicos e identificar os diferentes elementos dos movimentos que os compõem. Os gestos passam a ser realizados com muita precisão, rapidez e economia, já que vários elementos são automatizados e desaparece a necessidade de controle visual, passando a um controle fundamentalmente realizado pelas sensações musculomotoras. O jogador torna-se capaz de reproduzir sua execução do *jump* mentalmente com todo o detalhamento em termos de sequência e amplitude dos movimentos e executa-o na prática com um alto nível de perfeição.

A perfeição na execução dos gestos técnicos é caracterizada pela estabilidade e pela flexibilidade de sua realização, o que significa que em condições semelhantes o gesto se repetirá com o mesmo encadeamento de movimentos combinado à flexibilidade que se expressa diante de variações ambientais e condições que exigem adaptações. Nesse caso, o atleta é capaz de repetir várias vezes, com sucesso, o *jump* em uma mesma situação do jogo, bem como de adequar esse gesto técnico às diferentes situações em que se encontra numa partida, como ao diferenciar o *jump* num arremesso de 3 pontos de um outro realizado a meia distância na zona morta.

Essa relação entre estabilidade e flexibilidade se explica pela interdependência entre preparação técnica e preparação tática. As habilidades técnicas compreendem o domínio da execução, ao passo que as habilidades táticas integram a leitura de jogo, compreendendo a identificação, o tratamento da informação e a tomada de decisão. No basquetebol, as ações de decisão precedem as ações de execução, ou seja, um bom jogador, além de dominar todas as habilidades técnicas, é capaz de executá-las a partir da análise da situação e da seleção da resposta motora mais adequada para as condições identificadas. É por isso que sua preparação deve desenvolver as habilidades técnicas juntamente com as habilidades táticas, a fim de capacitá-lo para ler o jogo, selecionar e executar as respostas motoras mais adequadas.

## Aspectos psicológicos da preparação tática

Ainda é comum que a preparação tática e a preparação técnica sejam feitas separadamente, pois supõe-se que são processos paralelos dentro do sistema do treinamento esportivo, no entanto, conforme explicado anteriormente, a relação entre as habilidades técnicas e táticas é muito estreita em decorrência da necessidade de habilidades motoras abertas, que sejam executadas em condições variadas e imprevisíveis. A necessidade do jogador de responder às variações ambientais resulta em processos associados de percepção, padrão de reconhecimento e tomada de decisão, a fim de que a ação possa ser ajustada ao ambiente.

A tática, aqui, é compreendida como o conjunto de modos de aplicação dos procedimentos técnicos correspondentes às condições do jogo. As ações táticas são formadas por uma série de tarefas que se integram em um objetivo a ser alcançado – por exemplo, com o objetivo de receber a bola, o jogador de basquetebol precisa se movimentar para se desmarcar do defensor, se posicionar e preparar seu corpo para absorver o impacto da bola. Na prática, as atitudes do jogador representam uma cadeia de soluções de tarefas que podem ilustrar uma das características essenciais do pensamento tático de um atleta do basquetebol. A efetividade do pensamento tático se relaciona aos hábitos táticos incorporados durante os treinamentos, já que o jogador age em função das situações do jogo e percebe imediatamente se a opção foi correta ou não.

Outro elemento do pensamento tático diz respeito à velocidade com que ele é processado. Esse pensamento tático é um dos diferenciais dos jogadores de basquetebol, pois é o que os capacita a captar todas as particularidades de uma situação, calcular as probabilidades de mudança dessa situação e tomar decisões rapidamente em condições de pressão psicológica caracterizadas por uma resistência de velocidade do pensamento tático.

O objetivo da preparação tática deve ser, portanto, aperfeiçoar os procedimentos racionais de solução dos problemas que surgem no processo de competição, desenvolvendo a capacidade do jogador de adotar rapidamente uma decisão tática, fazendo com que a análise da situação e a escolha da ação para execução sejam etapas consequentes de um processo único de tratamento de informação (Figura 1).

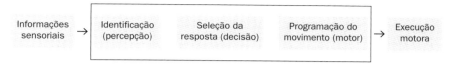

**FIGURA 1** Modelo simplificado de tratamento de informação. Adaptada de Jordane F, Martin J. Baloncesto: bases para el alto rendimiento. Barcelona: Hispano Europea; 1999.

Na prática, quando o jogador está com a posse de bola, ele analisa as condições em que se encontram seus companheiros, adversários e ele próprio. Após a percepção de sinais relevantes no ambiente, essas informações são processadas para escolher a ação mais adequada entre as opções existentes – passar, arremessar ou infiltrar. Quando o jogador define a resposta, envia comandos do cérebro para os músculos e, de acordo com sua programação motora, os músculos respondem aos estímulos nervosos e realizam o gesto técnico escolhido.

Todo esse processo acontece, por exemplo, quando o armador está no centro da quadra com a bola e ao analisar a situação do jogo percebe uma falha da defesa que deixa o pivô de sua equipe livre abaixo da cesta. Entre as opções táticas disponíveis ele decide, então, passar a bola para o pivô. Para realizar a ação, ele deve programar o movimento para que seja, nesse caso, um passe veloz e preciso acima da cabeça do pivô. É só então que o gesto técnico é realizado, resultando em uma assistência para o pivô desmarcado que converte 2 pontos.

A competência do jogador de basquetebol depende, portanto, não só da perfeição técnica, mas também de sua habilidade de prever as situações táticas e tomar decisões acertadas sob pressão para a solução de problemas nas situações do jogo.

A previsão das ações táticas do adversário corresponde a reações antecipadas ligadas à percepção da informação concreta, diferenciações musculomotoras, reações sensoriomotoras e coordenação sensorial. A habilidade de antecipar e prever as mudanças na situação de jogo depende, por sua vez, das particularidades psicológicas do jogador.

É comum que jogadores que se encontram em algum estado de desequilíbrio psicológico (p. ex., ansiedade ou insegurança) sejam incapazes de analisar todas as características da situação e, consequentemente, acabem realizando movimentos táticos predeterminados mesmo quando eles não se adequam à situação em que a equipe se encontra.

Por isso, é importante que o atleta desenvolva habilidades psicológicas de autocontrole e de processamento de informações para tornar-se capaz de tomar decisões mesmo em condições de tensão psíquica, analisando o custo de cada ação tática. Um jogador de basquetebol, ao recuperar a posse de bola em um rebote defensivo no final de uma partida, leva em conta se a equipe está ganhando com uma grande vantagem ou se o placar está apertado, e quantos segundos faltam para terminar a partida. Numa situação em que o placar é desfavorável e faltam poucos segundos para o fim da partida, o jogador é obrigado a analisar instantaneamente todas as variações da ação e optar por uma decisão única e efetiva sob pressão, quando a excitação emocional interfere no processo de tomada de decisão. Por isso, o controle emocional e a estabilidade psicológica são tão importantes no pensamento tático quanto as capacidades cognitivas ligadas à percepção ambiental e à tomada de decisões.

Um último ponto que merece destaque sobre os aspectos psicológicos relativos à preparação tática diz respeito à classificação das ações táticas em individual, grupal e coletiva:

▪ Individual: comportamento do jogador que interpreta as relações entre espaço, tempo e situação e realiza ações para resolver o problema do jogo por intermédio da coordenação neuromuscular. Compreende as ações de um único jogador que pode ser exemplificada por situações de 1x1 em que o atacante com a bola avalia suas competências físicas, técnicas, táticas e psicológicas em comparação com o defensor para decidir qual ação realizar.

▪ Grupal: ações coordenadas entre dois ou três jogadores, apoiadas em intenções táticas individuais, que objetivem a definição da ação. A interação entre os jogadores torna-se o elemento principal, pois existem mecanismos sutis de compatibilidade mútua – compatibilidade psicológica. Em alguns casos, esses mecanismos resultam em contatos quase instantâneos entre jogadores que atuam juntos pela primeira vez, mas há aqueles caracterizados pela total ausência dessa compatibilidade apesar de os jogadores terem uma grande experiência no jogo em conjunto. Isso se explica pelo fato de que, na tática grupal, além de se

Aspectos psicológicos aplicados à prática do basquetebol de alto rendimento **181**

considerar as qualidades e fraquezas do jogador em relação ao oponente, faz-se necessário prever as ações do companheiro. O jogador com a bola deve ter a atenção focada não apenas na situação em que ele próprio se encontra no jogo em relação ao seu defensor, além de aplicá-la também em relação ao posicionamento do companheiro em quadra, bem como do seu defensor. Tais inter-relações demonstram a necessidade do desenvolvimento de habilidades psicológicas que garantam os processos de recepção e processamento de informação, de previsão do desenvolvimento da situação de jogo e unificação mental de todas as ações em uma única estrutura, de escolha da solução mais eficaz e de execução em condições de oposição do adversário.

> Coletiva: sucessão simultânea de ações entre três ou mais jogadores em busca de solucionar os problemas do jogo, a partir de conceitos preestabelecidos. Compreende não apenas uma ou duas jogadas, mas sim um mosaico delas. As ações táticas coletivas são efetivas, portanto, quando o grupo é coeso e a distribuição das responsabilidades responde, por um lado, às tarefas da equipe e, por outro, às possibilidades individuais de cada jogador. Dessa forma, ela depende em grande parte do pensamento do líder da equipe esportiva e também da utilização racional de combinações táticas aprendidas anteriormente e de soluções improvisadas em situações inesperadas do jogo, o que se torna possível com o desenvolvimento das habilidades psicológicas aplicadas às ações táticas.

## A PREPARAÇÃO PSICOLÓGICA NO BASQUETEBOL

Até este ponto, procurou-se evidenciar a participação dos aspectos psicológicos em todos os conteúdos do treinamento esportivo, justificando a necessidade de métodos que não só desenvolvam as capacidades físicas e as habilidades técnicas e táticas, mas também que estimulem o aprimoramento das habilidades psicológicas inerentes aos processos de treinamento e competição, a fim de melhorar o rendimento dos jogadores de basquetebol.

A seguir, propõe-se uma preparação psicológica que remete a muitas das questões já discutidas neste capítulo e enfatiza o trabalho integrado a ser realizado em médio e longo prazos com equipes esportivas, tomando como referência os princípios da periodização do treinamento esportivo.

A necessidade de periodização do treinamento é ponto indiscutível para a busca dos objetivos de rendimento no esporte de alto nível, pois, sem ela, não existe planejamento e sem planejamento dificilmente se alcança sucesso. A preparação psicológica deve estar integrada aos outros processos desse planejamento por conta da necessidade de se combinar, na preparação do atleta – considerado uma totalidade –, todo seu potencial físico, técnico, tático e psicológico.

O planejamento da preparação psicológica se divide em três momentos:

- Diagnóstico.
- Estabelecimento de metas e objetivos.
- Desenvolvimento.

O diagnóstico tem por finalidade levantar as demandas específicas da modalidade – nesse caso, o basquetebol –, bem como as características dos atletas e da equipe. Nesse momento, relacionam-se as atitudes presentes, as deficiências e potencialidades de cada atleta e do grupo, o estilo pessoal de cada integrante, entre outras características que permitam qualificar o trabalho que será desenvolvido em função das diferenças individuais e, por se tratar de uma modalidade coletiva, também em função da integração da preparação individual com a do grupo.

Tendo como metodologia as observações sistemáticas da equipe em situação de treino e jogo, testes de indicadores psicofisiológicos, conversas entre a comissão técnica, entre outras ações, essa integração será concretizada no estabelecimento de metas e objetivos a serem alcançados pelo grupo no decorrer dos treinamentos e das competições, que servirão de subsídio para a elaboração do planejamento.

A periodização da preparação psicológica acompanha o planejamento do treinamento como um todo, sendo distribuída também em função dos macrociclos e das fases que se desenvolverão ao longo do processo, respeitando e se adequando aos componentes físico, técnico e tático do treinamento:

- Macrociclo preparatório: a preparação psicológica acompanhará as fases geral, que tem por objetivo formar habilidades psicológicas necessárias para o início do treinamento físico; e específica, quando se busca o aperfeiçoamento das habilidades formadas na fase anterior com o intuito de desenvolver um maior domínio.

» Macrociclo competitivo: na fase pré-competitiva, trabalha-se com o intuito de otimizar as competências psicológicas promovendo uma adaptação às condições que serão impostas pela competição, com o objetivo de automatizar e integrar as habilidades que vêm sendo trabalhadas às atividades competitivas; depois, na fase competitiva, a meta principal é promover a manutenção dessas habilidades, estabilizando-as e ajustando-as à demanda competitiva.

» Macrociclo de transição: na fase transitória, a preparação psicológica atua com a finalidade de recuperar e revigorar as habilidades psicológicas exaustivamente exigidas e exploradas ao longo do processo competitivo.

Assim como a periodização do treinamento serve como uma referência para o trabalho, sujeita a adequações no decorrer dos treinamentos, a preparação psicológica se preocupa em enfatizar, em cada uma das fases, os aspectos que se fizerem necessários de acordo com o andamento da preparação da equipe, tomando por base quatro áreas básicas que devem ser contempladas na preparação do atleta:

» A esfera cognitiva trata das habilidades referentes à possibilidade de aprendizagem e compreensão de informações que são essenciais para o desempenho esportivo. Envolve habilidades relacionadas ao pensamento (rapidez, operatividade, flexibilidade, compreensão, criatividade e precisão), à atenção (concentração, distribuição, volume, intensidade, estabilidade e mudança de foco) e à percepção (espacial, temporal, visual, de ritmo, de tamanho, de peso, de esforço etc.).

» A área afetivo-motivacional refere-se às emoções envolvidas no exercício das tarefas propostas para o atleta, bem como aos motivos de sua realização. Perguntas relacionadas ao que faz com que ele esteja motivado para a competição que se inicia ou a quais são os sentimentos e emoções gerados antes de uma final de campeonato elucidam as ações traçadas nessa área específica. O prazer, a alegria, a superação, os sentimentos gerados pelo sucesso e pelo fracasso, as motivações extrínsecas e as motivações intrínsecas são as principais referências dentro do contexto competitivo.

184 Basquetebol: do treino ao jogo

▶ A esfera psicossocial trata dos relacionamentos interpessoais presentes no ambiente esportivo, da relação estabelecida pelo atleta com os outros e com ele mesmo, além da relação grupal. Comunicação, motivações, metas em comum no grupo, características de personalidade, coesão grupal, integração, valores éticos e liderança são exemplos de habilidades a serem trabalhadas.

▶ A área atitudinal representa as ações traçadas pelo atleta e pelo grupo em relação ao que foi sendo trabalhado e trata de como transformar em ações no jogo aquilo que vem sendo desenvolvido nos treinamentos. São fundamentais nessa esfera de ação as habilidades de enfrentar obstáculos e dificuldades, tomada de decisão, autocontrole, iniciativa, perseverança, independência, disciplina, determinação, entre outras características.

Para melhor visualização e compreensão deste processo, a Tabela 1 apresenta um modelo de intervenção cuja finalidade é mostrar na prática como pode ser elaborado um planejamento da preparação psicológica.

O modelo de periodização apresentado na Tabela 1 exemplifica o trabalho de preparação psicológica considerando-se sua articulação com a preparação física, técnica e tática, esclarecendo-se um pouco mais como essa relação pode ser estabelecida ao longo do processo competitivo.

Cada uma das técnicas psicológicas possui o objetivo de atuar como instrumento de preparação e desenvolvimento da habilidade relacionada naquele período específico. Em cada um desses momentos, no entanto, a ação prevista no desenvolvimento das habilidades psicológicas é diferente.

Nas fases específica, pré-competitiva e competitiva, a atenção é trabalhada constantemente, porém a forma como isso é feito varia de acordo com os objetivos e as características de cada fase.

Os processos de controle de atenção passam a ter importância central, já que estão diretamente relacionados à entrada de informação que será usada para representações mentais, a tomadas de decisão e às ações motoras em que culminam. O modelo quadridimensional de atenção no esporte, apresentado na Figura 2, é bastante útil para o entendimento das funções psicológicas nas ações esportivas.

**TABELA 1** Modelo de periodização da preparação psicológica no basquetebol

| Macrociclos | Preparação | | Competição | | Transição |
|---|---|---|---|---|---|
| Fases de preparação | Geral | Específica | Pré-competitiva | Competitiva | Transitória |
| Conteúdos do treinamento | Físico | Técnico | Técnico e tático | Tático | Avaliação/ recuperação |
| Habilidades psicológicas | Motivação Tolerância à dor Autoeficácia Autoconhecimento Formação dos relacionamentos interpessoais | Autorregulação Percepção de movimentos Pensamento: operatividade e flexibilidade Atenção: concentração, distribuição e mudança de foco | Autorregulação Atenção: concentração, distribuição, mudança de foco Autocontrole Relacionamento interpessoal | Autorregulação Confiança Autocontrole Relacionamento interpessoal Atenção: concentração, distribuição, mudança de foco | Reestruturação grupal Autodesempenho Desempenho do grupo |
| Técnicas interventivas | Estabelecimento de metas Avaliação de estilo atencional e cognitivo *Biofeedback* Testes psicológicos | Treinamento mental: visualização e percepção sinestésica Foco atencional *Biofeedback* | Foco atencional Técnicas de comunicação Estabelecimento de rotina competitiva Treinamento mental: visualização e *biofeedback* | Treinamento mental: visualização Foco atencional *Biofeedback* Reorganização de objetivos | Relaxamento Avaliação de resultados Práticas lúdicas *Biofeedback* (avaliação de níveis de estresse) |

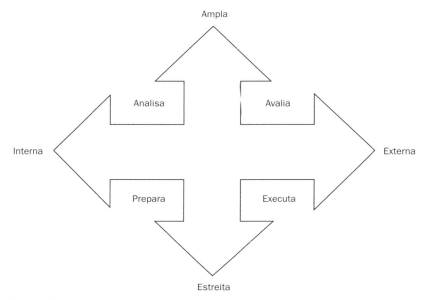

**FIGURA 2** Cruz de Nideffer representando o modelo quadridimensional de atenção no esporte. O eixo vertical representa a quantidade de estímulos (de ampla a estreita) para a qual a atenção do atleta precisa ser direcionada, enquanto o eixo horizontal diz respeito à direção (interna ou externa) do foco de atenção. Os dois eixos se combinam gerando quatro tipos distintos de atenção: amplo interno (muitos estímulos gerados pelo próprio organismo do atleta), amplo externo (muitos estímulos no ambiente em volta do atleta), estreito interno (poucos estímulos gerados pelo organismo do atleta) e estreito externo (poucos estímulos no ambiente em volta do atleta). Adaptada de Nideffer R. Concentration and attention control training. In: Williams J (ed.). Applied sport psychology: personal growth to peak performance. Arizona: Mayfield; 1986.

No modelo quadridimensional de atenção no esporte, a adequação do tipo de foco de atenção é determinada pela tarefa esportiva, que indica no que é necessário prestar atenção para obter sucesso. Além disso, as exigências de uma tarefa esportiva variam de acordo com a dinâmica de interação com equipamentos, adversários e companheiros de equipe.

Em um determinado momento de um jogo de basquetebol, por exemplo, o armador do time que ataca está posicionado antes da linha

Aspectos psicológicos aplicados à prática do basquetebol de alto rendimento **187**

de 3 pontos com a bola na mão. À sua frente, um adversário marcador procura por uma oportunidade para roubar a bola, enquanto seus companheiros de equipe deslocam-se constantemente buscando criar situações propícias para um passe, sempre acompanhados pelos outros adversários. Nesse instante, o foco de atenção do armador deve se ater ao posicionamento e à movimentação de todos os jogadores, companheiros ou adversários, e também à cesta, decidindo se a melhor opção é um passe ou o arremesso de 3 pontos (supondo-se que ele não possa optar por driblar e tentar penetrar no garrafão). O foco de atenção necessário é do tipo amplo externo. Rapidamente, como é típico da modalidade, um dos pivôs se livra do marcador e fica em ótima posição para receber um passe, alternando o foco de atenção do armador para estreito externo. O armador faz o passe com sucesso e o pivô salta em direção à cesta, mas sofre a falta e vai para os dois lances livres. Na primeira tentativa, a bola sequer atinge o aro ou a tabela. Então, o pivô percebe que algo está errado e passa a prestar atenção ao que está acontecendo em seu próprio corpo. Rapidamente percebe que sua frequência cardíaca está muito acelerada e que está preocupado com diversos temas que se alternam em sua consciência – a bronca que vai levar do treinador, os treinos extras de lance livre que terá de cumprir, a crítica de um cronista esportivo sobre sua ineficácia nesse fundamento –, configurando um tipo de foco amplo interno. Ele deve, então, se lembrar do treino psicológico que realiza no clube para passar a ocupar sua mente com o controle de sua respiração, restringindo o foco para estreito interno. Em seguida, ele olha para a porção da tabela que fica imediatamente acima do aro (estreito externo), mira e arremessa com sucesso.

Conforme exposto, a concentração pode, então, ser definida como a habilidade do atleta de acompanhar as mudanças de estímulo necessárias e adequadas para o melhor desempenho nas tarefas da modalidade que pratica. Essa habilidade complexa depende, também, de um outro conjunto de habilidades composto pela auto-observação na variação de estados fisiológicos e pela autorregulação e a qualidade de suas respostas. Em outras palavras, o jogador deve ser capaz de realizar seu próprio monitoramento e o controle de estresse. Altos níveis de ativação metabólica podem produzir estados que, além de desconfortáveis, monopolizam o foco de atenção do atleta (nesse caso, representado por uma atenção difusa do tipo ampla interna), gerando a percepção de ansiedade e induzindo a uma verdadeira batalha pelo autocontrole. Em um processo como esse, os esforços e as reservas energéticas que precisam ser investidos na percepção dos estímulos relevantes para o sucesso na tarefa esportiva (geralmente externos) acabam direcionados e gastos na autorregulação de processos internos, nem sempre com sucesso.

Uma estratégia bastante útil em todas as etapas da periodização, para avaliação e treinamento do controle de respostas fisiológicas diretamente relacionadas às habilidades psicológicas, é o *biofeedback*. Trata-se de uma metodologia que compreende habilidades de auto-observação de respostas como a frequência cardíaca, os níveis de tensão muscular, o ciclo respiratório, a resistência elétrica da pele, dentre outras, e que demonstrou melhora de desempenho esportivo em diversas modalidades, bem como em suas variações e na aquisição gradual de habilidades de controle. Na prática, o uso das estratégias de preparação psicológica tornam-se amplamente mais eficazes quando são controladas as respostas fisiológicas associadas a flutuações emocionais. Nos momentos cruciais de competições, em geral, ficam evidentes os níveis de preparação psicológica que os atletas possuem, porém pouca atenção se dá à regulação dos processos psicológicos nos treinamentos. A falta de controle sobre tais processos em momentos específicos da preparação para competição pode prejudicar a qualidade dos resultados da preparação psicológica, comprometendo sua eficácia e produzindo questionamentos importantes acerca da real necessidade desse tipo de treinamento.

Não se pode, no entanto, pensar apenas em possíveis prejuízos da falta de auto-observação e autorregulação. Inversamente, o foco de análise deve estar nos benefícios desse treinamento. É possível pensar, por exemplo, que a preparação física pode apresentar melhores resultados quando o atleta aprende a monitorar e controlar a recuperação cardíaca em um treino intervalado; no caso da preparação técnica, por sua vez, é importante aprender a manter o foco no domínio de bola e na finalização em treinos de repetição de arremessos à cesta; ou, com relação à leitura tática de jogo, é imprescindível saber observar o posicionamento e a movimentação de adversários e companheiros de equipe antes de decidir para quem passar a bola.

Aspectos psicológicos aplicados à prática do basquetebol de alto rendimento **189**

Na fase específica, deve-se ter claro que há necessidade de atuar no sentido formativo, ou seja, as técnicas de treinamento mental e de foco atencional, que podem atuar no desenvolvimento dessa habilidade, devem ser planejadas com a finalidade de ensinar o atleta a utilizar tal "ferramenta" em benefício próprio para desenvolver percepções especializadas sobre as capacidades físicas.

Em seguida, na fase pré-competitiva, já se pode desenvolver o que foi aprendido anteriormente, utilizando-se as mesmas técnicas mencionadas com ênfase no desenvolvimento da mesma habilidade para o aperfeiçoamento técnico.

Por fim, na fase competitiva, a habilidade já deve estar formada e desenvolvida, de forma que se possa utilizar as técnicas interventivas com o intuito de aperfeiçoar o que veio sendo trabalhado ao longo das fases de periodização e aplicá-la em situações competitivas, no processo de pensamento tático.

Dessa forma, as técnicas interventivas atuam no sentido de contribuir com a formação, o desenvolvimento e o aperfeiçoamento de habilidades psicológicas que serão fundamentais para a assimilação e a realização dos componentes físicos, técnicos e táticos. É importante ressaltar que tanto o quadro elaborado quanto o comentário sobre as técnicas interventivas são exemplos de como o trabalho pode ser realizado visando-se a uma melhor compreensão do tema. Só é possível, portanto, elaborar um quadro de periodização detalhado quando são levadas em consideração todas as características do grupo com o qual se trabalhará, bem como as metas a serem alcançadas e os objetivos de preparação que serão determinados pela comissão técnica e pelos atletas participantes. Aqui, reforça-se a importância da atuação conjunta dos profissionais envolvidos na busca do aperfeiçoamento do trabalho realizado e, consequentemente, na otimização do desempenho do grupo.

## CONSIDERAÇÕES FINAIS

Muito se fala da necessidade da preparação psicológica, sobre como os aspectos psicológicos influenciam o desempenho esportivo, ou até mesmo sobre a emergência de um trabalho psicológico que possa fazer com que o esporte brasileiro – e não apenas o basquetebol –

cresça e se desenvolva como potência que fará frente a outros países do mundo. Frequentemente, no entanto, há somente uma assessoria pontual a respeito de determinadas questões psicológicas específicas simbolizadas por palestras motivacionais ou atendimentos emergenciais, o que não traduz o desenvolvimento do trabalho da psicologia esportiva no Brasil e no mundo.

A intenção deste capítulo é sensibilizar técnicos, preparadores físicos e demais profissionais que atuam no esporte para a real necessidade e as possibilidades de integração da preparação física, técnica, tática e psicológica no treinamento esportivo para a otimização do desempenho do atleta e a equipe esportiva, pois os conhecimentos sobre a preparação psicológica no esporte já atingem um estágio de desenvolvimento, que vai muito além das palestras, conversas ou atendimentos clínicos.

Não é possível dizer que o tipo de atuação realizado atualmente nunca funcionará ou não poderá levar o atleta ao sucesso, mas é necessário reforçar a importância de um trabalho psicológico sistematizado, sem divagações ou práticas místicas e esotéricas, que tratem o atleta como um indivíduo com qualidades a serem potencializadas e limitações a serem superadas diante da tarefa a que se propõe.

Por fim, é importante reforçar a atuação profissional pautada na interdisciplinaridade, na qual psicólogos, técnicos, preparadores físicos, nutricionistas, médicos, fisioterapeutas, entre outros, possam interagir visando a alcançar os objetivos aos quais se propuseram, preparando melhor seus atletas e otimizando o rendimento esportivo com base em pressupostos científicos que orientarão não só a periodização da preparação psicológica mas também a periodização do treinamento como um todo.

## BIBLIOGRAFIA CONSULTADA

1. Balague G. La periodizacion del entrenamiento psicológico. In: Simpósio Internacional de Psicologia do Esporte. São Paulo, Universidade de São Paulo, Escola de Educação Física e Esporte, 2001.
2. Barreto JA. Psicologia do esporte para o atleta de alto rendimento. Rio de Janeiro: Shape; 2003.

Aspectos psicológicos aplicados à prática do basquetebol de alto rendimento **191**

3. Blumenstein B, Bar-Eli M, Tenenbaum G (eds.). Brain and body in sport and exercise: biofeedback applications in performance enhancement. Chichester: John Wiley & Sons; 2002.

4. Bompa T. Periodização: teoria e metodologia do treinamento. São Paulo: Phorte; 2002.

5. Cometti G. La preparación física en el baloncesto. Barcelona: Paidotribo; 2002.

6. Dantas EHM. A prática da preparação física. Rio de Janeiro: Shape; 1998.

7. Dantas EHM. Psicofisiologia. Rio de Janeiro: Shape; 2001.

8. Greco PJ. Iniciação esportiva universal: metodologia da iniciação esportiva na escola e no clube. Belo Horizonte: UFMG; 1998.

9. Jordane F, Martin J. Baloncesto: bases para el alto rendimiento. Barcelona: Hispano Europea; 1999.

10. Nideffer R. Concentration and attention control training. In: Williams J (ed.). Applied sport psychology: personal growth to peak performance. Arizona: Mayfield; 1986.

11. Oliveira JC. O ensino do basquetebol: gerir o presente, ganhar o futuro. Lisboa: Caminho; 2001.

12. Rodionov AV. Fundamentos psicológicos de la preparación táctica de los deportistas. In: Rudik PA (org.). Psicologia. Havana: Planeta; 1990. p. 392-402.

13. Rudik PA. Fundamentos psicologicos de la enseñanza y el perfeccionamiento en el deporte. In: Rudik PA (org.). Psicologia. Havana: Planeta; 1990. p. 364-74.

14. Rudik PA. Fundamentos psicológicos de la preparación técnica de los deportistas. In: Rudik PA (org.). Psicologia. Havana: Planeta; 1990. p. 375-91.

15. Samulski D. Psicologia do esporte. Barueri: Manole; 2002.

16. Schimidt RA. Aprendizagem e performance motora: dos princípios à prática. São Paulo: Movimento; 1993.

17. Strack BW, Linden MK, Wilson VS. Biofeedback and neurofeedback applications in sport psychology. Wheat Ridge: AAPB; 2011.

18. Rubio K. Psicologia do esporte: interfaces, pesquisa e intervenção. São Paulo: Casa do Psicólogo; 2000.

19. Weinberg RS, Gould D. Fundamentos da psicologia do esporte e do exercício. Porto Alegre: Artmed; 2001.

# PLANEJAMENTO E ORGANIZAÇÃO PARA O DIA DO JOGO

Lula Ferreira
Dante De Rose Junior

Este capítulo tem como objetivo abordar aspectos básicos do planejamento e sua aplicação no basquetebol, dando como exemplos planilhas baseadas em atividades para uma equipe de alto rendimento. Também serão dadas sugestões de como as equipes podem se preparar de forma mais adequada para o jogo.

## PLANEJAMENTO

Atualmente, o esporte demanda uma organização muito bem elaborada, não permitindo mais um trabalho calcado em "achismos" ou somente em experiências adquiridas ao longo do tempo. Um bom planejamento pode ser decisivo para o sucesso desse trabalho, independentemente do nível da equipe ou dos objetivos traçados.

Planejamento pode ser definido como a previsão organizada de um evento ou conjunto de eventos visando à obtenção do melhor resultado. É o delineamento antecipado daquilo que tem que ser realizado, de como dever ser realizado e de quem deve executar. O planejamento deve se basear na análise da situação a partir de um diagnóstico.

Resumidamente, pode-se afirmar que o planejamento parte de uma situação real (atual) para se atingir uma situação desejada, estabelecendo-se metas e considerando-se os pontos fortes e fracos da si-

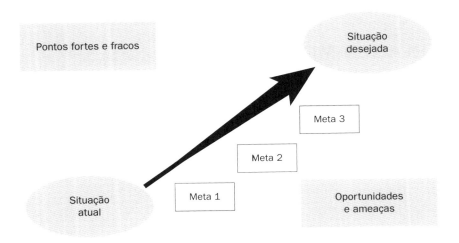

**FIGURA 1**  Caminho de um planejamento.

tuação e as oportunidades e ameaças que surgem no decorrer de sua execução (Figura 1).

## Fases do planejamento

Um planejamento é composto pelas fases de diagnóstico, execução, avaliação e reestruturação.

## Diagnóstico

O diagnóstico é a fase inicial, na qual são identificados os fatores que definem o estado atual do objeto. Para se diagnosticar uma situação de forma adequada, alguns fatores devem ser levados em conta:

▶ Filosofia de trabalho: relação entre a instituição e a filosofia pessoal do técnico.
▶ Evento para o qual se planeja, suas características e duração.
▶ Tempo disponível para se desenvolver o trabalho.
▶ Infraestrutura disponível para se desenvolver o planejamento: local, equipamentos e materiais.

Disponibilidade de recursos financeiros: patrocinadores e recursos próprios.

Material humano (atletas, comissão técnica, pessoal de apoio) existente e passível de ser engajado no trabalho.

## Execução

Execução é a fase de elaboração efetiva do planejamento, que leva em conta todos os aspectos avaliados no diagnóstico. É nessa fase que são definidos os objetivos, toda a programação (cronograma dos ciclos), os métodos e os conteúdos e a forma de avaliação (geral, específica individual, coletiva e/ou processual):

Os objetivos devem ser definidos de forma clara e realista, portanto, deve ser possível aos membros do grupo alcançar tais objetivos.

O cronograma de atividades pode ser estabelecido visando-se toda a temporada, um determinado período ou uma competição, ou ainda semanas e dias, contemplando-se o treinamento estabelecido.

Os métodos e os conteúdos dependerão da fase de treinamento ou competição em que a equipe se encontra, do nível dos atletas, do material e da estrutura disponíveis. Nesse aspecto, um detalhe que muitas vezes dificulta a execução do planejamento de forma plena e adequada é o fato de algumas equipes participarem de diferentes competições ao mesmo tempo, geralmente em momentos diferentes de cada uma delas – por exemplo, uma equipe que disputa a fase de classificação do Novo Basquete Brasil (NBB) pode estar jogando os *playoffs* da Liga das Américas, que é um torneio curto e eliminatório.

## Avaliação e reestruturação do planejamento

A avaliação e a reestruturação do planejamento consistem em uma análise criteriosa de tudo o que ocorreu durante o processo. Além da avaliação final, realizada ao final da temporada, recomenda-se que se façam avaliações periódicas para se corrigir possíveis distorções de rumo. Para uma avaliação criteriosa, alguns dos fatores que devem ser levados em conta são:

196 Basquetebol: do treino ao jogo

- Análise dos objetivos: alcançados ou não e os motivos.
- Redefinição dos objetivos.
- Recomposição da equipe e preparação para a próxima temporada ou mesmo para uma próxima fase da competição em curso.

A avaliação deve ser feita pelo grupo que participa do processo (comissão técnica), e não somente pelo treinador. Cada componente do grupo deve fazer um relato de sua área e de sua relação com as demais áreas envolvidas no processo.

## Planejando a temporada

O técnico deve realizar uma sequência de ações que vão facilitar o alinhamento da filosofia de trabalho até chegar à escolha do exercício escolhido para o treinamento. Dessa forma, os passos a serem seguidos terão uma lógica e uma coerência entre as várias partes do planejamento. Esse planejamento deve viabilizar ao técnico a oportunidade de acompanhar a evolução de seu trabalho, podendo fazer os ajustes devidos durante esse processo.

O planejamento de uma temporada inteira ou de um ciclo maior de tempo é uma das etapas mais importantes para o sucesso de um trabalho a ser realizado. As diretrizes que conduzirão as ações do técnico devem estar claramente contidas nesse documento, que ao longo do tempo deve ser constantemente revisto e seguido. Nessa etapa, é muito importante o técnico ter coletado todas as informações – são muitas – que serão necessárias para uma boa elaboração do planejamento.

Para tornar essa descrição a mais próxima possível da realidade, será usado como base o planejamento de uma equipe masculina adulta que disputa as principais competições do basquete brasileiro e internacional. Os passos a serem seguidos são iguais para qualquer tipo de equipe, seja ela de alto rendimento ou de formação, devendo ser realizadas as devidas adequações para a realidade de seu clube e de sua equipe.

O primeiro e mais importante passo é o técnico ter claramente definida, pela diretoria do clube, a filosofia a ser seguida e os objetivos a serem alcançados. Cada clube tem características próprias e tradições peculiares, e é muito importante que o técnico conheça essas informações e – mais relevante ainda – respeite e preserve os principais pilares dessa história.

Cada técnico tem sua forma de trabalhar, seus conceitos sobre o jogo e sua filosofia de atuação, mas é fundamental, para o sucesso do trabalho, que haja uma harmonia entre a filosofia dele e a do clube. Se a equipe tem um alto investimento, elenco qualificado, estrutura boa de trabalho e muita tradição na modalidade, é inevitável que os títulos de cada uma das competições disputadas sejam o principal objetivo. Se, pelo contrário, tratar-se de uma equipe nova no cenário competitivo, com baixo investimento financeiro e elenco com jovens e inexperientes jogadores, o objetivo principal não pode ser o título máximo da competição, mas sim a formação de uma equipe com um grau de competitividade bom para um desempenho crescente dentro da temporada.

Ao longo do tempo, é importante repassar esses conceitos para que o norteamento do trabalho não seja desviado pelas imposições do dia a dia. Perder o foco dos objetivos traçados é um risco constante que se corre ao executar o trabalho.

Depois de realizar o alinhamento de filosofia e determinar os objetivos a serem alcançados, pode-se passar para uma nova etapa, apresentada na Figura 2. No preenchimento do calendário, o primeiro passo é inserir os dados das competições que serão disputadas pelo clube com seus respectivos períodos de duração. A partir desse cenário, torna-se possível priorizar o período em que será mais importante a equipe atingir seu ponto máximo de rendimento. No exemplo apresentado, a equipe participa de muitas competições, o que torna difícil acertar esse ponto. Nesse caso, sugere-se focar nas competições mais longas, em termos de duração, e ajustar o ritmo quando se aproximarem as competições de curta duração.

Depois de estabelecer o calendário de competições e as prioridades, o técnico pode passar para o passo seguinte, que é determinar os ciclos de treinamento. Em seguida, ele deve estabelecer a carga que cada parte do treino vai receber em cada um dos ciclos. No exemplo apresentado, as partes do treino foram divididas em aspectos físicos, técnicos e táticos. Cada técnico vai alterar esses itens de acordo com sua filosofia de trabalho. É nessa etapa que se determina quanto tempo será dedicado a cada um dos itens (físico, técnico e tático). A Figura 3 mostra o calendário anual de treinamento, que tem o objetivo de facilitar o

198   Basquetebol: do treino ao jogo

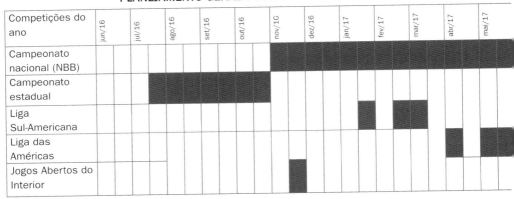

**FIGURA 2**  Calendário e ciclos. NBB: Novo Basquete Brasil.

## CALENDÁRIO ANUAL 2016-2017

### jun/16

| Sem | S | T | Q | Q | S | S | D |
|---|---|---|---|---|---|---|---|
| 1 |  |  | 1 |  | 3 |  |  |
| 2 | 6 |  | 8 |  | 10 |  |  |
| 3 | 13 |  | 15 |  | 17 |  |  |
| 4 | 20 |  | 22 |  | 24 |  |  |
| 5 | 27 |  | 29 |  |  |  |  |
| 6 |  |  |  |  |  |  |  |
| T | 4 | 0 | 5 | 0 | 4 | 0 | 0 |

### jul/16

| Sem | S | T | Q | Q | S | S | D |
|---|---|---|---|---|---|---|---|
| 1 |  |  |  |  | 1 |  |  |
| 2 | 4 |  | 6 |  | 8 |  |  |
| 3 | 11 |  | 13 |  | 15 |  |  |
| 4 | 18 |  | 20 |  | 22 |  |  |
| 5 | 25 |  | 27 |  | 29 |  |  |
| 6 |  |  |  |  |  |  |  |
| T | 4 | 0 | 4 | 0 | 5 | 0 | 0 |

### ago/16

| Sem | S | T | Q | Q | S | S | D |
|---|---|---|---|---|---|---|---|
| 1 | 1 | 2 | 3 | 4 | 5 | 6 | 7 |
| 2 | 8 | 9 | 10 | 11 | 12 | 13 | 14 |
| 3 | 15 | 16 | 17 | 18 | 19 | 20 | 21 |
| 4 | 22 | 23 | 24 | 25 | 26 | 27 | 28 |
| 5 | 29 | 30 | 31 |  |  |  |  |
| 6 |  |  |  |  |  |  |  |
| T | 5 | 5 | 5 | 4 | 4 | 4 | 4 |

### set/16

| Sem | S | T | Q | Q | S | S | D |
|---|---|---|---|---|---|---|---|
| 1 |  |  |  | 1 | 2 | 3 | 4 |
| 2 | 5 | 6 | 7 | 8 | 9 | 10 | 11 |
| 3 | 12 | 13 | 14 | 15 | 16 | 17 | 18 |
| 4 | 19 | 20 | 21 | 22 | 23 | 24 | 25 |
| 5 | 26 | 27 | 28 | 29 | 30 |  |  |
| 6 |  |  |  |  |  |  |  |
| T | 4 | 4 | 4 | 5 | 5 | 4 | 4 |

### out/16

| Sem | S | T | Q | Q | S | S | D |
|---|---|---|---|---|---|---|---|
| 1 |  |  |  |  |  | 1 | 2 |
| 2 | 3 | 4 | 5 | 6 | 7 | 8 | 9 |
| 3 | 10 | 11 | 12 | 13 | 14 | 15 | 16 |
| 4 | 17 | 18 | 19 | 20 | 21 | 22 | 23 |
| 5 | 24 | 25 | 26 | 27 | 28 | 29 | 30 |
| 6 | 31 |  |  |  |  |  |  |
| T | 5 | 4 | 4 | 4 | 4 | 5 | 5 |

### nov/16

| Sem | S | T | Q | Q | S | S | D |
|---|---|---|---|---|---|---|---|
| 1 |  | 1 | 2 | 3 | 4 | 5 | 6 |
| 2 | 7 | 8 | 9 | 10 | 11 | 12 | 13 |
| 3 | 14 | 15 | 16 | 17 | 18 | 19 | 20 |
| 4 | 21 | 22 | 23 | 24 | 25 | 26 | 27 |
| 5 | 28 | 29 | 30 |  |  |  |  |
| 6 |  |  |  |  |  |  |  |
| T | 4 | 5 | 5 | 4 | 4 | 4 | 4 |

### dez/16

| Sem | S | T | Q | Q | S | S | D |
|---|---|---|---|---|---|---|---|
| 1 |  |  |  | 1 | 2 | 3 | 4 |
| 2 | 5 | 6 | 7 | 8 | 9 | 10 | 11 |
| 3 | 12 | 13 | 14 | 15 | 16 | 17 | 18 |
| 4 | 19 | 20 | 21 | 22 | 23 | 24 | 25 |
| 5 | 26 | 27 | 28 | 29 | 30 | 31 |  |
| 6 |  |  |  |  |  |  |  |
| T | 4 | 4 | 4 | 5 | 5 | 5 | 4 |

### jan/17

| Sem | S | T | Q | Q | S | S | D |
|---|---|---|---|---|---|---|---|
| 1 |  |  |  |  |  |  | 1 |
| 2 | 2 | 3 | 4 | 5 | 6 | 7 | 8 |
| 3 | 9 | 10 | 11 | 12 | 13 | 14 | 15 |
| 4 | 16 | 17 | 18 | 19 | 20 | 21 | 22 |
| 5 | 23 | 24 | 25 | 26 | 27 | 28 | 29 |
| 6 | 30 | 31 |  |  |  |  |  |
| T | 5 | 5 | 4 | 4 | 4 | 4 | 5 |

### fev/17

| Sem | S | T | Q | Q | S | S | D |
|---|---|---|---|---|---|---|---|
| 1 |  |  | 1 | 2 | 3 | 4 | 5 |
| 2 | 6 | 7 | 8 | 9 | 10 | 11 | 12 |
| 3 | 13 | 14 | 15 | 16 | 17 | 18 | 19 |
| 4 | 20 | 21 | 22 | 23 | 24 | 25 | 26 |
| 5 | 27 | 28 |  |  |  |  |  |
| 6 |  |  |  |  |  |  |  |
| T | 4 | 4 | 4 | 4 | 4 | 4 | 4 |

### mar/17

| Sem | S | T | Q | Q | S | S | D |
|---|---|---|---|---|---|---|---|
| 1 |  |  | 1 | 2 | 3 | 4 | 5 |
| 2 | 6 | 7 | 8 | 9 | 10 | 11 | 12 |
| 3 | 13 | 14 | 15 | 16 | 17 | 18 | 19 |
| 4 | 20 | 21 | 22 | 23 | 24 | 25 | 26 |
| 5 | 27 | 28 | 29 | 30 | 31 |  |  |
| 6 |  |  |  |  |  |  |  |
| T | 4 | 4 | 5 | 5 | 5 | 4 | 4 |

### abr/17

| Sem | S | T | Q | Q | S | S | D |
|---|---|---|---|---|---|---|---|
| 1 |  |  |  |  |  | 1 | 2 |
| 2 | 3 | 4 | 5 | 6 | 7 | 8 | 9 |
| 3 | 10 | 11 | 12 | 13 | 14 | 15 | 16 |
| 4 | 17 | 18 | 19 | 20 | 21 | 22 | 23 |
| 5 | 24 | 25 | 26 | 27 | 28 | 29 | 30 |
| 6 |  |  |  |  |  |  |  |
| T | 4 | 4 | 4 | 4 | 4 | 5 | 5 |

### mai/17

| Sem | S | T | Q | Q | S | S | D |
|---|---|---|---|---|---|---|---|
| 1 | 1 | 2 | 3 | 4 | 5 | 6 | 7 |
| 2 | 8 | 9 | 10 | 11 | 12 | 13 | 14 |
| 3 | 15 | 16 | 17 | 18 | 19 | 20 | 21 |
| 4 | 22 | 23 | 24 | 25 | 26 | 27 | 28 |
| 5 | 29 | 30 | 31 |  |  |  |  |
| 6 |  |  |  |  |  |  |  |
| T | 5 | 5 | 5 | 4 | 4 | 4 | 4 |

### RESUMO ANUAL

|  | S | T | Q | Q | S | S | D | Total |
|---|---|---|---|---|---|---|---|---|
| jun/16 | 4 | 0 | 5 | 0 | 4 | 0 | 0 | 13 |
| jul/16 | 4 | 0 | 4 | 0 | 5 | 0 | 0 | 13 |
| ago/16 | 5 | 5 | 5 | 4 | 4 | 4 | 4 | 31 |
| set/16 | 4 | 4 | 4 | 5 | 5 | 4 | 4 | 30 |
| out/16 | 5 | 4 | 4 | 4 | 4 | 5 | 5 | 31 |
| nov/16 | 4 | 5 | 5 | 4 | 4 | 4 | 4 | 30 |
| dez/16 | 4 | 4 | 4 | 5 | 5 | 5 | 4 | 31 |
| jan/17 | 5 | 5 | 4 | 4 | 4 | 4 | 5 | 31 |
| fev/17 | 4 | 4 | 4 | 4 | 4 | 4 | 4 | 28 |
| mar/17 | 4 | 4 | 5 | 5 | 5 | 4 | 4 | 31 |
| abr/17 | 4 | 4 | 4 | 4 | 4 | 5 | 5 | 30 |
| mai/17 | 5 | 5 | 5 | 4 | 4 | 4 | 4 | 31 |
| **Total** | 52 | 44 | 53 | 43 | 52 | 43 | 43 | **330** |

**FIGURA 3** Calendário anual de treinamento. Sem: semanas.

trabalho na contagem do número de treinos. O técnico deve destacar os dias em que não há treino e, assim, calculará facilmente o número de treinos. Com o uso de uma ferramenta adequada (por exemplo, o *software* Microsoft® Excel), é possível fazer esses cálculos automaticamente e utilizar seus resultados em outras planilhas vinculadas.

A partir dos calendários montados conforme as Figuras 2 e 3, é possível montar planilhas que ajudem o técnico no cálculo do tempo de treinamento disponível, de acordo com os dias de treino, o tempo de duração da prática e a porcentagem de cada item (físico, técnico e tático) (Figura 4).

Em seguida, com a informação sobre a quantidade de horas que cada parte do treino terá em mão, o técnico pode selecionar a quantidade de exercícios necessária para preencher o tempo disponível. Em uma planilha de programação mensal (Figura 5), é possível distribuir o tipo de treino em cada dia em que haverá prática. Essa distribuição deverá estar de acordo com o que foi estabelecido nas etapas anteriores, assim as atividades vão seguindo sempre as diretrizes mais amplas do planejamento.

Conforme demonstrado na Figura 5, o técnico distribuirá o tipo de treino que será ministrado e determina ainda o volume e a intensidade que serão seguidos em cada sessão (o volume está relacionado com o tempo do treino e a intensidade, com a dinâmica dos exercícios escolhidos). Ele deve buscar um equilíbrio no desgaste que o treinamento causa aos atletas e graduar suas ações para um melhor aproveitamento dos conteúdos selecionados para a prática. O exemplo apresentado ilustra apenas os vários tipos de treino e a alternância dos itens volume e intensidade, não funcionando como sugestão de planejamento.

Em seguida, passa-se à etapa mais específica, do treino semanal. Com base no que foi determinado na planilha mensal, o técnico distribui os conteúdos que julgar adequados para a composição dos blocos semanais (Figura 6).

Dependendo da categoria em que o técnico atua, não haverá nenhum tipo de treino, como a musculação. Cabe ao técnico fazer adaptações na planilha, inserir os itens de que necessita e retirar aqueles que não usa.

No passo seguinte, finalmente o técnico vai elaborar o treinamento do dia (Figura 7).

## DISTRIBUIÇÃO DE TREINOS E CARGA

|  | jun/16 | jul/16 | ago/16 | set/16 | out/16 | nov/16 | dez/16 | jan/17 | fev/17 | mar/17 | abr/17 | mai/17 | Total |
|---|---|---|---|---|---|---|---|---|---|---|---|---|---|
| Número de semanas | 4 | 4 |  |  |  |  |  |  |  |  |  |  | 8 |
| Número de treinos por semana | 13 | 13 | 31 | 30 | 31 | 30 | 31 | 31 | 28 | 31 | 30 | 31 | 330 |
| Duração dos treinos (minutos) | 120 | 120 |  |  |  |  |  |  |  |  |  |  | 240 |
| Total semanal (minutos) | 1.560 | 6.240 | 0 | 0 | 0 | 0 | 0 | 0 | 0 | 0 | 0 | 0 | 7.800 |
| Total semanal (horas) | 6,5 | 26,0 |  |  |  |  |  |  |  |  |  |  |  |
| Total mensal (horas) | 26,0 | 104,0 |  |  |  |  |  |  |  |  |  |  |  |
| Total acumulado | 26,0 | 130,0 |  |  |  |  |  |  |  |  |  |  |  |

| Carga de treinamento (%) | jun/16 | jul/16 | ago/16 | set/16 | out/16 | nov/16 | dez/16 | jan/17 | fev/17 | mar/17 | abr/17 | mai/17 | Total |
|---|---|---|---|---|---|---|---|---|---|---|---|---|---|
| Físico | 60% | 50% |  |  |  |  |  |  |  |  |  |  | 55% |
| Técnico | 40% | 40% |  |  |  |  |  |  |  |  |  |  | 40% |
| Tático |  | 10% |  |  |  |  |  |  |  |  |  |  | 5% |
| Total | 100% | 100% | 0% | 0% | 0% | 0% | 0% | 0% | 0% | 0% | 0% | 0% |  |

| Carga de treinamento (horas) | jun/16 | jul/16 | ago/16 | set/16 | out/16 | nov/16 | dez/16 | jan/17 | fev/17 | mar/17 | abr/17 | mai/17 | Total |
|---|---|---|---|---|---|---|---|---|---|---|---|---|---|
| Físico | 15,6 | 52,0 |  |  |  |  |  |  |  |  |  |  | 67,6 |
| Técnico | 10,4 | 41,6 |  |  |  |  |  |  |  |  |  |  | 52,0 |
| Tático | 0,0 | 10,4 |  |  |  |  |  |  |  |  |  |  | 10,4 |
| Total mensal | 26,0 | 104,0 |  |  |  |  |  |  |  |  |  |  | 130,0 |

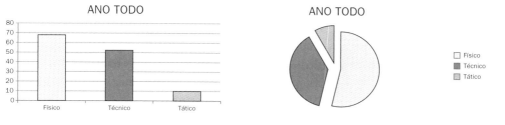

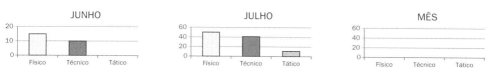

**FIGURA 4** Planilha e gráficos de distribuição do tempo e da carga de treinos.

## NOME DO CLUBE
### PROGRAMAÇÃO – DEZ/2016

| Dia | Sem | Vol | Int | Tipo de treino | | Vol | Int |
|-----|-----|-----|-----|----------------|------|-----|-----|
| | | | | Manhã | Tarde | | |
| 1 | Q | 3 | 3 | Treino físico | Treino técnico | 3 | 2 |
| 2 | S | | | Treino físico | Treino técnico | | |
| 3 | S | | | | | | |
| 4 | D | | | | | | |
| 5 | S | 2 | 2 | Treino físico | Treino técnico | 3 | 3 |
| 6 | T | 3 | 3 | Treino físico-técnico | Treino técnico-tático | 2 | 2 |
| 7 | Q | 2 | 2 | Treino físico | Treino técnico | 3 | 3 |
| 8 | Q | 3 | 3 | Treino físico-técnico | Treino técnico-tático | 2 | 2 |
| 9 | S | 2 | 2 | Treino físico | Treino técnico | 3 | 3 |
| 10 | S | | | | | | |
| 11 | D | | | | | | |
| 12 | S | | | | | | |
| 13 | T | | | | | | |
| 14 | Q | | | | | | |
| 15 | Q | | | | | | |
| 16 | S | | | | | | |
| 17 | S | | | | | | |
| 18 | D | | | | | | |
| 19 | S | | | | | | |
| 20 | T | | | | | | |
| 21 | Q | | | | | | |
| 22 | Q | | | | | | |
| 23 | S | | | | | | |
| 24 | S | | | | | | |
| 25 | D | | | | | | |
| 26 | S | | | | | | |
| 27 | T | | | | | | |
| 28 | Q | | | | | | |
| 29 | Q | | | | | | |
| 30 | S | | | | | | |
| 31 | S | | | | Folga | | |

| RESUMO DO MÊS | |
|---|---|
| 2 | Treino físico-técnico |
| 2 | Treino técnico-tático |
| 5 | Treino físico |
| 5 | Treino técnico |
| 0 | Treino tático |
| 0 | Jogo |
| 1 | Folga |

**FIGURA 5** Planilha de programação mensal. Tipos de treino: físico-técnico, técnico-tático, físico, técnico, tático, jogo, folga. Int: intensidade; Sem: semana; Vol: volume; 1: leve; 2: moderado; 3: forte.

# Planejamento e organização para o dia do jogo

| Conteúdo | S 5-Mar | T 6-Mar | Q 7-Mar | Q 8-Mar | S 9-Mar | S 10-Mar | D 11-Mar |
|---|---|---|---|---|---|---|---|
| Físico geral (musculação) | Musculação | Musculação | | | Musculação | Livre | |
| Físico específico | | Agilidade e coordenação | | Agilidade e coordenação | | | |
| Técnico | Controle do corpo e de bola (individual); Exercícios sincronizados drible/passe/arremesso; Defesa (2×2 e 3×3) | Arremesso (duplas); Fundamentos de defesa | Drible e passe (individual); Arremesso/rebote sincronizados; Defesa (3×3 e 4×4) | Arremesso (duplas); Fundamentos de ataque | Arremesso/rebote individual; Defesa/rebote sincronizados; Defesa (4×3) | | |
| Tático | Contra-ataque quadra toda (3×2 e 4×3); Defesa individual, troca e 2×1 (4×4) | | | Contra-ataque quadra toda (5×4); Ataque individual quadra toda (5×5) | | | |

**FIGURA 6** Planilha de programação semanal: demonstração de como transpor a programação mensal para a programação semanal.

## 204 Basquetebol: do treino ao jogo

PLANO DIÁRIO DE TREINO – 8/MAR, TARDE

TEMPORADA 2016/2017 – FASE DE COMPETIÇÃO

| Treino | Tempo | Nº do exercício | Descrição |
|---|---|---|---|
| Físico (tempo previsto: 30 minutos) | 10 | 1, 2 e 7 | Aquecimento e alongamento |
| | 10 | 10 e 11 | 5 colunas, fundo-quadra: tarefas de agilidade (até o meio e voltar) |
| | 10 | 5 e 9 | 5 colunas, fundo-quadra: tarefas de coordenação com bola |
| Técnico (tempo previsto: 50 minutos) | 10 | 13 e 14 | 2×2, saindo do fundo: fundamentos de ataque |
| | 10 | 17 e 18 | 3×3, saindo do fundo: fundamentos de ataque |
| | 20 | 25 e 26 | 1×1: exercícios de defesa (deslocamento e recuperação) |
| | 10 | 30 e 31 | 3×3: exercícios de defesa (troca e recuperação) |
| Tático (tempo previsto: 40 minutos) | 20 | | 5×5: sistema de defesa individual |
| | 20 | | 5×5: sistema de ataque contra individual (jogadas 1, 3 e 5) |
| **Tempo total de treino (minutos)** | **120** | | |

**FIGURA 7** Plano diário de treino.

A base de preenchimento do plano diário de treino será o que foi designado na programação semanal (Figura 6). Respeitando-se todas as etapas, com segurança todos os conteúdos escolhidos para uma sessão diária estarão de acordo com os objetivos mais amplos do planejamento. Essa segurança imprime consistência e coerência ao planejamento, fazendo com que as ações diárias não sejam contaminadas por vícios do dia a dia, que podem conduzir a ações equivocadas. Essa sequência viabiliza um norteamento na escolha dos conteúdos diários.

Sugere-se, ainda, que o técnico tenha uma pasta de exercícios numerados e que utilize essa numeração no preenchimento do treino diário (Figura 7, coluna "Nº do exercício"). Isso facilita o trabalho do técnico na hora de montar seu treino diário. As Figuras 8 a 11 apresentam exemplos de como montar essa pasta de exercícios, com o objetivo de orientar a organização dos conteúdos a serem selecionados para uma equipe. Todas as planilhas apresentadas estão parcialmente preenchi-

Planejamento e organização para o dia do jogo **205**

| 1 | FUNDAMENTOS INDIVIDUAIS | Tempo (h) | | | |
|---|---|---|---|---|---|
| | | Apr | Fix | Aper | Total |
| 1.1 | Controle do corpo | 1 | 5 | 3 | 9 |
| 1.2 | Trabalho de pernas | 1 | 5 | 3 | 9 |
| 1.3 | Trabalho de mãos/braços | 1 | 5 | 3 | 9 |
| 1.4 | Deslocamentos (frente/lados/trás) | 1 | 5 | 3 | 9 |
| 1.5 | | | | | 0 |
| 1.6 | | | | | 0 |
| 1.7 | | | | | 0 |
| 1.8 | | | | | 0 |
| 1.9 | | | | | 0 |
| 1.10 | | | | | 0 |
| | Tempo total | 4 | 20 | 12 | 36 |

| 2 | REBOTE DEFENSIVO | Tempo (h) | | | |
|---|---|---|---|---|---|
| | | Apr | Fix | Aper | Total |
| 2.1 | Posição em relação ao adversário | 1 | 5 | | 6 |
| 2.2 | Bloqueio | 1 | 5 | | 6 |
| 2.3 | Salto | 1 | 5 | | 6 |
| 2.4 | Proteção da bola | 1 | 5 | | 6 |
| 2.5 | | | | | 0 |
| 2.6 | | | | | 0 |
| 2.7 | | | | | 0 |
| 2.8 | | | | | 0 |
| 2.9 | | | | | 0 |
| 2.10 | | | | | 0 |
| | Tempo total | 4 | 20 | 0 | 24 |

| 3 | | Tempo (h) | | | |
|---|---|---|---|---|---|
| | | Apr | Fix | Aper | Total |
| 3.1 | | | | | 0 |
| 3.2 | | | | | 0 |
| 3.3 | | | | | 0 |
| 3.4 | | | | | 0 |
| 3.5 | | | | | 0 |
| 3.6 | | | | | 0 |
| 3.7 | | | | | 0 |
| 3.8 | | | | | 0 |
| 3.9 | | | | | 0 |
| 3.10 | | | | | 0 |
| | Tempo total | 0 | 0 | 0 | 0 |

| 4 | | Tempo (h) | | | |
|---|---|---|---|---|---|
| | | Apr | Fix | Aper | Total |
| 4.1 | | | | | 0 |
| 4.2 | | | | | 0 |
| 4.3 | | | | | 0 |
| 4.4 | | | | | 0 |
| 4.5 | | | | | 0 |
| 4.6 | | | | | 0 |
| 4.7 | | | | | 0 |
| 4.8 | | | | | 0 |
| 4.9 | | | | | 0 |
| 4.10 | | | | | 0 |
| | Tempo total | 0 | 0 | 0 | 0 |

| Resumo | | Tempo (h) | | | |
|---|---|---|---|---|---|
| | | Apr | Fix | Aper | Total |
| 1 | Fundamentos individuais | 4 | 20 | 12 | 36 |
| 2 | Rebote defensivo | 4 | 20 | 0 | 24 |
| | Tempo total | 8 | 40 | 12 | 60 |

| Controle de tempo | |
|---|---|
| Tempo disponível (Figura 4) | 13 |
| Tempo planejado (vide Resumo) | 60 |
| Resultado | -47 |

**FIGURA 8** Planejamento técnico de defesa. Aper: aperfeiçoamento; Apr: aprendizagem; Fix: fixação.

## 1 CONTROLE DE CORPO

| | Tempo (h) | | | Total |
|---|---|---|---|---|
| | Apr | Fix | Aper | |
| 1.1 Controle do corpo | 2 | 2 | 5 | 9 |
| 1.2 Trabalho de pernas | 2 | 2 | 5 | 9 |
| 1.3 Trabalho de mãos/braços | 2 | 2 | 5 | 9 |
| 1.4 Deslocamentos (frente/lados/trás) | 2 | 2 | 5 | 9 |
| 1.5 | | | | 0 |
| 1.6 | | | | 0 |
| 1.7 | | | | 0 |
| 1.8 | | | | 0 |
| 1.9 | | | | 0 |
| 1.10 | | | | 0 |
| Tempo total | 8 | 8 | 20 | 36 |

## 2 CONTROLE DE BOLA

| | Tempo (h) | | | Total |
|---|---|---|---|---|
| | Apr | Fix | Aper | |
| 2.1 Com uma mão para a frente/para trás | 1 | 3 | 5 | 9 |
| 2.2 Com duas bolas | 1 | 3 | 5 | 9 |
| 2.3 | | | | 0 |
| 2.4 | | | | 0 |
| 2.5 | | | | 0 |
| 2.6 | | | | 0 |
| 2.7 | | | | 0 |
| 2.8 | | | | 0 |
| 2.9 | | | | 0 |
| 2.10 | | | | 0 |
| Tempo total | 2 | 6 | 10 | 18 |

## 3 DRIBLE

| | Tempo (h) | | | Total |
|---|---|---|---|---|
| | Apr | Fix | Aper | |
| 3.1 De velocidade | | | | 0 |
| 3.2 De força | | | | 0 |
| 3.3 | | | | 0 |
| 3.4 | | | | 0 |
| 3.5 | | | | 0 |
| 3.6 | | | | 0 |
| 3.7 | | | | 0 |
| 3.8 | | | | 0 |
| 3.9 | | | | 0 |
| 3.10 | | | | 0 |
| Tempo total | 0 | 0 | 0 | 0 |

## 4 PASSE

| | Tempo (h) | | | Total |
|---|---|---|---|---|
| | Apr | Fix | Aper | |
| 4.1 De peito | 2 | 5 | 5 | 12 |
| 4.2 Com uma das mãos por cima | 2 | 5 | 5 | 12 |
| 4.3 Picado | | | | 0 |
| 4.4 | | | | 0 |
| 4.5 | | | | 0 |
| 4.6 | | | | 0 |
| 4.7 | | | | 0 |
| 4.8 | | | | 0 |
| 4.9 | | | | 0 |
| 4.10 | | | | 0 |
| Tempo total | 4 | 10 | 10 | 24 |

## 5 ARREMESSOS

| | Tempo (h) | | | Total |
| --- | --- | --- | --- | --- |
| | Apr | Fix | Aper | |
| 5.1 Bandeja em velocidade | 3 | 5 | 3 | 11 |
| 5.2 Bandeja de força | 5 | 5 | 3 | 13 |
| 5.3 Bandeja com reversão | 5 | 5 | 3 | 13 |
| 5.4 *Jump* | 5 | 5 | 3 | 13 |
| 5.5 Gancho | 5 | 5 | 5 | 15 |
| 5.6 | | | | 0 |
| 5.7 | | | | 0 |
| 5.8 | | | | 0 |
| 5.9 | | | | 0 |
| 5.10 | | | | 0 |
| Tempo total | 23 | 25 | 17 | 65 |

## 6 REBOTE OFENSIVO

| | Tempo (h) | | | Total |
| --- | --- | --- | --- | --- |
| | Apr | Fix | Aper | |
| 6.1 Posicionamento do corpo | 1 | 5 | 3 | 9 |
| 6.2 Bloqueio | 1 | 5 | 3 | 9 |
| 6.3 | | | | 0 |
| 6.4 | | | | 0 |
| 6.5 | | | | 0 |
| 6.6 | | | | 0 |
| 6.7 | | | | 0 |
| 6.8 | | | | 0 |
| 6.9 | | | | 0 |
| 6.10 | | | | 0 |
| Tempo total | 2 | 10 | 6 | 18 |

## 7

| | Tempo (h) | | | Total |
| --- | --- | --- | --- | --- |
| | Apr | Fix | Aper | |
| 7.1 | | | | 0 |
| 7.2 | | | | 0 |
| 7.3 | | | | 0 |
| 7.4 | | | | 0 |
| 7.5 | | | | 0 |
| 7.6 | | | | 0 |
| 7.7 | | | | 0 |
| 7.8 | | | | 0 |
| 7.9 | | | | 0 |
| 7.10 | | | | 0 |
| Tempo total | 0 | 0 | 0 | 0 |

## 8

| | Tempo (h) | | | Total |
| --- | --- | --- | --- | --- |
| | Apr | Fix | Aper | |
| 8.1 | | | | 0 |
| 8.2 | | | | 0 |
| 8.3 | | | | 0 |
| 8.4 | | | | 0 |
| 8.5 | | | | 0 |
| 8.6 | | | | 0 |
| 8.7 | | | | 0 |
| 8.8 | | | | 0 |
| 8.9 | | | | 0 |
| 8.10 | | | | 0 |
| Tempo total | 0 | 0 | 0 | 0 |

## Resumo

| | Tempo (h) | | | Total |
| --- | --- | --- | --- | --- |
| | Apr | Fix | Aper | |
| 1 Controle de corpo | 8 | 8 | 20 | 36 |
| 2 Controle de bola | 2 | 6 | 10 | 18 |
| 3 Drible | 0 | 0 | 0 | 0 |
| 4 Passes | 4 | 10 | 10 | 24 |
| 5 Arremessos | 23 | 25 | 17 | 65 |
| 6 Rebote ofensivo | 2 | 10 | 6 | 18 |
| Tempo total | 39 | 59 | 63 | 161 |

| Controle de tempo | |
| --- | --- |
| Tempo disponível (Figura 4) | 13 |
| Tempo planejado (vide Resumo) | 161 |
| Resultado | -148 |

**FIGURA 9** Planejamento técnico de ataque. Aper: aperfeiçoamento; Apr: aprendizagem; Fix: fixação.

## 1 CONCEITOS DE DEFESA

| | | Tempo (h) | | |
|---|---|---|---|---|
| | | Apr | Fix | Aper | Total |
| 1.1 | Posição de guarda legal | 1 | 10 | 10 | 21 |
| 1.2 | Ajuda | 1 | 10 | 10 | 21 |
| 1.3 | Cobertura | 1 | 10 | 10 | 21 |
| 1.4 | Recuperação | 1 | 10 | 10 | 21 |
| 1.5 | Rotação defensiva | 2 | 10 | 10 | 22 |
| 1.6 | 2×1 | | | | 0 |
| 1.7 | | | | | 0 |
| 1.8 | | | | | 0 |
| 1.9 | | | | | 0 |
| 1.10 | | | | | 0 |
| | Tempo total | 6 | 50 | 50 | 106 |

## 2 CONCEITOS DE DEFESA

| | | Tempo (h) | | |
|---|---|---|---|---|
| | | Apr | Fix | Aper | Total |
| 2.1 | | | | | 0 |
| 2.2 | | | | | 0 |
| 2.3 | | | | | 0 |
| 2.4 | | | | | 0 |
| 2.5 | | | | | 0 |
| 2.6 | | | | | 0 |
| 2.7 | | | | | 0 |
| 2.8 | | | | | 0 |
| 2.9 | | | | | 0 |
| 2.10 | | | | | 0 |
| | Tempo total | 0 | 0 | 0 | 0 |

## 3 CONCEITOS DE ATAQUE

| | | Tempo (h) | | |
|---|---|---|---|---|
| | | Apr | Fix | Aper | Total |
| 3.1 | Servir e ir | 1 | 5 | 2 | 8 |
| 3.2 | Corta-luz | 1 | 5 | 2 | 8 |
| 3.3 | Rotação ofensiva | 1 | 5 | 2 | 8 |
| 3.4 | | | | | 0 |
| 3.5 | | | | | 0 |
| 3.6 | | | | | 0 |
| 3.7 | | | | | 0 |
| 3.8 | | | | | 0 |
| 3.9 | | | | | 0 |
| 3.10 | | | | | 0 |
| | Tempo total | 3 | 15 | 6 | 24 |

## 4 CONCEITOS DE ATAQUE

| | | Tempo (h) | | |
|---|---|---|---|---|
| | | Apr | Fix | Aper | Total |
| 4.1 | | | | | 0 |
| 4.2 | | | | | 0 |
| 4.3 | | | | | 0 |
| 4.4 | | | | | 0 |
| 4.5 | | | | | 0 |
| 4.6 | | | | | 0 |
| 4.7 | | | | | 0 |
| 4.8 | | | | | 0 |
| 4.9 | | | | | 0 |
| 4.10 | | | | | 0 |
| | Tempo total | 0 | 0 | 0 | 0 |

## Resumo

| | | Tempo (h) | | |
|---|---|---|---|---|
| | | Apr | Fix | Aper | Total |
| 1 | Conceitos de defesa | 6 | 50 | 50 | 106 |
| 2 | Conceitos de defesa | 0 | 0 | 0 | 0 |
| 3 | Conceitos de ataque | 3 | 15 | 6 | 24 |
| 4 | Conceitos de ataque | 0 | 0 | 0 | 0 |
| | Tempo total | 9 | 65 | 56 | 130 |

## Controle de tempo

| Controle de tempo | |
|---|---|
| Tempo disponível (Figura 4) | 26 |
| Tempo planejado (vide Resumo) | 130 |
| Resultado | -104 |

**FIGURA 10** Planejamento tático individual. Aper: aperfeiçoamento; Apr: aprendizagem; Fix: fixação.

**1 SISTEMA DE DEFESA**

| | | Tempo (h) | | | Total |
|---|---|---|---|---|---|
| | | Apr | Fix | Aper | |
| 1.1 | Individual | 1 | 5 | 1 | 7 |
| 1.2 | Zona 1-3-1 | 1 | 5 | 1 | 7 |
| 1.3 | Pressão 1-2-1-1 | 1 | 5 | 1 | 7 |
| 1.4 | | | | | 0 |
| 1.5 | | | | | 0 |
| 1.6 | | | | | 0 |
| 1.7 | | | | | 0 |
| 1.8 | | | | | 0 |
| 1.9 | | | | | 0 |
| 1.10 | | | | | 0 |
| | Tempo total | 3 | 15 | 3 | 21 |

**2 SISTEMA DE ATAQUE**

| | | Tempo (h) | | | Total |
|---|---|---|---|---|---|
| | | Apr | Fix | Aper | |
| 2.1 | Jogada 1 individual | 1 | 2 | 10 | 13 |
| 2.2 | Jogada 2 individual | 1 | 2 | 10 | 13 |
| 2.3 | Jogada 3 por zona | 1 | 2 | 10 | 13 |
| 2.4 | | | | | 0 |
| 2.5 | | | | | 0 |
| 2.6 | | | | | 0 |
| 2.7 | | | | | 0 |
| 2.8 | | | | | 0 |
| 2.9 | | | | | 0 |
| 2.10 | | | | | 0 |
| | Tempo total | 3 | 6 | 30 | 39 |

**3 CONTRA-ATAQUE**

| | | Tempo (h) | | | Total |
|---|---|---|---|---|---|
| | | Apr | Fix | Aper | |
| 3.1 | Linha de 3 | 2 | 2 | 2 | 6 |
| 3.2 | Linha de 3 + entrada pelo meio dos pivôs | 2 | 2 | 2 | 6 |
| 3.3 | | | | | 0 |
| 3.4 | | | | | 0 |
| 3.5 | | | | | 0 |
| 3.6 | | | | | 0 |
| 3.7 | | | | | 0 |
| 3.8 | | | | | 0 |
| 3.9 | | | | | 0 |
| 3.10 | | | | | 0 |
| | Tempo total | 4 | 4 | 4 | 12 |

**4 SITUAÇÕES ESPECIAIS**

| | | Tempo (h) | | | Total |
|---|---|---|---|---|---|
| | | Apr | Fix | Aper | |
| 4.1 | Saída de fundo – defesa | 1 | 1 | 1 | 3 |
| 4.2 | Saída de meio – fim de jogo 5" | 1 | 1 | 1 | 3 |
| 4.3 | Saída de fundo – ataque | 1 | 2 | 5 | 8 |
| 4.4 | | | | | 0 |
| 4.5 | | | | | 0 |
| 4.6 | | | | | 0 |
| 4.7 | | | | | 0 |
| 4.8 | | | | | 0 |
| 4.9 | | | | | 0 |
| 4.10 | | | | | 0 |
| | Tempo total | 3 | 4 | 7 | 14 |

**Resumo**

| | | Tempo (h) | | | Total |
|---|---|---|---|---|---|
| | | Apr | Fix | Aper | |
| 1 | Sistema de defesa | 3 | 15 | 3 | 21 |
| 2 | Sistema de ataque | 3 | 6 | 30 | 39 |
| 3 | Contra-ataque | 4 | 4 | 4 | 12 |
| 4 | Situações especiais | 3 | 4 | 7 | 14 |
| | Tempo total | 13 | 29 | 44 | 86 |

**Controle de tempo**

| | |
|---|---|
| Tempo disponível (Figura 4) | 10 |
| Tempo planejado (vide Resumo) | 86 |
| Resultado | -76 |

**FIGURA 11** Planejamento tático coletivo. Aper: aperfeiçoamento; Apr: aprendizagem; Fix: fixação.

das, a título de exemplo, ficando como opção do técnico desenvolver seu planejamento dentro dos conceitos que julgar melhor.

Essas planilhas também são uma maneira de verificar se o tempo gasto com cada conteúdo cabe no tempo real de treino, que é fornecido pelas planilhas de planejamento. Para auxiliar neste cálculo, são utilizadas as classificações "aprendizagem", quando o atleta vai ter contato pela primeira vez com um conteúdo; "fixação", quando o movimento já foi aprendido, mas precisa ser fixado; e "aperfeiçoamento", que se refere à prática dos fundamentos já aprendidos e fixados. Cabe ao técnico fazer as escolhas que melhor atenderão às necessidades de seus atletas.

## ORGANIZAÇÃO PARA O DIA DO JOGO

O jogo é como uma peça de teatro: antes, são realizados ensaios para que posteriormente seja feita a apresentação. É o momento crucial no qual a comissão técnica e os atletas colocam em prática todo seu repertório técnico, tático, cognitivo e psicológico para se obter a vitória.

O jogo – e depois toda a temporada – deve ser uma atividade planejada com antecipação, levando-se em conta tudo o que foi executado até o momento de sua realização. O jogo é o momento em que as equipes utilizam todos os recursos treinados para suplantar o adversário que, presume-se, também esteja preparado para o grande momento.

A partir de um bom planejamento e de uma boa organização para o jogo, a equipe pode e tem condições de modificar comportamentos nas situações imprevisíveis que surgem durante uma partida.

O técnico e a comissão técnica devem ter muito bem delineadas as possíveis estratégias a serem utilizadas em algumas situações momentâneas, tendo como base seu plano de jogo anteriormente definido. Isso requer uma organização bastante criteriosa, sendo que cada membro da comissão técnica tem um papel fundamental para atingir o objetivo principal, que é a vitória.

O plano de jogo a ser preparado deve ter todas as opções e posições para enfrentar as dificuldades, portanto é necessário ter uma preparação mental para as possibilidades que podem surgir. Elaborar tudo por escrito é importante, para evitar depender apenas da memória. Para assegurar uma grande eficiência, o ideal é que o plano seja aberto a ajustes que possam ser feitos em qualquer situação. É importante, ainda, chegar com antecedência ao local de jogo, com tempo suficiente para solucionar qualquer imprevisto.

## No vestiário, antes do jogo

Em uma equipe de alto rendimento, a rotina bem organizada do dia de jogo é fundamental para uma atuação de boa qualidade. Tudo deve ser claramente explicado aos atletas para que cada um saiba o porquê dos horários estabelecidos.

É importante ressaltar que cada atleta tem sua maneira e sua rotina para se preparar para o jogo. Na medida do possível, isso deve ser respeitado. O tempo para que o atleta fique uniformizado e pronto para o jogo é muito diferente de um para o outro – alguns jogadores, por exemplo, usam proteção de esparadrapo nos pés ("botinha") enquanto outros usam equipamentos de aplicação mais rápida. Para ajustar esses tempos diferentes, sugere-se que o horário de chegada dos atletas ao vestiário seja de 90 minutos antes do início do jogo. Com esse prazo, os jogadores têm 30 minutos para colocar o uniforme e finalizar seus preparativos individuais.

Após essa etapa, já uniformizados e prontos, os atletas vão para a quadra de jogo para 15 minutos de arremessos livres, mas supervisionados pelo preparador físico da equipe. Nessa etapa, cada jogador tem sua rotina de atuação, sendo que alguns começam com alongamento, alguns preferem só arremessar na cesta e outros se exercitam com elásticos e/ou outros equipamentos.

Quando faltarem 45 minutos para o início do jogo, o preparador físico deve conduzir os atletas de volta para o vestiário para receberem as instruções finais do técnico. Esse momento é muito importante, pois a adrenalina dos jogadores já está alta e a ansiedade para o início do jogo é grande. O técnico deve ter estruturado tudo o que vai ser repassado aos jogadores para que as informações sejam objetivas, sucintas e claras, pois o foco dos jogadores está no jogo. O tempo máximo dessa preleção deve ser de 15 minutos e o tema será bem tático, devendo o técnico relembrar os principais pontos da estratégia estabelecida nos treinamentos da semana. As mensagens devem ter sempre um caráter positivo e otimista, reforçando um clima de confiança na ação dos jogadores. Estrategicamente, sugere-se que o técnico termine sua fala com palavras de entusiasmo e confiança.

Um bom procedimento para depois da preleção do técnico é deixar os jogadores sozinhos no vestiário para que eles tenham a oportunidade de 5 minutos de uma conversa de jogador para jogador. Esse procedimento cria um clima de mais união entre os atletas e ao mesmo tempo reforça a participação mais efetiva de todos no compromisso com o jogo.

Quando faltarem 25 minutos para o início do jogo, a equipe vai então para a quadra e, sob o comando do preparador físico, realiza o aquecimento final para a partida.

Com essa rotina, a equipe deve estar pronta para executar de forma correta tudo aquilo que foi treinado para a partida.

## Durante o jogo

Cada técnico tem sua forma de orientar os atletas no transcorrer do jogo, mas alguns pontos são muito importantes para que as instruções ministradas possam ter grande utilidade.

O primeiro cuidado que o técnico deve ter é respeitar as atribuições que são de competência do jogador, como arremessar, passar, driblar, disputar o rebote e defender. Um técnico que tenta antecipar o jogo, como um narrador de rádio, pode acabar desrespeitando essas atribuições. Essa conduta pode causar vários prejuízos à equipe, tirando a criatividade e a iniciativa do jogador, além de desviar a atenção do técnico de outros procedimentos importantes que são de sua responsabilidade, como perceber o que o adversário está fazendo, raciocinar sobre uma eventual mudança tática ou pensar em uma possível substituição a ser feita.

O técnico deve observar o que está dando certo conforme a tática escolhida para o jogo e aquilo que não está funcionando, para ser corrigido. Nessa observação, é importante distinguir se o erro é de execução, ou seja, o jogador está errando na sua ação, ou se a ação está sendo bem executada, mas não está surtindo o efeito esperado. Essa distinção é fundamental, pois no caso de execução errada a providência seria a substituição do jogador enquanto no caso de execução correta e efeito improdutivo deve-se mudar a tática escolhida. Se isso não estiver claro na mente do técnico, os erros que podem ocorrer – substituir um jogador quando o melhor seria mudar a tática ou mudar a tática quando o melhor seria fazer uma ou duas substituições – são importantes. Outra atribuição importante do técnico é ter uma clara visão da conduta tática do adversário, ou seja, estar atento para a forma que o oponente está adotando e reconhecer o que sua equipe pode ou deve fazer para dificultar as ações do adversário.

É bom lembrar que, por conta do dinamismo do jogo de basquete, essa tarefa é muito dinâmica e de fundamental importância para o resultado final do jogo, exigindo dele a máxima atenção nos mínimos detalhes. Durante o jogo, o técnico tem que estar pronto para resolver problemas de forma rápida e eficaz, por isso deve manter um equilíbrio emocional que possibilite manter o foco de sua atenção naquilo que é importante, não se contagiando com fatores dispersivos como conduta da torcida ou erros de arbitragem. O ditado popular que diz "quando as coisas vão mal, não vá junto com elas" se aplica bem ao técnico nessas situações, ou seja, ele deve manter a serenidade para que seu poder de decisão não seja turvado pelas dificuldades que o jogo apresenta. Tomar decisões por impulso ou contaminadas pelo sentimento de raiva ou de punição certamente aumentará em muito a chance de o técnico cometer erros.

Uma arma poderosa de que o técnico dispõe é a substituição de jogadores. Por não ter limites, a substituição pode ajudar muito o trabalho do técnico de ir ajustando a melhor formação de sua equipe às necessidades do jogo. Essa ferramenta, no entanto, é também perigosa, pois se usada de forma inadequada pode trazer mais prejuízos do que benefícios. É preciso um bom motivo para efetuar uma substituição, como um fator físico, baixa conduta técnica, função tática ou acúmulo de faltas pessoais. Um motivo de disciplina pode também acarretar uma substituição, porém, nesse caso, o técnico precisa avaliar se quem está sendo punido é o jogador ou a equipe.

Existem situações de jogo que são estudadas antecipadamente e para as quais o técnico se prepara, mas muitas vezes o técnico se vê diante de cenários inéditos e precisa agir com precisão. Esses momentos muitas vezes obrigam o técnico a agir com seu sentimento (*"feeling"*), buscando uma solução não convencional para sanar uma dificuldade. Embora essa decisão possa parecer ser decorrente de um impulso, na verdade está mais atrelada a tudo o que o técnico já vivenciou e/ou estudou e que nesse momento vai auxiliá-lo muito a se aproximar de uma boa decisão. O importante é que ele esteja seguro de sua decisão, já que só pode saber se foi certa ou não após colocá-la em prática.

A tarefa de escolher o que fazer, considerando as várias possibilidades, exige do técnico estabilidade emocional, frieza e coragem para decidir e ter a certeza de que tudo o que der certo será creditado aos jogadores e tudo o que der errado será de sua responsabilidade. Este é o desafio de ser técnico.

## Nos pedidos de tempo

Outra maneira importante de o técnico modificar a conduta de sua equipe é o tempo técnico, um procedimento restrito pela regra do jogo. Há um limite de dois tempos técnicos no primeiro tempo do jogo e três tempos técnicos no segundo tempo do jogo. Os dois tempos técnicos do primeiro tempo, se não forem utilizados, não são levados para o segundo tempo, portanto o técnico deve controlar bem esse fator. Pedir um tempo sem necessidade pode favorecer seu adversário em alguns momento, e isso também deve ser considerado.

Diante desse cenário, o técnico deve analisar com muito cuidado o momento de usar seus pedidos. Não existe, no entanto, uma receita para determinar o momento certo de usar um tempo técnico, por isso deve ser uma decisão pessoal.

No segundo tempo do jogo, são concedidos até três tempos técnicos. Devem ser avaliadas duas variáveis importantes nesse momento: se o técnico entrar nos últimos 2 minutos de jogo do quarto período sem ter pedido tempo, ou seja, tendo ainda os três tempos técnicos para pedir, ele automaticamente perderá um tempo e só poderá usar dois tempos técnicos nestes 2 minutos finais. Nos últimos 2 minutos do quarto período, após o pedido do tempo, o jogo será reiniciado no campo de ataque (altura da linha de lance livre) da equipe que pediu o tempo. Esse detalhe é importantíssimo nos segundos finais do jogo, pois pode viabilizar um arremesso, mesmo faltando 1 segundo para o fim do jogo. Numa partida de placar equilibrado, o técnico que não tiver um tempo técnico para pedir nos segundos finais estará em nítida desvantagem.

Um aspecto fundamental do tempo técnico é o conteúdo da mensagem que o técnico pretende passar para seus atletas. A elaboração da mensagem deve ser consistente para, em menos de 1 minuto, transmitir de forma clara aquilo que o técnico julga importante. Para atingir tal objetivo, o técnico deve ter em mente o real motivo do pedido de tempo e apresentar uma proposta de solução do problema a ser solucionado. Um grande risco que o técnico corre é ficar enumerando os erros que foram cometidos e deixar pouco ou nenhum tempo para as ações que deverão ser tomadas para sanar esses erros. Outra preocupação é não exagerar em broncas genéricas, muitas vezes mais como um desabafo pessoal e pouco produtivo do que com instruções técnicas e táticas para seus jogadores. Para que todos esses fatores sejam bem cuidados, sugere-se que o técnico tenha um roteiro mental para a explanação dos temas:

- Apontar os erros a serem corrigidos.
- Dar instruções de conduta individual diretamente para o jogador envolvido.
- Indicar táticas e ações que serão adotadas na sequência do jogo.
- Finalizar com palavras de incentivo e confiança em seus jogadores.

Se houver uma comissão técnica, o técnico deve conversar com seus componentes antes de se dirigir aos jogadores.

Outras sugestões para o tempo técnico são:

- Falar de um aspecto do jogo de cada vez, por exemplo, primeiro abordar a defesa e depois o ataque.
- Colocar os jogadores sentados no banco para propiciar um descanso e maior atenção às orientações que serão passadas.
- Orientar os jogadores que não estão em quadra a providenciar água, toalhas etc.

Se o pedido de tempo foi solicitado pelo adversário, promover alguma mudança para confundi-lo e atrapalhá-lo.

## No intervalo do jogo

O intervalo do jogo é um momento nobre do jogo para o técnico, pois ele terá metade da tarefa já realizada e, portanto, um grande *feedback* para o segundo tempo; e, além disso, a conversa será feita no vestiário, longe da torcida, e num cenário que permite intervenções mais severas do técnico, sem expor seus jogadores.

As estatísticas do jogo também poderão ajudar de forma crucial nas decisões futuras e para tanto devem ser analisadas com um olhar conjugado com o desenvolvimento do jogo. Os números, quando analisados de forma isolada, podem levar o técnico a tomar decisões equivocadas. É muito importante observar o desempenho numérico da equipe e do adversário, traduzindo para os jogadores os dados mais importantes.

No intervalo, o técnico tem a oportunidade de analisar a estratégia de jogo planejada e executada e decidir possíveis modificações ou ajustes, bem como verificar o que o adversário está tentando fazer e encontrar soluções para dificultar a tarefa do oponente. Para tanto, é preciso dedicar 2 ou 3 minutos junto com a comissão técnica para fazer uma rápida avaliação do primeiro tempo antes de iniciar a fala com os atletas. É importante que o técnico tenha em mente tudo o que vai falar aos jogadores, para ser eficaz em sua mensagem.

O intervalo também oferece uma oportunidade para que os jogadores possam mostrar sua visão, já que quem executa a tarefa tem uma visão diferente de quem planeja as ações. Um denominador comum entre as partes é a melhor alternativa. O técnico deve ter bons ouvidos e um ótimo poder de decisão.

## Após o jogo

É importante não realizar palestras ou reuniões após o jogo, pois se a equipe venceu o técnico estará empolgado e poderá "falar demais" e, por outro lado, se a equipe perdeu, ele estará aborrecido e poderá fazer a mesma coisa.

É imprescindível que o técnico vá para casa, analise e reflita sobre o jogo após a partida. A conversa com os jogadores deve ser realizada no treino seguinte.

## BIBLIOGRAFIA CONSULTADA

1. Barbero-Álvarez JC. El análisis de los indicadores externos em los deportes de equipo: baloncesto. Disponível em: http://www.efdeportes.com. Acesso em: 30/03/2016.
2. Bizzocchi CE. Planejamento em esportes coletivos. In: De Rose Jr. D. Modalidades esportivas coletivas. Rio de Janeiro: Guanabara Koogan; 2006.
3. De Rose Jr. D. O basquetebol. In: Modalidades esportivas coletivas. Rio de Janeiro: Guanabara Koogan; 2006.
4. Ferreira AEX, De Rose Jr D. Basquetebol: técnicas e táticas – uma abordagem didático-pedagógica. 3.ed. São Paulo: EPU; 2010.
5. Galego AG. Planejamento esportivo. Disponível em: http://www.resumosetrabalhos.com.br/planejamento-esportivo.html. Acesso em: 13/05/2016.
6. Ibañes SJ. La intervención del entrenador de baloncesto: investigación e implicaciones prácticas. In: Lorenzo A, Ibañes SJ, Ortega E. Aportaciones teóricas y prácticas para el baloncesto del futuro. Sevilla: Weuceulen; 2009.
7. Medina AA. En busca de la excelencia encontrada. In: Medina AA, Ybañez SJ. El camino hacia la excelencia en baloncesto. Sevilla: Wanceulen; 2012.

# ANÁLISE DE JOGO APLICADA AO BASQUETEBOL

Lula Ferreira
Alexandre Barros Gaspar
Dante De Rose Junior

Este capítulo tem como objetivo apresentar diferentes meios de análise de jogo (observação e estatística) aplicados ao basquetebol e a importância dessas ferramentas para o planejamento de treinos e a preparação para as competições e para o dia do jogo.

## ANÁLISE DE JOGO OU *SCOUTING*

A competitividade é muito grande em qualquer modalidade esportiva, principalmente quando se trata de alto rendimento. Com a evolução física, técnica e tática de atletas e equipes que implica, necessariamente, em um aperfeiçoamento dos métodos de treinamento e preparação para o jogo, é muito importante que as equipes se preocupem com um estudo criterioso de suas condições, bem como das condições dos adversários.

O conhecimento das características que definem qualquer modalidade esportiva e a identificação dos tipos de exigência competitiva são imprescindíveis para progredir, aperfeiçoar e elaborar programas de preparação e treinamento apropriados nos esportes coletivos.

Esse aperfeiçoamento, cujo objetivo é o desenvolvimento individual e coletivo, buscando a obtenção do melhor resultado, tem levado técnicos e atletas a procurar, com maior frequência, o apoio de meios que os auxiliem a entender a dinâmica do jogo, tanto em nível individual como em nível coletivo.

220    Basquetebol: do treino ao jogo

O estudo do jogo a partir da observação do comportamento dos jogadores e das equipes consiste em um forte argumento para a avaliação e a organização dos processos de ensino e treino nas modalidades esportivas coletivas. As formas de manifestação da técnica, os aspectos táticos e a atividade física desenvolvida pelos jogadores devem ser parte do conteúdo abordado.

Por conta da complexidade desse estudo, ele não pode ser resultado apenas de uma simples observação feita pelos técnicos, mas sim de uma estrutura especialmente preparada para essa finalidade, envolvendo profissionais que se agregam às comissões técnicas para fornecer dados cada vez mais precisos.

O conjunto dessas observações (objetiva/subjetiva e qualitativa/quantitativa) é chamado de *scouting*, termo aceito universalmente na linguagem corrente do basquetebol, mas que é comumente confundido com a estatística de jogo, que é uma de suas partes.

O *scouting* é o processo de identificar as variações do jogo e seus aspectos subjetivos, buscando sempre indicar o fator desencadeador das atitudes dos jogadores e das equipes e detectar as características e o estilo de jogo tanto dentro da própria equipe quanto na equipe adversária, no sentido de explorar os seus pontos fracos e contrapor suas dimensões fortes.

Uma partida de basquetebol pode ser analisada sob diferentes pontos de vista e com o suporte das mais variadas metodologias, algumas delas criadas sem rigor científico, embasando-se na experiência dos observadores (na maioria dos casos, os próprios técnicos), o que não permite análises consistentes. Sob o ponto de vista do jogador ou da equipe, por exemplo, quando se analisa o desempenho técnico de um ou mais jogadores, procura-se determinar o nível de suas ações, a execução dos fundamentos e a eficiência dessa execução, além das tomadas de decisão mediante o comportamento do adversário ou mesmo de seus colegas de equipe. Já do ponto de vista tático analisam-se as situações desenvolvidas por pequenos grupos ou por toda a equipe, a partir de padrões predefinidos (plano tático de jogo) tanto na defesa como no ataque.

Algumas situações muito características do basquetebol podem ser consideradas a partir da análise de jogo tanto no âmbito individual quanto no coletivo e até mesmo para a organização da equipe, como:

- Individual (identificação de características específicas de um atleta): qual lado da quadra o arremessador prefere usar, verificar se o atleta é destro ou canhoto, verificar se o pivô executa um bom bloqueio de rebote, verificar como o atleta se comporta diante de uma marcação mais agressiva ou em situações críticas de jogo, identificar os atletas com o pior aproveitamento nos lances livres para direcionar as faltas a eles e criar uma tentativa de recuperação de posse de bola e diminuição da diferença no placar etc.
- Coletivo (identificação das principais movimentações táticas ofensivas e defensivas da própria equipe e do adversário): identificar movimentações especiais para situações, como saídas de pressão, lateral, fundo de quadra e jogadas para os últimos segundos do jogo; identificar possíveis falhas técnicas e táticas da própria equipe; etc.
- Organização da equipe: avaliar e selecionar atletas para montagem ou reestruturação do plantel, identificar fatores individuais e coletivos do rendimento, conhecer as características de determinados atletas para que elas sejam utilizadas da melhor forma possível ou neutralizadas durante uma partida, organizar e aperfeiçoar os métodos de treinamento, estabelecer metas e promover o progresso dos atletas e consequentemente da equipe etc.

Esse estudo do jogo pode ocorrer a partir de diferentes análises realizadas em tempo real ou virtualmente, com o auxílio de modernas tecnologias para a visualização das situações a serem estudadas e programas estatísticos que apontam com significativa precisão os números produzidos pelos atletas e pelas equipes.

Para que qualquer processo de análise tenha fidelidade e validade, é necessário desenvolver sistemas e métodos de observação que possibilitem o registro de todos os fatos relevantes de um jogo, produzindo-se, desse modo, informação objetiva e quantificável, consistente e confiável. Essa análise é composta por duas ações (observação do jogo e estatística de jogo) que ocorrem concomitantemente ou em momentos diferentes, mas que se completam, para que se tenha um quadro o mais próximo possível da realidade do jogo e para que os responsáveis pela preparação da equipe e dos atletas possam identificar suas deficiências e pontos fortes, a fim de proporcionar melhores condições de se organizar um treinamento ou preparar a equipe para um determinado jogo.

## Observação do jogo

A observação de jogo se refere a determinados aspectos observados e registrados durante a partida, seja em tempo real ou virtual diferido. Durante muito tempo, essa observação era feita exclusivamente ao vivo, com técnicos, comissões técnicas e *scouters* literalmente sentados na arquibancada e anotando ações individuais e coletivas da equipe. Por conta da dinâmica que o jogo apresenta na atualidade, o método de observação a partir da análise de vídeos tem se mostrado mais eficiente. Com ele, é possível que o técnico ou a comissão técnica escolha o tipo de ação que deseja observar, editando os lances de interesse para posterior análise e discussão com a própria comissão técnica e com os atletas, com o objetivo de corrigir possíveis erros ou elaborar estratégias para enfrentar adversários diferentes.

Atualmente, a tecnologia avançou muito e permite aos técnicos ter informações de vídeos dos melhores campeonatos do mundo de forma prática e rápida. A alta competitividade dos campeonatos importantes requer que o técnico conheça de forma profunda as características individuais dos adversários e também sua organização tática.

Cada técnico tem sua forma de analisar e estudar sua equipe e os adversários, mas todos necessitam de programas de edição de vídeo. Estão disponíveis no mercado programas de boa qualidade, fáceis de serem operados e com um custo bem acessível a qualquer profissional do basquete. Existem ainda programas que viabilizam um trabalho de análise com muitos detalhes e informações visuais de grande proveito para as comissões técnicas e jogadores. Pode ser citado o *software* Pinnacle Studio® 18, que tem recursos de câmera lenta, congelamento de cena, letreiros, setas e círculos para destacar posições. Com seu uso, o técnico consegue realizar uma excelente edição para a visualização de seus atletas. Em um nível mais sofisticado, há o *software* Synergy Sports™, que oferece vantagens como estatística individual e coletiva, além da disponibilização de vídeos de situações específicas quando o técnico escolhe o que lhe interessa. Tal recurso facilita muito o trabalho de encontrar as cenas escolhidas, além de detalhar a atuação de cada jogador. Esse *software*, entretanto, é de altíssimo custo, tornando-se viável apenas para uma entidade. A Liga Nacional de Basquete (LNB) disponibiliza esse recurso a todos os técnicos que atuam no Novo Basquete Brasil (NBB).

Para uma análise criteriosa do jogo realizado, é fundamental que o técnico assista ao vídeo do jogo inteiro e faça suas anotações daquilo que julga relevante para levar aos jogadores. Esse procedimento deve ser precedido por uma análise das estatísticas da partida, que dão ao técnico sinais importantes, que devem receber atenção especial no momento de assistir ao vídeo. Se, por exemplo, o número de rebotes defensivos de sua equipe foi ruim, o técnico já fica mais atento na observação desse fundamento. Esse processo dará ao técnico uma clara visão do que foi efetivamente realizado. Com a possibilidade de rever o lance várias vezes e a câmera lenta, o técnico pode fazer uma avaliação tática da equipe e, ao mesmo tempo, verificar atuações individuais.

Outra estratégia que pode ser muito eficiente é montar vídeos dos lances de um determinado jogador e, individualmente, mostrá-los para esse jogador. Esse procedimento permite ao técnico abordar todos os temas que julgar relevantes a partir da visualização do lance e receber uma informação clara do desempenho. Outra vantagem da conversa individual é resguardar o atleta perante seus companheiros. Depois de abordar os desempenhos individuais, sugere-se que o técnico comente os mesmos temas com o grupo todo, pois os atletas já receberam as orientações individualmente.

É muito importante que o técnico deixe claro para os jogadores qual é seu critério de análise do jogo, quais pontos serão considerados importantes e como chegar, a partir dos números da estatística, ao conceito de boa ou má atuação.

Para facilitar e traduzir em números a visão do técnico, há uma fórmula matemática que resulta em um número chamado de eficiência, que é a soma de tudo o que foi positivo menos a somatória de tudo o que foi negativo. Para poder comparar a atuação de jogadores que tiveram tempo de quadra muito diferente, deve-se dividir a eficiência pelo tempo jogado, depois multiplicar por 10, obtendo-se o índice de produtividade.

Os fundamentos analisados e os valores sugeridos para acertos e erros são apresentados a seguir:

- Arremesso errado de 3 pontos: -1.
- Arremesso errado de 2 pontos: -1.
- Arremesso errado de lance livre: -2.

224 Basquetebol: do treino ao jogo

- Bola perdida: -3.
- Pontos de jogo: +1.
- Rebote de defesa e ataque: +2.
- Assistência: +1.
- Toco: +1.
- Bola recuperada: +3.

Nessa pontuação, uma cesta de 3 pontos tem o mesmo valor que uma bola recuperada, o que valoriza um bom defensor tanto quanto um bom arremessador. Nesse critério, procura-se dar valor positivo a todas as ações certas do jogador que são contabilizadas na estatística do jogo e valor negativo para as ações erradas. Dessa forma, tudo o que o jogador fizer terá seu valor, não concentrando a atenção somente nos pontos de cesta, como é comum acontecer. Assim, um jogador que pontua pouco, mas pega muito rebote terá uma eficiência próxima de um cestinha que não participa de outras ações do jogo.

Sugere-se que cada técnico modifique os valores atribuídos às ações de acordo com seu conceito do jogo. Para ilustrar essa ideia, a Tabela 1 mostra um exemplo de critérios para comparar jogador 1 e jogador 2.

Assim, é possível mostrar aos jogadores que todos os fundamentos são importantes, tanto os que aparecem mais, como fazer cestas, quanto aqueles com menos visibilidade, como rebote ou assistência. É importante o jogador saber que a somatória do esforço de todos é o que determinará o resultado do jogo.

## ESTATÍSTICA DE JOGO

Trata-se do retrato numérico de um atleta ou de uma equipe, não enfocando a "qualidade" de uma ocorrência, mas sim sua quantidade. Assim, a estatística demonstra, por exemplo, quantos arremessos de 3 pontos uma equipe executou durante uma partida ou ainda quantas violações foram cometidas por uma equipe. No basquetebol, utiliza-se a estatística de jogo para entender o conjunto de dados de uma partida e auxiliar a análise do desempenho individual e coletivo. Ela será sempre expressa por números, tabelas e gráficos.

Há *softwares* oficiais, utilizados em campeonatos e por federações e confederações, e outros individuais, utilizados pelos técnicos, que

**TABELA 1** Critérios utilizados para comparação da eficiência e do índice de produtividade entre dois atletas

| Ações do jogo | | Jogador 1 | Jogador 2 | Valores de eficiência | Ações valorizadas | |
|---|---|---|---|---|---|---|
| | | | | | Jogador 1 | Jogador 2 |
| Arremesso de 3 pontos | Acerto | 4 | 0 | 0 | 0 | 0 |
| | Erro | 6 | 0 | -1 | -6 | 0 |
| Arremesso de 2 pontos | Acerto | 2 | 2 | 0 | 0 | 0 |
| | Erro | 5 | 2 | -1 | -5 | -2 |
| Arremesso de lance livre | Acerto | 5 | 3 | 0 | 0 | 0 |
| | Erro | 3 | 3 | -2 | -6 | -6 |
| Pontos | | 21 | 7 | +1 | +21 | +7 |
| Rebote | Defesa | 1 | 9 | +2 | +2 | +18 |
| | Ataque | 1 | 5 | +2 | +2 | +10 |
| Assistência | | 0 | 2 | +1 | 0 | +2 |
| Bola perdida | | 2 | 2 | -3 | -6 | -6 |
| Bola recuperada | | 0 | 3 | +3 | 0 | +9 |
| Toco | | 0 | 2 | +1 | 0 | +2 |
| Eficiência | | 2 | 36 | | 2 | 36 |
| Tempo jogado | | 28 | 28 | Soma | 28 | 28 |
| Índice de produtividade | | 0,71 | 1,28 | Eficiência × tempo jogado × 10 | 0,71 | 12,8 |

são ferramentas importantes para se obter esses dados. Os oficiais são mais quantitativos, ou numéricos. Dentro de um mesmo campeonato, eles são praticamente iguais em todas as praças de jogos para que haja um padrão no que está sendo coletado e para que uma central possa compilar esses dados posteriormente, permitindo comparações e inferências. Os individuais, por sua vez, tendem a ser mais abrangentes e abertos a configurações personalizadas, de forma a possibilitar que o técnico escolha o que quer coletar. O intuito é ter uma ferramenta mais abrangente e que atenda às necessidades particulares da equipe.

Esses *softwares* são desenvolvidos para atender às exigências e particularidades de cada competição e são de uso exclusivo das instituições que as organizam, podendo, em alguns casos, ser utilizados em outros eventos mediante sua compra ou autorização da empresa que os criou. Atualmente, um dos *softwares* mais usados é o desenvolvido pela International Basketball Federation (FIBA), que o utiliza em todos os seus campeonatos oficiais e também em campeonatos nacionais e regionais, como é o caso do Novo Basquete Brasil (NBB) e do Campeonato Paulista, organizado pela Federação Paulista de Basketball. Na Figura 1, pode-se visualizar a tela do referido programa em que os dados são inseridos.

**FIGURA 1** Tela inicial do programa Live Stats®, da International Basketball Federation (FIBA).

A evolução recente nos métodos de coleta de dados na estatística é considerável e facilitou demais o trabalho dos anotadores. O que antes era feito com papel e lápis, tornou-se um sofisticado sistema que envolve programas de computadores e diferentes processos de análise, incluindo-se alguns acionados por voz, com os quais os anotadores não precisam desviar a atenção do jogo para registrar os dados.

A estatística no Brasil começou com o trabalho realizado no Campeonato Mundial de Basquetebol Feminino de 1971 (Figura 2) e teve esporádica continuidade em outros torneios importantes, com destaque para o Campeonato Mundial Interclubes de Basquete patrocinado pelo Esporte Clube Sírio em 1981, Campeonato Mundial Feminino em 1983 e Torneio Pré-Olímpico Masculino em 1984. Nesses eventos, o número de pessoas que faziam as anotações de jogos era muito grande. Por exemplo, no Campeonato Mundial Interclubes de 1981, dezoito pessoas trabalhavam na quadra com planilhas individualizadas e que eram processadas à mão e com a calculadora para que o resultado final fosse entregue aos técnicos logo após o término da partida (Figuras 3 e 4).

Na década de 1990, a Federação Paulista de Basketball e a Confederação Brasileira de Basketball, ainda utilizando o sistema operacional DOS ou o Lotus, introduziram em seus campeonatos adultos o uso do computador e a entrega de relatórios para os técnicos, além de disponibilizar em seus *sites* as estatísticas dos jogos e os dados acumulados dos atletas e das equipes. Usando esses sistemas, eram necessárias três pessoas – duas anotando as ocorrências em papeletas e a outra passando os dados para o computador – e esses dados eram enviados após os jogos, via fax, para uma central que os organizava e distribuía. Apesar de ser um método rudimentar, era muito seguro, pois, em caso de erros ou dúvidas, os dados poderiam ser recuperados nas papeletas, cujas anotações eram feitas com canetas de cores diferentes para cada equipe (Figura 5).

Este método, no entanto, apresentava algumas limitações: o acompanhamento de cada jogada na sequência em que elas acontecem (*play-by-play*) e o mapeamento de arremessos eram deixados de lado, pois ainda não havia o sincronismo das ações com o cronômetro de jogo e o mapeamento era tecnicamente difícil de ser feito pelo teclado.

Com o passar do tempo, a internet foi se popularizando e, usando essa ferramenta, foi possível iniciar a transmissão de jogos *on-line*. As-

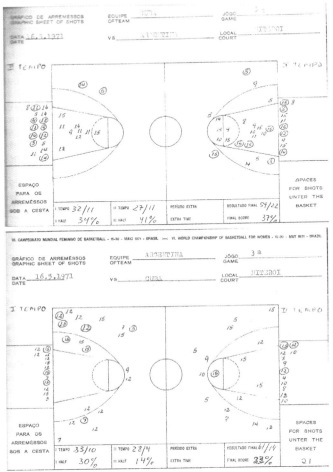

**FIGURA 2** Mapa de arremessos do Campeonato Mundial de Basquetebol Feminino de 1971, realizado no Brasil. (Figura retirada do Relatório estatístico do Campeonato Mundial de Basquetebol Feminino do Brasil – 1971.)

sim, os técnicos, jogadores e fãs já podiam acompanhar o andamento dos jogos, ver o placar e saber informações estatísticas durante a sua realização, o que elevou significativamente o interesse pelos números.

Como parte da evolução, os sistemas migraram para o sistema operacional Windows. Com isso, a utilização do *mouse* se tornou possível, trazendo mais agilidade ao processo e diminuindo a utilização do teclado. A interface de trabalho também ficou mais agradável e

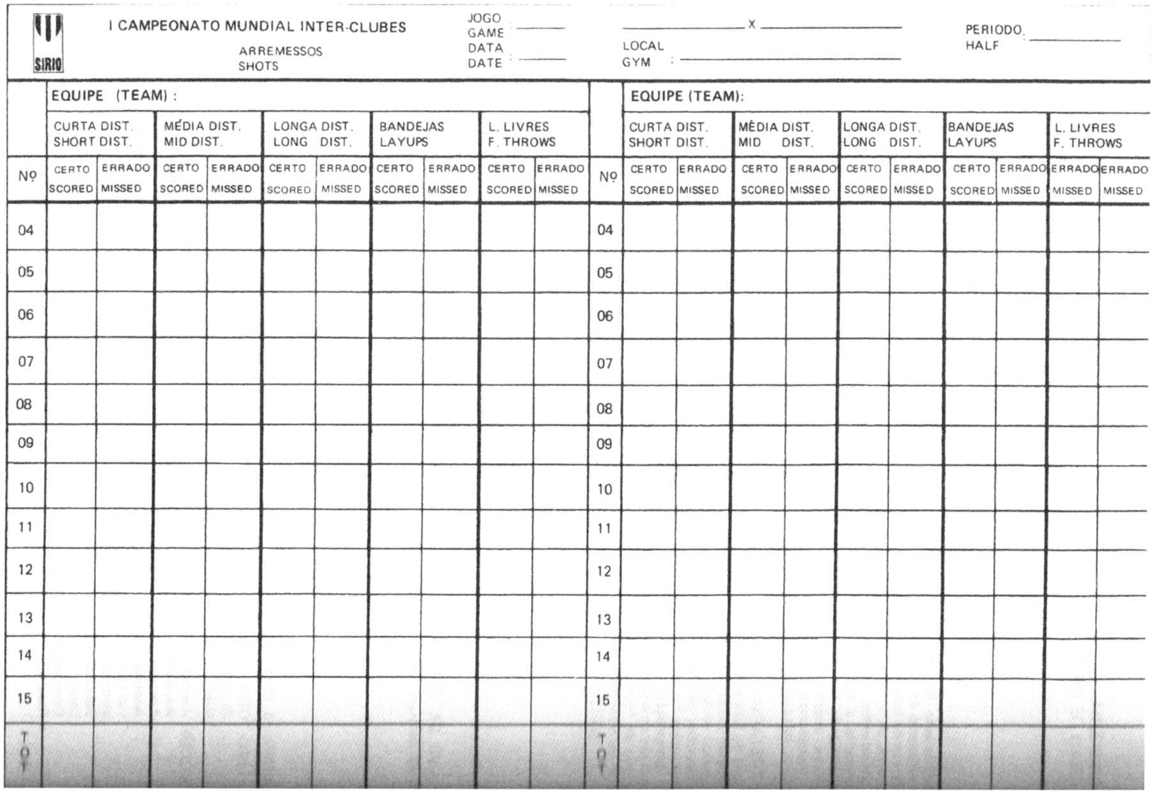

Análise de jogo aplicada ao basquetebol

**FIGURA 3** Planilha de arremessos do Campeonato Mundial Interclubes de Basquete de 1971, realizado em São Paulo. (Figura retirada do Relatório estatístico do Campeonato Mundial Interclubes de Basquete de São Paulo – 1971.)

I CAMPEONATO MUNDIAL INTER-CLUBES
ESTATÍSTICA DE JOGO (GAME STATISTIC)

JOGO GAME: Nº 01 MACCABI 96 x A.S.F.A 63
DATA DATE: 26-06-81 1º tp (Ist) 48 x 28
EQUIPE (TEAM): MACCABI

| JOGADOR PLAYER | Nº | ARREMESSOS SHOTS: Curta Dist. Short Dist. | Média Dist. Mid Dist. | Longa Dist. Long Dist. | Bandejas Layups | T. C. At. Sc. | % | LANCES LIVRES FREE THROWS: T. C. At. Sc. | % | PONTOS POINTS | REBOTES REBOUNDS: Defesa Defense | Ataque Offense | Bolas perdidas Lost Balls | Violações Violations | B. Recuperadas Recovered B. | Arrem. Bloq. Blocked Shots | Assistências Assists | FALTAS FOULS: A | D | T | To | Tempo jogado Time played |
|---|---|---|---|---|---|---|---|---|---|---|---|---|---|---|---|---|---|---|---|---|---|---|
| | 04 | | | | | | | | | | | | | | | | | | | | | |
| HWARZ | 05 | 4.3 | 1.1 | | 1.1 | 6.5 | 83 | | | 10 | | | | 1 | 2 | | 1 | | 4 | | 4 | 25 |
| IKOVICH | 06 | | 1.0 | | | 1.0 | - | | | | 1 | - | 2 | 1 | | | 1 | | 1 | | 1 | 08 |
| OESTI | 07 | | 2.2 | | 1.1 | 3.3 | 100 | | | 06 | 4 | 1 | 2 | 3 | 3 | | 2 | 1 | 3 | | 4 | 25 |
| RRI | 08 | 10.7 | 5.5 | | 1.1 | 16.13 | 81 | | | 26 | 4 | 1 | 1 | 2 | 1 | | | 1 | 1 | | 2 | 29 |
| | 09 | | | | | | | | | | | | | | | | | | | | | |
| REN | 10 | 1.1 | 8.2 | | | 9.3 | 33 | | | 06 | 1 | 1 | 1 | | | | 1 | | | | | 21 |
| MAN | 11 | 3.3 | | | 5.4 | 8.7 | 87 | | | 14 | 1 | | 1 | 1 | 2 | | 2 | | 1 | | 1 | 20 |
| LVEH | 12 | 3.1 | 3.3 | 1.0 | | 7.4 | 57 | | | 08 | 6 | | 2 | 1 | 3 | | 4 | | 2 | | 2 | 25 |
| RBHKOVIC | 13 | 1.1 | 2.2 | 1.0 | 2.1 | 6.4 | 66 | 2.1 | 50 | 09 | 2 | | | | 1 | | | | | | | 06 |
| LLIANS | 14 | 6.3 | | | 1.0 | 7.3 | 43 | 3.2 | 66 | 08 | 8 | 3 | 6 | 4 | 1 | 1 | 1 | 2 | | | 2 | 24 |
| OFF | 15 | 5.4 | | | | 5.4 | 80 | 1.1 | 100 | 09 | 7 | 1 | 3 | | 1 | | | | | | | 17 |
| TAL | | 33.23 | 22.15 | 2.0 | 11.8 | 68.46 | 67 | 6.4 | | 96 | 34 | 7 | 18 | 13 | 14 | 1 | 12 | 4 | 12 | | 16 | 200 |

**FIGURA 4** Relatório final de jogo do Campeonato Mundial Interclubes de Basquete de 1971, realizado em São Paulo. (Figura retirada do Relatório estatístico do Campeonato Mundial Interclubes de Basquete de São Paulo – 1971.)

III Copa América de Basquete Feminino
São Paulo - Brasil
1997

**FINAL**

Jogo: 20      **BRASIL**    **EUA**
DATA 10/08/97
Local Brasil

Arbitros: Mr.Cames (URU)
Referees Mr.Caedeno (MEX)

FINAL 101 X 95
(1o./1st. 61 X 46

**BRASIL** — TECNICO (COACH): A. C. Barbosa — ASS.TEC. (ASS. COACH A. Bueno)

| | | TJ | C3 | T3 | % | C2 | T2 | % | CL | TL | % | PTS | RD | RA | RT | AS | BR | BP | FT |
|---|---|---|---|---|---|---|---|---|---|---|---|---|---|---|---|---|---|---|---|
| 4 | Helen Luz | 19 | 2 | 3 | 67 | 1 | 3 | 33 | 0 | 0 | 0 | 8 | 0 | 1 | 1 | 1 | 0 | 2 | 1 |
| 5 | Branca | 0 | 0 | 0 | 0 | 0 | 0 | 0 | 0 | 0 | 0 | 0 | 0 | 0 | 0 | 0 | 0 | 0 | 0 |
| 6 | Adriana | 7 | 0 | 0 | 0 | 0 | 0 | 0 | 1 | 2 | 50 | 1 | 0 | 0 | 0 | 0 | 0 | 0 | 0 |
| 7 | Leila | 26 | 0 | 0 | 0 | 3 | 3 | 100 | 2 | 2 | 100 | 8 | 3 | 0 | 3 | 0 | 1 | 4 | 4 |
| 8 | Paula | 40 | 3 | 4 | 75 | 10 | 15 | 67 | 9 | 9 | 100 | 38 | 2 | 0 | 2 | 6 | 4 | 1 | 3 |
| 9 | Claudia | 0 | 0 | 0 | 0 | 0 | 0 | 0 | 0 | 0 | 0 | 0 | 0 | 0 | 0 | 0 | 0 | 0 | 0 |
| 10 | Roseli | 14 | 0 | 0 | 0 | 0 | 1 | 0 | 0 | 0 | 0 | 0 | 0 | 0 | 0 | 0 | 1 | 1 | 4 |
| 11 | Marta | 32 | 1 | 2 | 50 | 8 | 12 | 67 | 0 | 0 | 0 | 19 | 5 | 1 | 6 | 2 | 0 | 2 | 3 |
| 12 | Silvia Luz | 22 | 0 | 0 | 0 | 2 | 2 | 100 | 5 | 8 | 63 | 9 | 1 | 0 | 1 | 0 | 0 | 1 | 1 |
| 13 | Alessandra | 39 | 0 | 0 | 0 | 7 | 10 | 70 | 4 | 7 | 57 | 18 | 5 | 6 | 11 | 0 | 1 | 3 | 3 |
| 14 | Kelly | 1 | 0 | 0 | 0 | 0 | 0 | 0 | 0 | 0 | 0 | 0 | 0 | 0 | 0 | 0 | 0 | 0 | 0 |
| 15 | Patricia | 0 | 0 | 0 | 0 | 0 | 0 | 0 | 0 | 0 | 0 | 0 | 0 | 0 | 0 | 0 | 0 | 0 | 0 |
| | *TOTAL* | *200* | *6* | *9* | *67* | *31* | *46* | *67* | *21* | *28* | *75* | *101* | *16* | *8* | *24* | *9* | *7* | *14* | *19* |

**EUA** — TECNICO (COACH): N. Fortner — ASS.TEC. (ASS. COACH A. Donovan)

| | | TJ | C3 | T3 | % | C2 | T2 | % | CL | TL | % | PTS | RD | RA | RT | AS | BR | BP | FT |
|---|---|---|---|---|---|---|---|---|---|---|---|---|---|---|---|---|---|---|---|
| 4 | Edwards | 38 | 2 | 8 | 25 | 5 | 7 | 71 | 5 | 7 | 71 | 21 | 1 | 3 | 4 | 8 | 0 | 2 | 4 |
| 5 | Morgan | 0 | 0 | 0 | 0 | 0 | 0 | 0 | 0 | 0 | 0 | 0 | 0 | 0 | 0 | 0 | 0 | 0 | 0 |
| 6 | Campbell | 24 | 1 | 3 | 33 | 4 | 8 | 50 | 0 | 0 | 0 | 11 | 2 | 1 | 3 | 0 | 0 | 1 | 2 |
| 7 | Hodges | 3 | 0 | 0 | 0 | 0 | 0 | 0 | 0 | 0 | 0 | 0 | 0 | 0 | 0 | 0 | 1 | 1 | 2 |
| 8 | Marcianiak | 8 | 0 | 2 | 0 | 2 | 2 | 100 | 0 | 0 | 0 | 4 | 0 | 0 | 0 | 0 | 0 | 1 | 3 |
| 9 | Smith K. | 26 | 0 | 0 | 0 | 1 | 5 | 20 | 2 | 2 | 100 | 4 | 1 | 2 | 3 | 0 | 0 | 3 | 3 |
| 10 | Holdsclaw | 40 | 0 | 0 | 0 | 9 | 14 | 64 | 3 | 4 | 75 | 21 | 4 | 5 | 9 | 0 | 2 | 3 | 1 |
| 11 | Sam | 24 | 1 | 1 | 100 | 6 | 10 | 60 | 1 | 1 | 100 | 16 | 3 | 0 | 3 | 2 | 3 | 1 | 4 |
| 12 | McWilliams | 18 | 0 | 1 | 0 | 6 | 7 | 86 | 0 | 0 | 0 | 12 | 0 | 0 | 0 | 2 | 0 | 0 | 4 |
| 13 | Gaither | 0 | 0 | 0 | 0 | 0 | 0 | 0 | 0 | 0 | 0 | 0 | 0 | 0 | 0 | 0 | 0 | 0 | 0 |
| 14 | Smith R. | 0 | 0 | 0 | 0 | 0 | 0 | 0 | 0 | 0 | 0 | 0 | 0 | 0 | 0 | 0 | 0 | 0 | 0 |
| 15 | Crawley S. | 19 | 0 | 0 | 0 | 3 | 4 | 75 | 0 | 0 | 0 | 6 | 2 | 0 | 2 | 0 | 2 | 2 | 1 |
| | *TOTAL* | *200* | *4* | *15* | *27* | *36* | *57* | *63* | *11* | *14* | *79* | *95* | *13* | *11* | *24* | *12* | *8* | *14* | *24* |

**Legendas**

| | | | |
|---|---|---|---|
| TJ | Tempo Jogado | Tiempo Jugado | Minutes played |
| T3 | Tentativa 3 pts | Tentativa Triple | 3 pts. attempt |
| C3 | 3 pts Certos | Triple convertido | 3 pts. made |
| T2 | Tentativa 2 pts | Tentativa doble | 2 pts. attempt |
| C2 | 2 pts. Certos | Double convertido | 2 pts.made |
| TL | Tentativa L.Livre | Tentativa Tiro Libre | Free Throw Attempt |
| CL | L.Livre Certos | Tiro Libre convertido | Free Throw Made |
| PTS | Pontos Feitos | Puntos | Points |
| RD | Rebotes de Defesa | Rebotes Defensa | Defensive Rebounds |
| RA | Rebotes de Ataque | Rebotes Ataque | Ofensive Rebounds |
| RT | Rebotes: Total | Total de Rebotes | Total Rebounds |
| AS | Assistências | Assistencias | Assists |
| BR | Bolas Recuperadas | Recuperaciones | Recoveries |
| BP | Bolas Perdidas | Perdidas | Turnovers |
| FT | Faltas | Faltas | Fouls |

**FIGURA 5** Relatório final de jogo da Copa América de Basquetebol Feminino de 1997, realizado em São Paulo. (Figura retirada do Relatório final da Copa América de Basquetebol Feminino, 1997.)

232 Basquetebol: do treino ao jogo

fácil de manusear, podendo-se fazer o mapeamento de arremessos. Foi também nos anos 1990 que a estatística passou a ser utilizada nas transmissões ao vivo dos jogos no país, inicialmente pela TV Bandeirantes, nos desafios "Paula × Hortência" e, posteriormente, pela ESPN e pela SporTV no Campeonato Paulista, no Campeonato Brasileiro, no NBB e em campeonatos internacionais e mundiais realizados no Brasil.

Por estarem intimamente relacionadas, a forma da coleta passou por transformações juntamente com a parte técnica/tecnológica. Há algum tempo, o trabalho pode ser realizado por apenas duas pessoas – um "cantador" e um digitador. O primeiro descreve em voz alta ("canta") todas as ações do jogo e o segundo as insere no *software*. Não há mais a utilização do papel e com isso as ações passaram a ser computadas em tempo real e na ordem exata dos acontecimentos do jogo. Somando-se a isso a introdução do cronômetro de jogo no *software*, consegue-se o *play-by-play* (Figura 6), que é a descrição de cada ação ocorrida em sequência no jogo.

Na área tecnológica, dois recursos surgiram como promessas de revolução, a tela sensível ao toque (*touch screen*) e o *software* por comando de voz. Esse tipo de tela surgiu inicialmente com o *palmtop* com a missão de substituir o *mouse* e foi testada em alguns campeonatos, depois deixada de lado. Curiosamente, retornou de forma muito forte quando as telas evoluíram ao patamar de qualidade que se tem hoje nos celulares, *tablets* e até mesmo em telas maiores. Os Jogos Olímpicos e Paralímpicos utilizam o recurso de *touch screen* desde Londres-2012. Os *softwares* que funcionam por comando de voz pareciam ser o passo seguinte mais natural na evolução após o uso de papel, teclado, *mouse* e *touch screen*. Até o momento, esse recurso não vingou de forma convincente, mas vem evoluindo. Ele funciona muito bem, mas dentro de situações muito controladas. Se a forma de "cantar" a ação foge do configurado ou se a velocidade desse "cantar" é muito alta, o programa não entende. Outro empecilho é a língua, pois, se você falar em português em um *software* italiano, ele não funcionará.

Atualmente, os programas estatísticos utilizados nos jogos, além do quadro geral da partida, oferecem a opção do *play-by-play*; gráficos comparativos; dados acumulados gerais por equipes e por atletas (Figuras 7 a 12).

## Análise de jogo aplicada ao basquetebol

**Jogada a Jogada**

**Paulista Sub-22 2017**

Gin. "Alfonso Reinaldo Galluci"  qua 12 abr 2017  Horário 20:00

Jogo 4

### ESP 65-102 MOG

(15-22, 17-26, 16-29, 17-25)

| | |
|---|---|
| **Público Presente:** | 0 |
| **Duração do Jogo:** | 02:27 |

Árbitro:  Gregory Gracia (BR)  Comissário:  Maria Helena Kimura

Fiscais:  Rodrigo Moraes (BR)

**Quarter 2**

**Quinteto Inicial do Período:**

| | | | | | | | | | |
|---|---|---|---|---|---|---|---|---|---|
| **ESP** | 6 Costa L | 10 Fortunato F | 12 Bigongiari P | 13 Pereira L | 15 da Costa P |
| **MOG** | 03 Santana L | 23 Nascimento I | 25 dos Santos J | 32 Lessa G | 42 Barrozo Jr. J |

| Horário do | ESP - Esperia | Ponto | Diff | MOG - Mogi das Cruzes |
|---|---|---|---|---|
| 09:46 | 10 Fortunato F 2pts fora do garrafão, arremesso de Jump acertou (13) | 17-22 | -5 | |
| 09:01 | 12 Bigongiari P 3pts fora do garrafão, arremesso de Jump acertou (5) | 20-22 | -2 | |
| 08:29 | 10 Fortunato F lance livre 1 - 2 acertou (14) | 21-22 | -1 | |
| 07:11 | | 21-23 | -2 | 03 Santana L lance livre 2 - 2 acertou (1) |
| 06:47 | | 21-26 | -5 | 32 Lessa G 3pts fora do garrafão, arremesso de Jump acertou (11) |
| 06:26 | | 21-28 | -7 | 32 Lessa G 2pts contra ataque no garrafão, bandeja acertou (13) |
| 05:59 | | 21-30 | -9 | 14 Santos F 2pts fora do garrafão, arremesso de Jump acertou (2) |
| 05:29 | | 21-32 | -11 | 23 Nascimento I 2pts fora do garrafão, arremesso de Jump acertou (12) |
| 04:26 | 12 Bigongiari P 2pts fora do garrafão, arremesso de Jump acertou (7) | 23-32 | -9 | |
| 03:06 | | 23-34 | -11 | 23 Nascimento I 2pts fora do garrafão, arremesso de Jump acertou (14) |
| 02:45 | | 23-36 | -13 | 23 Nascimento I 2pts fora do garrafão, arremesso de Jump acertou (16) |
| 02:38 | 13 Pereira L 2pts no garrafão, bandeja acertou (2) | 25-36 | -11 | |
| 02:36 | 13 Pereira L 2pts fora do garrafão, arremesso de Jump acertou (4) | 27-36 | -9 | |
| 02:27 | | 27-38 | -11 | 14 Santos F 2pts fora do garrafão, arremesso de Jump acertou (4) |
| 02:13 | | 27-39 | -12 | 14 Santos F lance livre 2 - 2 acertou (5) |
| 02:11 | 11 de Camargo M 2pts no garrafão, arremesso de Jump acertou (2) | 29-39 | -10 | |
| 02:03 | | 29-42 | -13 | 28 Souza R 3pts fora do garrafão, arremesso de Jump acertou (3) |
| 01:41 | 10 Fortunato F 2pts fora do garrafão, arremesso de Jump acertou (16) | 31-42 | -11 | |
| 01:30 | | 31-43 | -12 | 03 Santana L lance livre 1 - 2 acertou (2) |
| 01:30 | | 31-44 | -13 | 03 Santana L lance livre 2 - 2 acertou (3) |
| 00:16 | 11 de Camargo M lance livre 1 - 2 acertou (3) | 32-44 | -12 | |
| 00:10 | | 32-46 | -14 | 16 Silva V 2pts no garrafão, arremesso de Jump acertou (2) |
| 00:02 | | 32-48 | -16 | 14 Santos F 2pts fora do garrafão, arremesso de Jump acertou (7) |

**FIGURA 6**  Exemplo de relatório *play-by-play*. (Figura retirada do Campeonato Paulista sub-19 Masculino.)

# 234 Basquetebol: do treino ao jogo

## Results
Resultados / Résultats

Game 1

### TUR 39 vs 55 FRA
(16-8, 3-14, 16-19, 4-14)

Attendance: 2,042
Game Duration: 1:31

Referee: LOCATELLI Guilherme (BRA)
Commissioner: RANGELOVA Eleonora (BUL)
Umpires: CUELLO CUELLO Natalia (DOM); BEKER Scott Paul (AUS)

Scoring by 5 min intervals:

| | Q1 | | Q2 | | Q3 | | Q4 | |
|---|---|---|---|---|---|---|---|---|
| TUR | 5 | 16 | 18 | 19 | 29 | 35 | 39 | 39 |
| FRA | 0 | 8 | 13 | 22 | 27 | 41 | 45 | 55 |

### TUR - Turkey

| No. | Name | MIN | Field Goals M/A | % | 2 Points M/A | % | 3 Points M/A | % | Free Throws M/A | % | OR | DR | TOT | AS | TO | ST | BS | PF | FD | +/- | PTS |
|---|---|---|---|---|---|---|---|---|---|---|---|---|---|---|---|---|---|---|---|---|---|
| 4 | CAKIR Olcay | 14:09 | 1/1 | 100 | 1/1 | 100 | | | 2/2 | 100 | | | | | 1 | | | 1 | 2 | -12 | 4 |
| 5 | CANITEZ Tugce | 3:08 | | | | | | | | | | 1 | 1 | | | | | | | 0 | 0 |
| *7 | VARDARLI DEMIRMEN Birsel | 36:12 | 2/13 | 15 | 0/9 | 0 | 2/4 | 50 | 4/6 | 67 | 1 | 4 | 5 | 5 | 4 | 1 | | 2 | 3 | -11 | 10 |
| 8 | URAL Esra | DNP | | | | | | | | | | | | | | | | | | | |
| *9 | CAGLAR Bahar | 30:10 | 2/5 | 40 | 2/5 | 40 | | | 1/2 | 50 | | 5 | 5 | | 1 | | | 2 | 2 | -11 | 5 |
| *10 | ALBEN Isil | 24:44 | 0/6 | 0 | 0/5 | 0 | 0/1 | 0 | 0/2 | 0 | | 5 | 5 | 2 | 1 | 1 | | | 4 | -1 | 0 |
| *11 | YILMAZ Nevriye (C) | 38:20 | 6/12 | 50 | 4/8 | 50 | 2/4 | 50 | 2/2 | 100 | 2 | 4 | 6 | 2 | 3 | 1 | 2 | 2 | 4 | -13 | 16 |
| *12 | SANDERS Lara | 30:09 | 1/6 | 17 | 1/6 | 17 | | | 2/2 | 100 | | 4 | 4 | | 3 | | | 3 | 2 | -5 | 4 |
| 13 | CORA Ayse | 4:55 | 0/1 | 0 | | | 0/1 | 0 | | | 1 | | 1 | | 1 | | | 1 | | -8 | 0 |
| 14 | IVEGIN UNER Saziye | DNP | | | | | | | | | | | | | | | | | | | |
| 15 | SENYUREK Tilbe | 2:18 | 0/1 | 0 | 0/1 | 0 | | | | | | | | | | | | | | -6 | 0 |
| 33 | KIMYACIOGLU Sebnem Nezahat | 15:55 | 0/5 | 0 | 0/3 | 0 | 0/2 | 0 | | | | 2 | 2 | | 1 | | | 3 | | -13 | 0 |
| | Team / Coach | | | | | | | | | | 3 | 2 | 5 | | 2 | | | 1 | | | |
| | **Totals** | | 12/50 | 24 | 8/38 | 21 | 4/12 | 33 | 11/16 | 69 | 7 | 27 | 34 | 9 | 13 | 7 | 2 | 15 | 17 | -16 | 39 |

| Coach | MEMNUN Ekrem | |
|---|---|---|
| Assistant Coach | AKKAYA Aziz | BILGE Murat |

### FRA - France

| No. | Name | MIN | Field Goals M/A | % | 2 Points M/A | % | 3 Points M/A | % | Free Throws M/A | % | OR | DR | TOT | AS | TO | ST | BS | PF | FD | +/- | PTS |
|---|---|---|---|---|---|---|---|---|---|---|---|---|---|---|---|---|---|---|---|---|---|
| *4 | YACOUBOU Isabelle (C) | 19:25 | 2/9 | 22 | 2/9 | 22 | | | 1/3 | 33 | 5 | 6 | 11 | 1 | 2 | | | 3 | 2 | 7 | 5 |
| 5 | MIYEM Endy | 26:50 | 6/9 | 67 | 6/8 | 75 | 0/1 | 0 | 2/2 | 100 | 4 | 1 | 5 | 3 | 2 | | 1 | 1 | 1 | 14 | 14 |
| *7 | GRUDA Sandrine | 16:39 | 0/3 | 0 | 0/3 | 0 | | | 1/2 | 50 | | 2 | 2 | 2 | 1 | | | 1 | 2 | 1 | 6 | 1 |
| 10 | MICHEL Sarah | 25:00 | 5/10 | 50 | 1/4 | 25 | 4/6 | 67 | 0/1 | 0 | 1 | 7 | 8 | 2 | | 4 | 1 | 1 | 1 | 11 | 14 |
| *11 | AYAYI Valeriane | 22:35 | 4/10 | 40 | 4/7 | 57 | 0/3 | 0 | 1/2 | 50 | 2 | 5 | 7 | | 2 | | | 3 | 1 | 14 | 9 |
| *12 | SKRELA Gaelle | 15:58 | 0/2 | 0 | 0/2 | 0 | | | | | | 1 | 1 | 1 | | | | | | 0 | 0 |
| 16 | CIAK Helena | 5:10 | 1/1 | 100 | 1/1 | 100 | | | 2/2 | 100 | | 1 | 1 | | 1 | | | 3 | 1 | -8 | 4 |
| 17 | JOHANNES Marine | 16:27 | 0/4 | 0 | 0/3 | 0 | 0/1 | 0 | | | | 4 | 4 | | 2 | | | 1 | | 7 | 0 |
| 20 | BOUDERRA Amel | 14:06 | 1/3 | 33 | | | 1/3 | 33 | 1/1 | 100 | 1 | 1 | 2 | 2 | 1 | | | 1 | 1 | 13 | 4 |
| 21 | KAMBA Laetitia | DNP | | | | | | | | | | | | | | | | | | | |
| *22 | EPOUPA Olivia | 25:54 | 2/7 | 29 | 2/5 | 40 | 0/2 | 0 | | | | 3 | 3 | 5 | | 1 | | | 2 | 4 | 3 | 4 |
| 25 | AMANT Marielle | 11:56 | 0/1 | 0 | 0/1 | 0 | | | | | | 1 | 1 | | | 1 | 1 | 1 | 2 | 13 | 0 |
| | Team / Coach | | | | | | | | | | 1 | 1 | | | 1 | | | | | | |
| | **Totals** | | 21/59 | 36 | 16/43 | 37 | 5/16 | 31 | 8/13 | 62 | 13 | 32 | 45 | 16 | 12 | 5 | 4 | 17 | 14 | 16 | 55 |

| Coach | GARNIER Valerie | |
|---|---|---|
| Assistant Coach | LAFARGUE Olivier | HALIN Grégory |

| | TUR | FRA | | TUR | FRA |
|---|---|---|---|---|---|
| Points from Turnovers | 8 | 11 | Biggest Lead | 10 | 16 |
| Points in the Paint | 12 (6/22) 27% | 22 (11/30) 37% | Biggest Scoring Run | 8-0 (8-0) | 12-0 (39-55) |
| Second Chance Points | 2 | 9 | Lead Changes | 7 | |
| Fast Break Points | 3 | 2 | Times Tied | 4 | |
| Bench Points | 4 | 36 | Time Leading | 21:30 | 16:12 |

Legend:
| % | Shooting Percentage | (C) | Captain | * | Game Starters | +/- | Plus-Minus | AS | Assists |
|---|---|---|---|---|---|---|---|---|---|
| BS | Blocked Shots | DNP | Did Not Play | DR | Defensive Rebounds | FD | Fouls Drawn | M/A | Made / Attempts |
| MIN | Minutes Played | No. | Uniform Number | OR | Offensive Rebounds | PF | Fouls | PTS | Points |
| Qx | Quarter Time | ST | Steals | TO | Turnovers | TOT | Total Rebounds | | |

**FIGURA 7** Exemplo de planilha entregue ao final da partida. (Figura retirada do *Results Book – Rio 2016.*)

Análise de jogo aplicada ao basquetebol 235

**Cumulative Statistics**
Estatísticas acumuladas / Statistiques cumulatives

**USA - United States of America**
After 8 games

| No. | Name | GP | TP | MPG | Field Goals M/A | % | 2 Points M/A | % | 3 Points M/A | % | Free Throws M/A | % | Rebounds OR | DR | TOT | AS | TO | ST | BS | PF | FD | +/- | PTS | PPG |
|---|---|---|---|---|---|---|---|---|---|---|---|---|---|---|---|---|---|---|---|---|---|---|---|---|
| 4 | WHALEN Lindsay | 8 | 2:24:14 | 18:01 | 26/47 | 55 | 26/46 | 57 | 0/1 | 0 | 11/16 | 69 | 3 | 12 | 15 | 25 | 9 | 8 | | 5 | 19 | 138 | 63 | 7.9 |
| 5 | AUGUSTUS Seimone | 8 | 2:41:29 | 20:11 | 27/48 | 56 | 27/47 | 57 | 0/1 | 0 | | | 2 | 24 | 26 | 26 | 11 | 7 | | 3 | 5 | 138 | 54 | 6.8 |
| 6 | BIRD Sue (C) | 7 | 2:12:28 | 18:55 | 11/26 | 42 | 7/13 | 54 | 4/13 | 31 | | | 3 | 13 | 16 | 31 | 4 | 8 | | 9 | 1 | 129 | 26 | 3.7 |
| 7 | MOORE Maya | 8 | 2:34:24 | 19:18 | 39/75 | 52 | 31/54 | 57 | 8/21 | 38 | 10/13 | 77 | 18 | 27 | 45 | 34 | 13 | 16 | 2 | 11 | 15 | 154 | 96 | 12.0 |
| 8 | McCOUGHTRY Angel | 8 | 2:11:12 | 16:24 | 31/51 | 61 | 29/44 | 66 | 2/7 | 29 | 11/14 | 79 | 13 | 16 | 29 | 14 | 6 | 6 | 1 | 11 | 13 | 117 | 75 | 9.4 |
| 9 | STEWART Breanna | 8 | 1:27:22 | 10:55 | 22/30 | 73 | 19/23 | 83 | 3/7 | 43 | 18/22 | 82 | 2 | 16 | 18 | 9 | 6 | 4 | 5 | 7 | 13 | 59 | 65 | 8.1 |
| 10 | CATCHINGS Tamika | 8 | 1:21:42 | 10:12 | 9/20 | 45 | 6/15 | 40 | 3/5 | 60 | 4/4 | 100 | 7 | 13 | 20 | 7 | 5 | 7 | | 9 | 4 | 65 | 25 | 3.1 |
| 11 | DELLE DONNE Elena | 7 | 1:58:20 | 16:54 | 20/40 | 50 | 15/25 | 60 | 5/15 | 33 | 15/17 | 88 | 5 | 18 | 23 | 19 | 6 | 3 | 4 | 12 | 14 | 112 | 60 | 8.6 |
| 12 | TAURASI Diana | 8 | 3:15:08 | 24:23 | 41/72 | 57 | 8/15 | 53 | 33/57 | 58 | 10/11 | 91 | 4 | 16 | 20 | 26 | 16 | 6 | | 14 | 14 | 200 | 125 | 15.6 |
| 13 | FOWLES Sylvia | 8 | 1:53:25 | 14:10 | 29/42 | 69 | 29/42 | 69 | | | 15/25 | 60 | 14 | 31 | 45 | 3 | 16 | 4 | 3 | 16 | 18 | 119 | 73 | 9.1 |
| 14 | CHARLES Tina | 8 | 2:32:43 | 19:05 | 33/59 | 56 | 33/59 | 56 | | | 11/13 | 85 | 14 | 23 | 37 | 25 | 10 | 7 | 3 | 8 | 16 | 143 | 77 | 9.6 |
| 15 | GRINER Brittney | 8 | 2:07:33 | 15:56 | 36/52 | 69 | 36/51 | 71 | 0/1 | 0 | 6/8 | 75 | 11 | 36 | 47 | 4 | 19 | 3 | 11 | 18 | 11 | 116 | 78 | 9.8 |
| | Team / Coach | | | | | | | | | | | | 8 | 15 | 23 | | 4 | | | | | | | |
| | **Totals** | | | | 324/562 | 58 | 266/434 | 61 | 58/128 | 45 | 111/143 | 78 | 104 | 260 | 364 | 223 | 125 | 79 | 29 | 123 | 143 | 37.3 | 817 | 102.1 |
| | **Opponents** | | | | 192/518 | 37 | 132/365 | 36 | 60/153 | 39 | 75/102 | 74 | 73 | 145 | 218 | 132 | 155 | 51 | 14 | 143 | 123 | -37.3 | 519 | 64.9 |

| | USA | Opponents |
|---|---|---|
| Points from Turnovers | 195 | 100 |
| Points in the Paint | 412 (206/305) 68% | 200 (100/237) 42% |
| Second Chance Points | 112 | 70 |
| Fast Break Points | 183 | 66 |
| Bench Points | 405 | 180 |

**AVERAGE PER GAME**

| | USA | Opponents |
|---|---|---|
| Total Field Goals Made | 40.5 | 24.0 |
| 2-Points Field Goals Made | 33.3 | 16.5 |
| 3-Points Field Goals Made | 7.3 | 7.5 |
| Free Throws Made | 13.9 | 9.4 |
| Offensive Rebounds | 13.0 | 9.1 |
| Defensive Rebounds | 32.5 | 18.1 |
| Total Rebounds | 45.5 | 27.3 |
| Assists | 27.9 | 16.5 |
| Fouls | 15.4 | 17.9 |
| Turnovers | 15.6 | 19.4 |
| Steals | 9.9 | 6.4 |
| Blocked Shots | 3.6 | 1.8 |
| Points from Turnovers | 24.4 | 12.5 |
| Points in the Paint | 51.5 | 25.0 |
| Second Chance Points | 14.0 | 8.8 |
| Fast Break Points | 22.9 | 8.3 |
| Bench Points | 50.6 | 22.5 |

| Phase | USA Played | Score | | Field Goals M/A | % | 2 Points M/A | % | 3 Points M/A | % | Free Throws M/A | % | Rebounds OR | DR | TOT | AS | TO | ST | BS | PF | FD |
|---|---|---|---|---|---|---|---|---|---|---|---|---|---|---|---|---|---|---|---|---|
| Preliminary Round Group B | SEN | 121-56 | For | 46/71 | 65 | 36/53 | 68 | 10/18 | 56 | 19/26 | 73 | 8 | 32 | 40 | 36 | 9 | 13 | 4 | 13 | 21 |
| | | | Agn. | 19/54 | 35 | 10/31 | 32 | 9/23 | 39 | 9/10 | 90 | 3 | 21 | 24 | 15 | 27 | 5 | 2 | 21 | 13 |
| Preliminary Round Group B | ESP | 103-63 | For | 41/75 | 55 | 36/59 | 61 | 5/16 | 31 | 16/22 | 73 | 16 | 30 | 46 | 23 | 12 | 13 | 5 | 16 | 21 |
| | | | Agn. | 23/65 | 35 | 16/51 | 31 | 7/14 | 50 | 10/13 | 77 | 14 | 18 | 32 | 13 | 23 | 2 | 1 | 21 | 16 |
| Preliminary Round Group B | SRB | 110-84 | For | 38/71 | 54 | 30/50 | 60 | 8/21 | 38 | 26/26 | 100 | 15 | 31 | 46 | 30 | 20 | 10 | 3 | 23 | 22 |
| | | | Agn. | 27/65 | 42 | 15/45 | 33 | 12/20 | 60 | 18/26 | 69 | 10 | 17 | 27 | 20 | 17 | 13 | 1 | 22 | 23 |
| Preliminary Round Group B | CAN | 81-51 | For | 31/59 | 53 | 26/47 | 55 | 5/12 | 42 | 14/19 | 74 | 12 | 31 | 43 | 22 | 18 | 8 | 4 | 22 | 19 |
| | | | Agn. | 19/58 | 33 | 14/41 | 34 | 5/17 | 29 | 8/13 | 62 | 8 | 17 | 25 | 12 | 20 | 5 | | 19 | 22 |
| Preliminary Round Group B | CHN | 105-62 | For | 46/74 | 62 | 40/61 | 66 | 6/13 | 46 | 7/8 | 88 | 11 | 34 | 45 | 40 | 14 | 14 | 2 | 9 | 6 |
| | | | Agn. | 24/71 | 34 | 16/45 | 36 | 8/26 | 31 | 6/8 | 75 | 11 | 16 | 27 | 20 | 18 | 2 | | 6 | 9 |
| Quarterfinal | JPN | 110-64 | For | 47/72 | 65 | 36/54 | 67 | 11/18 | 61 | 5/9 | 56 | 12 | 38 | 50 | 28 | 13 | 5 | 8 | 14 | 12 |
| | | | Agn. | 24/71 | 34 | 16/50 | 32 | 8/21 | 38 | 8/10 | 80 | 10 | 16 | 26 | 17 | 13 | 7 | 1 | 12 | 14 |
| Semifinal | FRA | 86-67 | For | 34/70 | 49 | 30/55 | 55 | 4/15 | 27 | 14/16 | 88 | 17 | 26 | 43 | 15 | 18 | 7 | | 10 | 19 |
| | | | Agn. | 27/61 | 44 | 23/48 | 48 | 4/13 | 31 | 9/12 | 75 | 10 | 19 | 29 | 19 | 20 | 12 | 3 | 19 | 10 |
| Gold Medal Game | ESP | 101-72 | For | 41/70 | 59 | 32/55 | 58 | 9/15 | 60 | 10/17 | 59 | 13 | 38 | 51 | 29 | 21 | 9 | 3 | 16 | 23 |
| | | | Agn. | 29/73 | 40 | 22/54 | 41 | 7/19 | 37 | 7/10 | 70 | 7 | 21 | 28 | 16 | 17 | 5 | 6 | 23 | 16 |

**FIGURA 8** Exemplo de relatório por equipe (acumulado). (Figura retirada do *Results Book – Rio 2016.*)

236     Basquetebol: do treino ao jogo

**Overall Team Statistics**

Estatísticas gerais das equipes / Statistiques globales des équipes

As of SAT 20 AUG 2016

| Team | GP | | Field Goals | | 2 Points | | 3 Points | | Free Throws | | Rebounds | | | AS | TO | ST | BS | PF | FD | PTS | PPG |
|---|---|---|---|---|---|---|---|---|---|---|---|---|---|---|---|---|---|---|---|---|---|
| | | | M / A | % | M / A | % | M / A | % | M / A | % | OR | DR | TOT | | | | | | | | |
| AUS | 6 | For | 171/370 | 46 | 129/257 | 50 | 42/113 | 37 | 87/109 | 80 | 66 | 165 | 231 | 136 | 98 | 40 | 21 | 114 | 116 | 471 | 78.5 |
| | | Agn. | 155/367 | 42 | 132/301 | 44 | 23/66 | 35 | 85/115 | 74 | 63 | 140 | 203 | 110 | 83 | 50 | 8 | 116 | 112 | 418 | 69.7 |
| BLR | 5 | For | 123/277 | 44 | 89/189 | 47 | 34/88 | 39 | 67/81 | 83 | 36 | 141 | 177 | 90 | 86 | 23 | 18 | 95 | 91 | 347 | 69.4 |
| | | Agn. | 131/326 | 40 | 105/241 | 44 | 26/85 | 31 | 73/101 | 72 | 65 | 120 | 185 | 94 | 63 | 52 | 11 | 92 | 94 | 361 | 72.2 |
| BRA | 5 | For | 127/314 | 40 | 109/241 | 45 | 18/73 | 25 | 63/88 | 72 | 67 | 137 | 204 | 88 | 101 | 40 | 8 | 96 | 98 | 335 | 67.0 |
| | | Agn. | 145/320 | 45 | 104/216 | 48 | 41/104 | 39 | 53/76 | 70 | 44 | 126 | 170 | 95 | 74 | 50 | 20 | 99 | 96 | 384 | 76.8 |
| CAN | 6 | For | 145/370 | 39 | 114/277 | 41 | 31/93 | 33 | 82/117 | 70 | 82 | 142 | 224 | 110 | 106 | 49 | 14 | 127 | 123 | 403 | 67.2 |
| | | Agn. | 145/354 | 41 | 114/256 | 45 | 31/98 | 32 | 94/129 | 73 | 74 | 157 | 231 | 106 | 107 | 51 | 27 | 126 | 128 | 415 | 69.2 |
| CHN | 5 | For | 138/319 | 43 | 101/225 | 45 | 37/94 | 39 | 58/88 | 66 | 54 | 111 | 165 | 89 | 76 | 23 | 11 | 75 | 97 | 371 | 74.2 |
| | | Agn. | 172/339 | 51 | 146/269 | 54 | 26/70 | 37 | 58/72 | 81 | 58 | 135 | 193 | 125 | 69 | 44 | 16 | 96 | 74 | 428 | 85.6 |
| ESP | 8 | For | 225/529 | 43 | 193/430 | 45 | 32/99 | 32 | 109/140 | 78 | 103 | 225 | 328 | 148 | 120 | 47 | 29 | 162 | 162 | 591 | 73.9 |
| | | Agn. | 212/509 | 42 | 178/393 | 45 | 34/116 | 29 | 92/130 | 71 | 85 | 208 | 293 | 126 | 123 | 68 | 25 | 161 | 160 | 550 | 68.8 |
| FRA | 8 | For | 204/491 | 42 | 162/370 | 44 | 42/121 | 35 | 92/135 | 68 | 11 | 200 | 311 | 148 | 148 | 75 | 25 | 162 | 134 | 542 | 67.8 |
| | | Agn. | 189/452 | 42 | 143/332 | 43 | 46/120 | 38 | 138/165 | 84 | 68 | 189 | 257 | 133 | 134 | 63 | 15 | 135 | 162 | 562 | 70.3 |
| JPN | 6 | For | 175/403 | 43 | 132/291 | 45 | 43/112 | 38 | 57/66 | 86 | 43 | 129 | 172 | 111 | 63 | 45 | 7 | 97 | 95 | 450 | 75.0 |
| | | Agn. | 192/389 | 49 | 152/296 | 51 | 40/93 | 43 | 64/86 | 74 | 74 | 187 | 261 | 130 | 97 | 30 | 25 | 94 | 98 | 488 | 81.3 |
| SEN | 5 | For | 111/284 | 39 | 80/192 | 42 | 31/92 | 34 | 56/70 | 80 | 31 | 114 | 145 | 79 | 104 | 33 | 15 | 96 | 82 | 309 | 61.8 |
| | | Agn. | 185/346 | 53 | 148/258 | 57 | 37/88 | 42 | 75/104 | 72 | 5? | 146 | 203 | 140 | 60 | 54 | 12 | 84 | 95 | 482 | 96.4 |
| SRB | 8 | For | 213/526 | 40 | 166/386 | 43 | 47/140 | 34 | 109/139 | 78 | 88 | 169 | 257 | 144 | 103 | 91 | 24 | 170 | 149 | 582 | 72.8 |
| | | Agn. | 218/489 | 45 | 169/354 | 48 | 49/135 | 36 | 123/156 | 79 | 106 | 225 | 331 | 173 | 146 | 48 | 34 | 150 | 169 | 608 | 76.0 |
| TUR | 6 | For | 138/351 | 39 | 109/267 | 41 | 29/84 | 35 | 81/114 | 71 | 48 | 160 | 208 | 97 | 63 | 46 | 19 | 93 | 114 | 386 | 64.3 |
| | | Agn. | 158/387 | 41 | 127/278 | 46 | 31/109 | 28 | 42/54 | 78 | 66 | 175 | 241 | 99 | 82 | 30 | 13 | 114 | 93 | 389 | 64.8 |
| USA | 8 | For | 324/562 | 58 | 266/434 | 61 | 58/128 | 45 | 111/143 | 78 | 104 | 260 | 364 | 223 | 125 | 79 | 29 | 123 | 143 | 817 | 102.1 |
| | | Agn. | 192/518 | 37 | 132/365 | 36 | 60/153 | 39 | 75/102 | 74 | 73 | 145 | 218 | 132 | 155 | 51 | 14 | 143 | 123 | 519 | 64.9 |
| **Totals** | 38 | | 2094/4796 | 44 | 1650/3559 | 46 | 444/1237 | 36 | 972/1290 | 75 | 833 | 953 | 2786 | 1463 | 1193 | 591 | 220 | 1410 | 1404 | 5604 | 147.5 |
| **Avg. per Game** | | | 55/126 | | 43/94 | | 12/33 | | 26/34 | | 22 | 51 | 73 | 39 | 31 | 16 | 6 | 37 | 37 | | 147.5 |

**Legend:**

| | | | | | | | | |
|---|---|---|---|---|---|---|---|---|
| % | Shooting Percentage | Agn. | Against | AS | Assists | Avg. | Average | BS | Blocked Shots |
| DR | Defensive Rebounds | FD | Fouls Drawn | GP | Games Played | M / A | Made / Attempts | OR | Offensive Rebounds |
| PF | Fouls | PPG | Points per Game | PTS | Points | ST | Steals | TO | Turnovers |
| TOT | Total Rebounds | | | | | | | | |

**FIGURA 9**    Exemplo de relatório comparativo entre equipes. (Figura retirada do *Results Book – Rio 2016*.)

Análise de jogo aplicada ao basquetebol 237

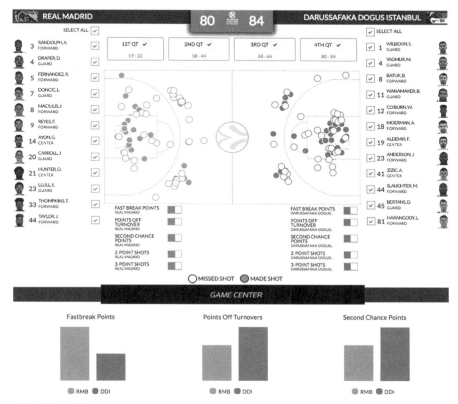

**FIGURA 10** Exemplo de mapa de arremessos de uma partida. (Figura retirada do *site* da Euroliga de Basketball.)

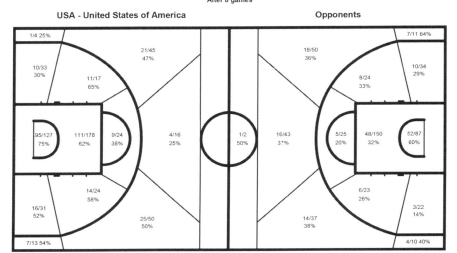

**FIGURA 11** Exemplo de mapa de arremessos por equipe (acumulado). (Figura retirada do *Results Book – Rio 2016*.)

Análise de jogo aplicada ao basquetebol 239

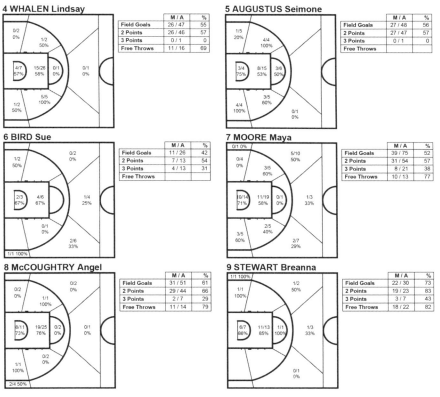

**FIGURA 12** Exemplo de mapa de arremessos individual (acumulado). (Figura retirada do *Results Book – Rio 2016*.)

Os dados estatísticos também oferecem a oportunidade de se calcular os chamados índices de eficiência que mostram o comportamento dos atletas em uma partida ou temporada, levando-se em conta o somatório dos fundamentos do jogo. Não há um padrão para esses índices, mas há uma sugestão de cálculo na Tabela 1. Além desse exemplo, são apresentadas a seguir outras fórmulas para se calcular o índice de eficiência:

- Novo Basquete Brasil: (pontos + rebotes + tocos + bolas recuperadas + assistências) – (arremessos de 2 pontos errados + arremessos de 3 pontos errados + lances livres errados + erros + violações + faltas ofensivas)
- National Basketball Association: (pontos + rebotes + assistências + bolas recuperadas + tocos) – [(arremessos tentados – arremessos convertidos) + (lances livres tentados – lances livres convertidos) + bolas perdidas/violações)]
- Asociación de Clubs de Baloncesto (liga espanhola): (pontos + assistências + rebotes + tocos a favor + bolas recuperadas + faltas recebidas + lances livres convertidos + arremessos de 2 pontos convertidos + arremessos de 3 pontos convertidos) – (bolas perdidas + tocos contra + faltas cometidas + lances livres tentados + arremessos de 2 pontos tentados + arremessos de 3 pontos tentados)
- International Basketball Federation: (pontos + arremessos de 3 pontos convertidos + arremessos de 2 pontos convertidos + lances livres convertidos + rebotes + tocos + assistências + bolas recuperadas + faltas recebidas) – (arremessos de 3 pontos tentados + arremessos de 2 pontos tentados + lances livres tentados + tocos recebidos + bolas perdidas + faltas cometidas)

A Tabela 2 compara os itens positivos e negativos que são levados em consideração para a elaboração dos índices de eficiência.

Todas essas informações dizem muito sobre o trabalho na quadra, porém a estatística vai muito além dos números coletados. Os dados de todos os jogos do campeonato são processados por uma mesma central e analisados em conjunto também com as estatísticas de outras temporadas. A partir dessas análises são extraídas muitas informações.

Análise de jogo aplicada ao basquetebol **241**

**TABELA 2** Itens positivos e negativos utilizados para a elaboração do índice de eficiência

| | NBB | NBA | ACB | FIBA |
|---|---|---|---|---|
| Itens positivos | | | | |
| ▸ Pontos | X | X | X | X |
| ▸ Rebotes | X | X | X | X |
| ▸ Assistências | X | X | X | X |
| ▸ Tocos | X | X | X | X |
| ▸ Bolas recuperadas | X | X | X | X |
| ▸ Faltas recebidas | | | X | X |
| ▸ Lances livres convertidos | | | X | X |
| ▸ Arremessos de 2 pontos convertidos | | | X | X |
| ▸ Arremessos de 3 pontos convertidos | | | X | X |
| Itens negativos | | | | |
| ▸ Arremessos de 2 pontos errados | X | | | |
| ▸ Arremessos de 3 pontos errados | X | | | |
| ▸ Lances livres errados | X | | | |
| ▸ Arremessos de 2 pontos tentados | | | X | X |
| ▸ Arremessos de 3 pontos tentados | | | X | X |
| ▸ Lances livres tentados | | X | | |
| ▸ Arremessos tentados – arremessos convertidos | | X | | |
| ▸ Bolas perdidas/violações | X | X | X | X |
| ▸ Tocos contra | | | X | X |
| ▸ Faltas cometidas | X | | X | X |

A partir dos dados da quadra, ocorre o processamento das informações do jogo, tanto individuais quanto coletivas. São fornecidos, então, os somatórios de cada item estatístico, as porcentagens de arremessos e a eficiência e um índice de eficiência (informações que tentam facilitar o entendimento para saber se o jogador foi benéfico ou prejudicial à equipe enquanto esteve em quadra). Quanto mais altos forem os valores da eficiência e do índice de eficiência, melhor foi o rendimento da equipe durante a presença de determinado jogador. Há, ainda, uma importante relação entre assistências e bolas perdidas, expressa em percentual. Quanto mais alta for essa relação, pode-se considerar que melhor foi o desempenho do jogador. Como exemplo, pode ser citado o atleta Sérgio Llul, do Real Madrid, que durante a temporada 2015-2016 da Euroliga, em 24 partidas, teve 111 assistências e 34 bolas perdidas, resultando em um índice de 326,4%, o melhor entre todos os atletas da competição.

Existem *rankings* dos melhores atletas em cada item e comparativos entre jogadores e equipes. Muitos dos dados que os técnicos queriam e tinham que calcular na mão atualmente aparecem prontos nos *sites*. A ideia é gerar conhecimento, fornecer dados para análises e pesquisas e também gerar assunto para mídia e fãs.

Há ainda ligas menores nas quais não há estatística oficial, deixando que o técnico fique sem qualquer informação. Nesses casos, os *softwares* individuais podem ajudar bastante. Via de regra, eles são mais flexíveis em suas configurações, permitindo, por exemplo, que a escalação seja feita com mais de doze jogadores, recurso muito útil em treinos e amistosos. Há também áreas específicas para planificar treinos, fazer anotações técnicas e táticas, desenhar movimentações coletivas e fazer inúmeras anotações. Alguns têm também interfaces com vídeos, possibilitando simples edições.

Há uma infinidade de opções no mercado, tanto pagas quanto gratuitas. A maioria delas já está preparada para rodar em diferentes plataformas, seja em *desktop*, *notebook*, *tablets*, ou celulares. A tarefa mais difícil talvez seja encontrar aquele que se adeque à necessidade.

## CONSIDERAÇÕES FINAIS

Analisar um jogo de basquetebol é uma tarefa árdua que requer um grande conhecimento técnico, não só do próprio esporte, mas também das novas tecnologias disponíveis para a tarefa.

Atualmente, muitas equipes dispõem de profissionais capacitados a organizar os dados de acordo com as exigências do técnico ou de determinada situação e também a interpretar os dados que se apresentam. Esse recurso é fundamental para que a equipe obtenha seu melhor desempenho; no entanto, sua utilização exclusiva não garante o sucesso. Nada está acima do trabalho e do talento. Os números, edições de vídeos e outros recursos tecnológicos devem ser utilizados para proporcionar aos atletas uma possibilidade de melhora e esta só virá mediante muito trabalho e sacrifício.

## BIBLIOGRAFIA CONSULTADA

1. Barbero-Álvarez JC. El análisis de los indicadores externos em los deportes de equipo: baloncesto. Disponível em: http://www.efdeportes.com. Acesso em: 30/03/2016
2. De Rose Jr. D. O índice de eficiência no basquetebol. Disponível em: https://vivaobasquetebol.wordpress.com/2011/06/06/o-indice-de-eficiencia-no-basquetebol. Acesso em: 28/03/2016.
3. De Rose Jr. D. Mundial de Clubes Campeões, 1981. Os primórdios da estatística no basquetebol do Brasil. Disponível em: https://vivaobasquetebol.wordpress.com/2011/05/20/1981-mundial-de-clubes-campeoes-os-primordios-da-estatistica-no-basquetebol-do-brasil. Acesso em: 28/03/2016.
4. De Rose Jr. D. A estatística no basquetebol. Disponível em: https://vivaobasquetebol.wordpress.com/2011/04/18/a-estatistica-no-baquetebol/. Acesso em: 28/03/2016.
5. De Rose Jr. D, Gaspar AB, Assumpção RM. Análise estatística do jogo. In: De Rose Jr. D, Tricoli V. Basquetebol: uma visão integrada entre ciência e prática. Barueri: Manole; 2005.
6. Ferreira AP. Investigar para treinar os momentos críticos do jogo. In: Lorenzo A, Ibañez SJ, Ortega E. Aportaciones teóricas y prácticas para el baloncesto del futuro. Sevilla: Wanceulen; 2009. p. 151-69.
7. Medina AA. En busca de la excelencia encontrada. In: Medina AA, Ybañez SJ. El caminho hacia la excelencia en baloncesto. Sevilla: Wanceulen; 2012.
8. Tavares FJS. Analisar o jogo nos esportes coletivos para melhorar a performance: uma necessidade para o processo de treino. In: De Rose Jr. D. Modalidades esportivas coletivas. São Paulo: Guanabara Koogan; 2006.

## *SITES* CONSULTADOS

1. Liga Nacional de Basquetebol: http://www.lnb.com.br.
2. Federação Paulista de Basketball: http://www.fpb.com.br.
3. Euroliga de Basketball: http://www.euroligue.net.
4. National Basketball Association: http://www.nba.com.
5. Liga Endesa: http://www.acb.com.

# ÍNDICE REMISSIVO

## A

Abordagem
  multidisciplinar   28
  multilateral   33
Ações acíclicas   18
Ações motoras   15, 18, 41
  intensidade   22
Ações táticas   179
  coletivas   181
  em grupo   180
  individual   180
Ações técnicas   42
Adaptações
  ao treinamento   59, 148
  anatômicas e fisiológicas ao
      treinamento   34
Agachamento   52
  unipodal   137
Agência Mundial Antidoping   147,
  159
Agentes alcalinizantes   162
Agilidade   23, 43
Alto rendimento   169
Altura de arremesso   121, 125, 126
Aminoácidos   151

isolados   153
de cadeia ramificada   153
Amplitude de movimento
  funcional   139
Análise
  de jogo   219
  do movimento   117
Ângulo
  articular   44
  de arremesso   121, 122
Antropometria   119
Aquisições de adaptação   34
Arbitragem   8
Arremesso(s)   10, 51, 121
  altura   121, 125-126
  ângulo   121, 122
  de *medicine ball*   52, 53
  velocidade de soltura da
      bola   121, 123
Aspectos psicológicos   169-192
  preparação física   170
  preparação tática   178
  preparação técnica   174
Aspectos relacionados ao
  treinamento   28

## 246 Basquetebol: do treino ao jogo

Atenção 170, 173
Aterrissagens 127
Autocontrole 173
Automatismos flexíveis 175
Avaliação clínica e funcional 136
Avaliação da força 51
Avaliação da potência 51
Avaliação pré-competição 136
 dinâmica 137
 estática 137

**B**

Bandagens esportivas 143
 funcionais 142
Bandeja 7, 51
BCAA 153
Bebidas esportivas 156
Beta-alanina 162, 163
Bicarbonato de sódio 162, 163
*Biofeedback* 188
Biomecânica 117-134
Biotipologia do atleta 8
"Bola ao alto" 6

**C**

Cafeína 159
Calendário
 de competições 197
 de treinamento 199
Cansaço 162
Capacidade aeróbia 17
Capacidades cognitivas 12
 leitura de jogo 12
Capacidades coordenativas 11
 coordenação motora geral 11
 coordenação multimembros 11
 coordenação oculomanual 11
 destreza manual 11

estabilidade braço-mão 11
 percepção espaçotemporal 11
 precisão 11
 seleção imagem-campo 11
Capacidades motoras 11, 41
 agilidade 11
 capacidade aeróbia 11
 capacidade anaeróbia 11
 flexibilidade 11
 força 11, 42
 potência 11, 42
 velocidade 11
Capacidades psicomotoras 11
Características
 do basquetebol 1
 fisiológicas 15
Caracterização biomecânica 119
Carboidrato 148
Carga de treinamento 9
Carga de treinos 201
Carga externa de treinamento 58
Carga interna de treinamento 57,
 65, 74
 cálculo 65
Carnosina 163
Categorias de movimento 37
Cinemetria 118
Circuitos com combinação de
 exercícios 51
Componente psicológico do
 treinamento 169
Composição corporal 151
Concentração 187
Concentração de lactato 20, 21
Consciência 169
Conscientização dos
 movimentos 175
Consumo máximo de oxigênio 17, 36

Contra-ataque 11
Controle
das cargas mecânicas 130
de atenção 184
de bola 10
de carga 57-90
de corpo 10
de estabilidade do quadril 138
de tempo 8
dos esforços físicos 172
Cooperação 2
Corridas 10, 16
Corrida *shuffling* 21
Corridas laterais 21
Creatina 156
Criação de espaços 2
Criação do basquetebol 4
Cruz de Nideffer 186
*Cutting* 128

## D

Defesa
adaptação 7
por zona 7
Demandas
físicas 15
metabólicas 15
Desenvolvimento
geral 30
multilateral 30
Desidratação 154
Determinação da carga de
treinamento 63
Diminuição de espaços 2
Dinamometria 118, 127
Disfunção biomecânica 141
Distância percorrida 21
Dribles 10

## E

Efeito ergogênico 160
Eficiência do jogador 225
Eletromiografia 119
Energia elástica 44
Enrijecimento técnico 109
Enterradas 8
Entrave tático 107
Escala
6-20 de Borg 63
CR-10 63
de Likert 71
Esforço de força máxima 51
Especialização do treinamento 31
definição 34
especialização precoce 33
especificidade do
treinamento 33
Especificidade da habilidade 34
Especificidade do grupo muscular 34
Especificidade do sistema
energético 34
Especificidade do treinamento 27-
40, 30, 32
definição 34
especialização 33
especificidade da habilidade 34
especificidade do grupo
muscular 34
especificidade do sistema
energético 34
posições dos jogadores 39
respostas adaptativa 35
treinamento de força 44-48
Especificidades físicas da
modalidade 170
Especificidades táticas 102

Especificidade técnica por
 posição 92
Estabilização segmentar
 terapêutica 141-142
Estado de *overreaching* não
 funcional 57
Estados de humor 75, 76
Estatísticas do jogo 219, 224
 coletivo 221
 individual 221
Estímulos proprioceptivos 142
Estratégias de periodização 59
Estresse
 de competição 57
 de treinamento 57
 psicofisiológico 58
Evolução do basquetebol 1-14
 evolução do jogo 3
Exercícios
 de força 72
 pliométricos 50, 51

## F

Fadiga 50
 muscular 162
Fatores biomecânicos 121
Filosofia de trabalho 197
 do treinador 104
Fisiologia 29
Fisioterapia 29
 esportiva 135-146
Força(s) 42, 172
 de reação do solo 127
 excessivas 135
 máxima 42, 43, 52
 motora 42
 rápida 42, 43
Formação de equipe 91-116

metas esportivas 92
 orçamento 92
 seleção de jogadores 96
Frequência cardíaca 36
 média 21
Fundamentos 10
 de ataque e defesa 10
 sem e com bola 10
"Fundo-bola" 6

## G

Ganho de massa muscular 152
Gestos
 esportivos 121
 técnicos 41, 175
Giro com aceleração 127
Glicogênio 149, 150
Glicólise anaeróbia 162
Glicose sanguínea 158

## H

Habilidades
 funcionais 36
 motoras 43, 126
 psicológicas 170
 técnicas 16
Hidratação 154

## I

Imprevisibilidade 3, 43
Índice
 de Bosco 52, 53
 de produtividade 225
Ingestão hídrica 154
Instituições de ensino
 prática esportiva 32
Instruções durante o jogo 212
Intensidade da sessão 86

Intensificação   61, 71, 72
Intervalo do jogo   216
Intervalo para descanso no jogo   7
Intervenção de treinamento   70
    delineamento da intervenção   70
Íons H$^+$   162

**J**

James Naismith   3, 4
    normas básicas   4
    treze regras   4
"Janela anabólica"   153
Joelho   129
*Jump*   7, 176

**K**

Kinesio Taping®   143

**L**

Lactato   162
Lançamentos   10
*Leg-press*   52
Leitura de jogo   12
Lesões musculoesqueléticas   135
Leucina   154
Levantamento olímpico   51
Ligamento cruzado anterior   129

**M**

Macrociclo   99
    competitivo   183
    de transição   183
    preparatório   182
Magnitude da carga   86
Manifestações da força   51
    mensuração   51
Manutenção da temperatura
    corporal   155

Mapeamento de arremessos   228
Meios de treinamento de força   48
Mesociclo   99
Metabolismo
    aeróbio   17
    anaeróbio   157
    anaeróbio alático e lático   18
    oxidativo   17
Métodos de treinamento   1-14
Microciclo   100
Modelo de intensificação e
    *tapering*   69
Modelo quadridimensional de atenção
    no esporte   184, 186
Monitoramento
    da carga de treinamento   58
    de respostas adaptativas   59
    do treinamento   67
    integrado do treinamento   69
Monotonia do treinamento   65, 66
Movimentos fundamentais do
    basquetebol   120
Mudança de direção   16, 21, 43, 44
    a diferentes ritmos de
        aceleração   51
Multidisciplinaridade   27

**N**

Nutrição adequada   147, 149

**O**

Observação do jogo   220, 222
Oposição   2
Organização do método de
    treinamento   49
Otimização do desempenho   57
*Overreaching* não funcional   65
*Overtraining*   65

## P

Padrão de execução do movimento  53

Padrões de movimento  20

Parada e arrancada bruscas  51

Passes  8, 10

Pasta de exercícios  204

Pedidos de tempo  214

Pensamento tático  178

Percepção subjetiva de esforço da sessão  58, 63, 64

Perfil esportivo  91

dos jogadores  94, 99, 103

do treinador  94

Periodização

da preparação psicológica  185

do desenvolvimento da força  101

do treinamento  57, 99

Períodos de treinamento  66, 69

intensificação  69

Planejamento  193

Planejamento da preparação psicológica  182

Planejamento da temporada  196

Planejamento do dia do jogo  193

fases  194

Planejamento físico  99

Planejamento técnico/tático  91-116

temporada  99

Plano de jogo  210

*Play-by-play*  228

Posição defensiva  10

Posições dos jogadores  1, 6, 39

biotipologia do atleta  8

especificidade do treinamento  39

Pós-jogo  216

Potência  42, 43

aeróbia  17

anaeróbia lática  18

média  18

muscular  23

Potencialização do desempenho  27

Prática esportiva

instituições de ensino  32

Preleção  211

Preparação do atleta  30

Preparação física  29, 100

Preparação psicológica  181

área afetivo-motivacional  183

área atitudinal  184

esfera cognitiva  183

esfera psicossocial  184

Prescrição do treinamento  15

treinamento físico  100

Prevenção de lesões esportivas  136, 140

Previsibilidade  179

Processos

cognitivos  171

de percepção  170

Programação de treinos  200

Programas

estatísticos  232

motores generalizados  175

Propriocepção  142

Proteína  151-168

qualidade  153

## Q

Questionário *Daily analysis of life demands in athletes*  61, 69, 71

Questionário de bem-estar  85, 86

Questionário *Profile of mood states*  70, 71, 75

Questionário *Total quality recovery*   84, 86
Questionário *Wisconsin upper respiratory symptom survey*   61, 69

## R

*Rankings*   242
Reações motoras   169
Rebotes   10
Recrutamento das unidades motoras   45, 46
Recuperação
    pós-exercício   152
    pós-jogo   148
Regra dos 3 pontos   7
Reidratação   155
Relação
    entre esforço e pausa   22
    entre força e velocidade   44
Rendimento esportivo máximo   169
Repetitividade   135
Representações   170, 171, 176
Resistência   172
    de força   43
Respostas adaptativas
    à especificidade do treinamento   35
    monitoramento   59
Ritmo escapuloumeral   139
Rotina de treinos   139

## S

Salto(s)   21
    em profundidade   51
    horizontais   51, 138
    para rebote   51
    verticais   51, 138

*Scouting*   219
Sentido
    da bola   175
    de espaço   175
    do tempo   175
*Shuffling*   127
Síndrome de *overtraining*   65
Síntese
    endógena   157
    proteica   152, 154
Sistema
    anaeróbio   158
    ATP-CP   157
    defensivo   105
    imunológico   154
    ofensivo   105
*Sky-hook*   7
Sobrecarga mecânica   126
Sobrecargas posturais   135
Somatório de cargas imediatas   17
*Sprints*   16, 21
*Starting*   127
*Strain*   65, 66
    cálculo   66, 67
Subordinação técnica   111
Substâncias proibidas   147
Supino   52
Suplementação
    de carboidratos   148-168
    de creatina   157
    nutricional   147-168
Suplementos nutricionais   147, 148

## T

*Tapering*   61, 71
Tática(s)   10, 11, 178
    coletiva   11
    individual   11

Taxa de desenvolvimento de força 46
Técnica de movimento 23
Tecnologia 222
Tempo
de posse de bola 6
de preparação 106
Teste(s)
1RM 52
aeróbio submáximo 5×5 80
de flexibilidade 139
de força 139
de força dinâmica máxima ou de carga máxima 52
de salto vertical 52
de salto vertical em diferentes condições 52
de saltos horizontais 52, 53
de YO-YO 72
específicos 51
isocinéticos 54
isométricos 53
não específicos 51
"suicídio" 18
Wingate 18
Tipo de arremesso
adaptação da defesa 7
Tipo de contração muscular 44
Tornozelo 129
Transdisciplinaridade 27
Treinamento complexo 51
Treinamento da resistência de jogo 24
Treinamento de força 41-56, 44, 49, 73
com cargas 45
específico no basquetebol 50
meios de treinamento 48
metodologia do treinamento 48
treinamento com cargas 45
Treinamento de potência 41-56, 49
Treinamento especializado 30
Treinamento estrutural 49
Treinamento integrado 27-40
Treinamento multilateral 30
Treinamento pliométrico 51
Treino proprioceptivo 142
Trotes 16, 21
*Turnover* proteico 152

## V

Variação da frequência cardíaca 20
Vegetarianos 157
Velocidade 171
de reação 23
de soltura da bola 121, 123
Via(s) metabólica(s) 17
aeróbia 19
anaeróbia alática 19
anaeróbia lática 19
lática e alática 18
Vídeo 222
$VO_2$ máximo 17, 36

## X

5W1H 112

## Y

YO-YO *intermittent endurance test* 69

## Z

Zonas de intensidade de frequência cardíaca 20